コメッティ理論と強化プログラム
FOOTBALL ET MUSCULATION

サッカーの筋力トレーニング

ジル・コメッティ［著］　小野　剛［監訳］　今井純子［訳］

大修館書店

FOOTBALL ET MUSCULATION
de
Gilles COMETTI

Copyright©Editions Actio-1993
This book is published in Japan by arrangement with ACTIO Editions
through le Bureau des Copyrights Français, Tokyo.

PREFACE
監訳者まえがき

小野　剛

　ワールドカップ2002では，世界最先端のサッカーを我々に見せてくれました。自分がコーチとして参加した98年フランス大会の時よりも，世界のサッカーはさらに進歩し，またその進歩の速さには驚かされます。

　厳しいプレッシャーが特徴の現代サッカー，その中ですばらしいプレーを発揮していくには，クリエイティブな発想はもちろんのこと，それを「プレー」という形で表現するためには，技術だけでなく，スピード，瞬間的なパワー，コンタクトの中でのボディバランス……といったフィジカル要素も不可欠になってきています。そして，サッカーの進歩とともにそのディマンドも高くなってきていることは明らかでしょう。

　「コメッティ理論」は，フランス，イタリア等では非常に有名であるのみならず，ワールドカップ2002に臨む日本代表が採り入れたことでもよく知られています。その特徴は，筋力トレーニングを，「サッカーという競技の中で発揮させるためには」という観点から追求し，考えられた理論であることです。すべてのトレーニングは，サッカーのパフォーマンス向上が目的であり，それを忘れてしまうとトレーニングのためのトレーニングに陥ってしまいます。その点，「コメッティ理論」は常にサッカーのパフォーマンス向上が目的とされ，実践的であるがゆえ，トップレベルの多くのチームで採り入れられているのです。

　この本では，サッカーという競技にとって必要なフィジカル要素を，生理学的理論からわかりやすく解説し，それをサッカーという場において発揮させるためのトレーニング理論が，シンプルかつ明快に提示されています。その理論の根幹を理解したうえで，それぞれの対象に応じてしっかり斟酌し，実際のトレーニングに応用していただきたいと思っております。

　原書の図ではわかりづらかったため，少しでもわかりやすくなるよう，図はすべて描き改めました。翻訳にあたってくれた今井純子氏には，フランス語からの翻訳というだけでなく，極力「現場の人間にとってわかりやすく」という要求のもとに作業してもらいました。その難しい作業をこなしてくれたことに感謝したいと思います。また，日本代表のフィジカルトレーニングに携わった経験から協力してくれた日本代表アスレティックトレーナーの早川直樹氏（日本サッカー協会），および安松幹展氏（立教大学講師）にも感謝したいと思います。

　また，出版に際しご尽力いただいた大修館書店の平井啓允氏，中島克美氏に感謝の言葉を述べさせていただきたいと思います。

　この本が，よりクリエイティブなサッカーへの一助となることを願っています。

CONTENTS

監訳者まえがき ··· 3
イントロダクション：全体的な構成 ··· 9

第1章　筋力とサッカー ··· 11
　1．サッカーにおける筋力発揮の研究 ·· 12
　2．サッカーのトレーニングの考え方 ·· 16

第2章　筋力発揮のメカニズムとサッカー ····································· 21
　1．構造的な要素 ·· 23
　　1.1. 筋肥大 ·· 23
　　　① 生理学的データ ··· 23
　　　② 実践との関わり ··· 24
　　　③ 筋量とサッカー ··· 25
　　1.2. 筋線維 ·· 27
　　　① 生理学的データ ··· 27
　　　② 実践との関わり ··· 30
　　　③ 筋線維とサッカー ··· 30
　　1.3. 筋節群の増加 ·· 31
　　　① 生理学的データ ··· 31
　　　② 実践との関わり ··· 32
　　　③ 運動の振幅とサッカー ··· 33

　2．神経的な要素 ·· 33
　　2.1. 筋線維の動員 ·· 33
　　　① 生理学的データ ··· 33
　　　② 実践との関わり ··· 34
　　　③ 筋線維の動員とサッカー ··· 35
　　2.2. 運動単位の同期化 ·· 35
　　　① 生理学的データ ··· 35
　　　② 実践との関わり ··· 36
　　　③ 運動単位の同期化とサッカー ··· 37
　　2.3. 筋間のコーディネーション ·· 38
　　　① 生理学的データ ··· 38

②実践との関わり ………………………………………………………… 38
　　　③サッカーにおける筋力とコーディネーション ……………………… 38

　3．筋の伸張の重要性 ……………………………………………………………… 41
　　3.1．筋伸張反射 ………………………………………………………………… 41
　　　①生理学的データ ………………………………………………………… 41
　　　②実践との関わり ………………………………………………………… 42
　　3.2．筋の伸張性 ………………………………………………………………… 43
　　　①生理学的データ ………………………………………………………… 43
　　　②実践との関わり ………………………………………………………… 43
　　　③プライオメトリック・テストとサッカー …………………………… 44

第3章　筋力強化の方法　　　　　　　　　　　　　　　　　　　　　47

A．方法 …………………………………………………………………………………… 48
　1．ザツィオルスキの方法 ………………………………………………………… 48
　2．ザツィオルスキの方法とサッカー …………………………………………… 49

B．筋のアクションの発揮 ……………………………………………………………… 49
　1．コンセントリック ……………………………………………………………… 49
　　1.1．生理学的データ …………………………………………………………… 49
　　1.2．コンセントリックの方法 ………………………………………………… 50
　　1.3．コンセントリック法とサッカー ………………………………………… 52
　　　①負荷あり／なしでのコントラスト法 ………………………………… 52
　　　②負荷のコントラスト …………………………………………………… 54
　　　③発揮のコントラスト …………………………………………………… 54
　　　④前疲労と後疲労 ………………………………………………………… 55

　2．アイソメトリック ……………………………………………………………… 55
　　2.1．生理学的データ …………………………………………………………… 55
　　2.2．アイソメトリックの方法 ………………………………………………… 57
　　2.3．アイソメトリック法とサッカー ………………………………………… 59

　3．エキセントリック ……………………………………………………………… 64
　　3.1．生理学的データ …………………………………………………………… 64
　　　①回復 ……………………………………………………………………… 64
　　　②筋の混乱 ………………………………………………………………… 65
　　3.2．エキセントリックの方法 ………………………………………………… 66
　　3.3．エキセントリックのトレーニングのプランニング …………………… 68

3.4. エキセントリック法とサッカー ……………………………… 68

　4. プライオメトリック …………………………………………………… 70
　　4.1. 生理学的データ ……………………………………………… 70
　　4.2. プライオメトリック法とサッカー …………………………… 71

　5. 電気刺激 ……………………………………………………………… 73
　　5.1. 理論的データ ………………………………………………… 73
　　5.2. 電気刺激とサッカー ………………………………………… 76
　　　① 週間計画 …………………………………………………… 80
　　　② サイクル …………………………………………………… 80
　　　③ サイクルの連続 …………………………………………… 80

C．様々な種類のアクションを組み合わせる ………………………… 81
　1. 理論的データ ………………………………………………………… 81
　2. トレーニングの実践 ………………………………………………… 83
　　2.1. 2種類の組み合わせ ………………………………………… 83
　　2.2. 3種類の組み合わせ ………………………………………… 86
　　2.3. 4種類の組み合わせ ………………………………………… 87

第4章　サッカーにおける筋力トレーニングのプランニング …… 89

　1. セッションの構成 …………………………………………………… 91
　　1.1. 脚の筋力強化 ………………………………………………… 91
　　　① 膝関節強化に重点を置いたエクササイズ ……………… 92
　　　② 足関節，下腿三頭筋のトレーニング …………………… 93
　　　③ 股関節 ……………………………………………………… 93
　　1.2. ハムストリングスおよび臀筋のトレーニング ……………… 94
　　1.3. 腹筋のトレーニング ………………………………………… 96
　　　① エクササイズ ……………………………………………… 96
　　　② 腹筋と収縮の方法 ………………………………………… 97
　　1.4. 背筋のトレーニング ………………………………………… 98
　　1.5. 上体のトレーニング ………………………………………… 98

　2. 脚筋力強化のための様々なセッション …………………………… 100

　3. 「最大筋力」のセッション …………………………………………… 100
　　3.1. 最大筋力の様々なセッション ……………………………… 101
　　3.2. 2エレメントの組み合わせ ………………………………… 104

		① 膝関節の強化 ･･･ 104
		② 下腿三頭筋の強化 ･･ 106
		③ 脚のバランスの強化 ･･ 107
		④ 負荷を用いたエクササイズを2番目に置く場合 ･･････････････ 111
	3.3. 3エレメントの組み合わせ ･･ 112
	3.4. 4エレメントの組み合わせ ･･ 117
	3.5. 年間計画の中での組み合わせの考え方 ････････････････････････････ 120

4. 「専門的筋力」のセッション ･･ 121
	4.1. 専門的セッションの考え方 ･･ 121
	4.2. 専門的「テクニック」のセッション ･･････････････････････････････ 122
	4.3. 専門的テクニック強化のセッションのバリエーション ･･･････････ 126
		① 初心者のための4エレメントでのセッション ･･･････････････････ 126
		② 筋力が十分に向上しているシニア・プレーヤーのための4エレメントでのセッション ･････ 129
	4.4. 専門的テクニック連続セッション ･･･････････････････････････････ 133

5. 間欠的筋力発揮のセッション ･･･ 138
	5.1. 「間欠的運動」に関する生理学的データ ･････････････････････････ 138
	5.2. 間欠的トレーニングのサッカーへの応用 ････････････････････････ 140
		① 相対的休息のフェーズ ･･･ 140
		②「ランニング」の間欠的トレーニング ･･････････････････････････ 142
		③「筋力」の間欠的トレーニング ･････････････････････････････････ 145
		④ 負荷を用いた「筋力」間欠的トレーニング ･･････････････････ 146
		⑤「筋力」間欠的トレーニングとそのバリエーション ･･･････････ 147
		⑥ 第2レベルの「筋力」間欠的トレーニングのバリエーション ･････ 148

6. ゴールキーパーのための筋力強化のセッション ･････････････････････ 151

第5章　サッカーにおけるプランニング　155

1. 週間計画 ･･･ 156
2. サイクル ･･･ 160
3. ブロック ･･･ 161
4. サイクル，ブロックとサッカー ････････････････････････････････････ 162
5. 様々な筋収縮の組み合わせ ･･ 176
6. 筋力トレーニングのマネージメントにおける情報 ･･････････････････ 178

第6章　筋力とスピード ……………………………………………………………… 183

1. 反応時間 …………………………………………………………………… 184
2. 動作スピード ……………………………………………………………… 184
3. 動作の頻度 ………………………………………………………………… 184
4. スピードタイプのセッション：エネルギーの観点から ……………… 185
5. スピード・トレーニングのためのエクササイズ ……………………… 188

第7章　筋力と持久力 ……………………………………………………………… 191

1. 持久力のための筋力 ……………………………………………………… 192
2. 持久力負荷のコントロール ……………………………………………… 193
   - 2.1. ガコンの心拍の変化 ………………………………………………… 193
   - 2.2. トレーニングへの応用 ……………………………………………… 194

第8章　筋力とパワーの評価 ……………………………………………………… 195

1. ダイナモメーター ………………………………………………………… 196
2. エルゴパワー（Bosco-System）………………………………………… 198
   - 2.1. 装置の説明 …………………………………………………………… 198
   - 2.2. 仕事のコントロールと評価 ………………………………………… 199
3. トレッドミル「SPRINT 1800」でのパワーの測定 …………………… 201
4. ボール・スピードの測定 ………………………………………………… 203
5. 等速性エルゴメーター …………………………………………………… 204
6. プレーヤーの評価シート ………………………………………………… 207

参考文献一覧 ……………………………………………………………………… 208

INTRODUCTION
全体的な構成

　サッカーは爆発的な筋力発揮を必要とするスポーツで，どの筋力発揮も最大限クオリティーの高いものでなくてはならない。したがって，サッカー選手のフィジカル面の準備は，走り続けることよりも筋力トレーニングの面を重視すべきであると我々は考えた。そこで，焦点を筋力発揮にしぼって，提案していこうと思う。

1. 筋力とサッカー：

　まず最初に，サッカーに特有な筋力発揮を明確にし，チームスポーツという視点でその筋力を見ていくことが重要である。

2. 筋力のメカニズム：

　次に，この筋力の特別なコンセプトを，生理学的な面から解説する。筋力発揮のメカニズムについて扱う。

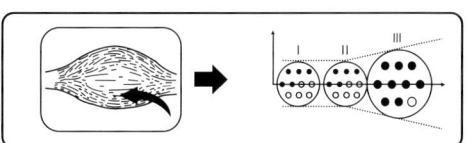

3. 方法：

　第3に，現在一般的に行われている筋力強化の方法をレビューし，サッカー選手にとって有用と思われるものを提示する。

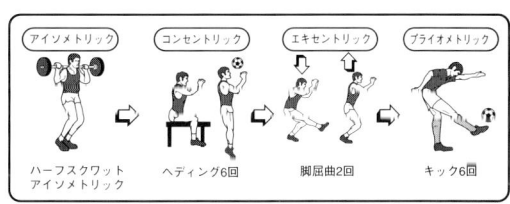

4. エクササイズ, セッション：

そして，様々なレベルのサッカー選手のためのトレーニング・セッション，サイクルのプランニングの例を提案する。以下の2章で見ていく。

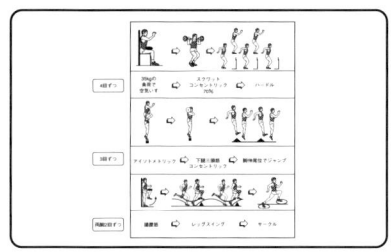

5. 週間計画, 年間計画：

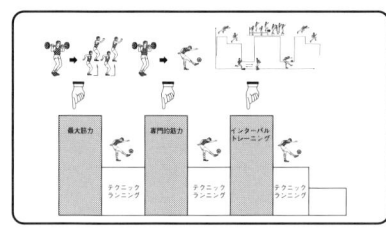

6. 筋力とスピード：

次に，スピードと筋力の関係について検討し，これら2つのクオリティーがどのように両立するものなのかを知る。

7. 筋力と持久力：

サッカーでは1試合を通して動き続けなくてはならない。筋力と持久力の関係について考える。

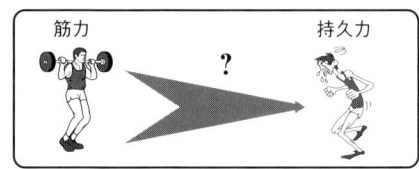

8. 筋力のコントロール・テスト：

トレーニングを適切に進めていくためには，コントロールが必要である。これを最終章で見ていく。

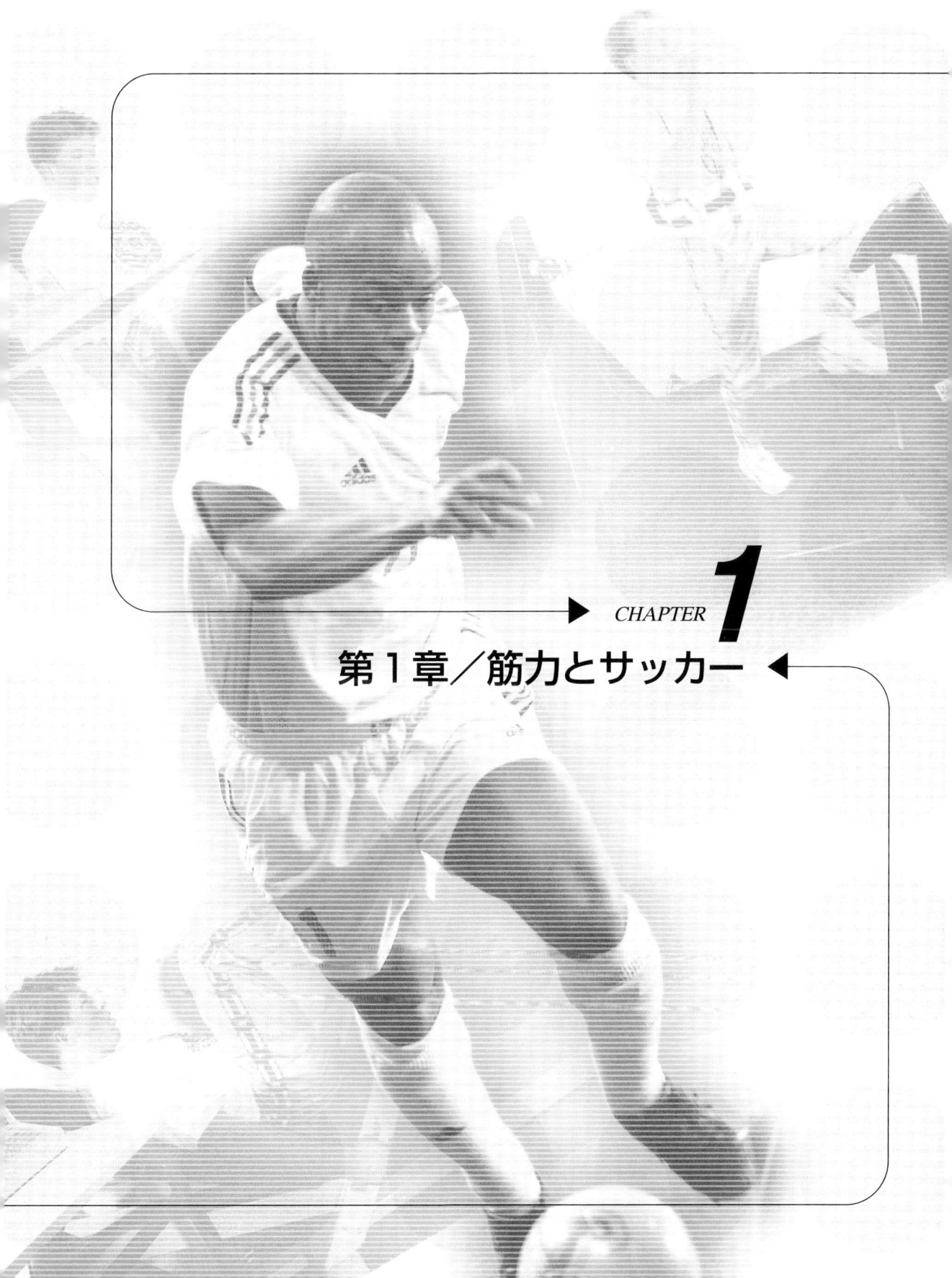

CHAPTER *1*

第1章／筋力とサッカー

1. サッカーにおける筋力発揮の研究

サッカー選手は，フィールド上で，様々なタイプの筋力発揮をする。それらの比率については，様々な研究者たちが報告している（表1）。

表1．高強度および低強度のランニング距離に関する研究

研究者	年	高強度のランニング距離	低強度のランニング距離
WINTERBOTTOM	1954	1015m	2347m
WADE	1962	1819m	3650m
REILLY & THOMAS	1976	974mスプリント 1506mその延長	5337m
WITHERS & COLL	1982	2150m	―
TURPIN B.	1989	2500m-3000m	5000m-8000m

デュフール（Dufour）によれば(1990)，試合時間の90分間のうち，実際にプレーされている時間は約60分間で，プレーヤーはその60分間の中で，ポジションにもよるが，20～40％（12～24分間に相当）を走っているにすぎない（図1）。その間に，ウォーキングが平均で3km，ランニングが7kmである。この7kmのランニングの内訳は，ゆっくりとした有酸素性のジョギングが64％，中程度の無酸素性のランニングが24％（$\dot{V}O_2max$の約80％，10～17km/hに相当），高強度のランニングが14％（18～27km/h）である。またデュフールによれば，短いスプリントの回数（10～15m，2～3秒間）は，サッカーの発展とともに増加してきている。1947年には70回だったものが，1970年には145回，1989年には195回にまで増加している。図2は1試合中の様々な距離のランニングの頻度を示したものである。

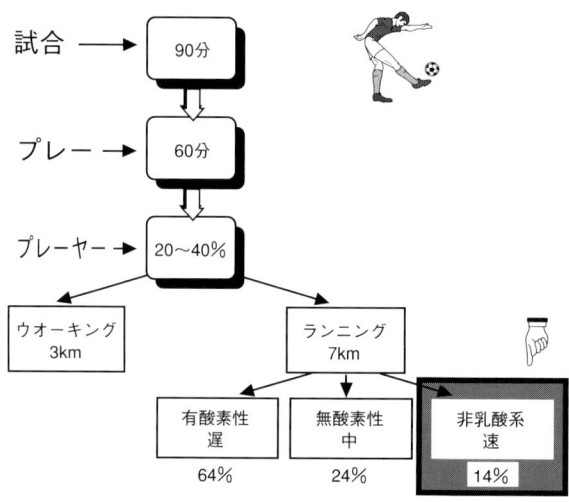

図1．サッカーにおける負荷の比率（デュフール，1990より）。

3タイプの負荷の中で，全体では14%にすぎないが，高強度が最も重要であるように思われる。というのは，この部分が試合の流れを決定づけるからである。筋力強化は，この高強度の能力を高めるためのものに着目する。これらの筋力発揮の詳細な性質を知るために，もっと詳しく見てみよう。ウィンカー（Winker）の研究（1985）では，1試合中のランニング距離の比率に関する2人のプレーヤーの例を挙げている［ルンメニゲ Rummenige（図2）とアルトベリ Altobelli（図3）］。ここでも，デュフールの言う，最も多いのが5～15mの距離であるという結果を裏付けることができる（図4）。

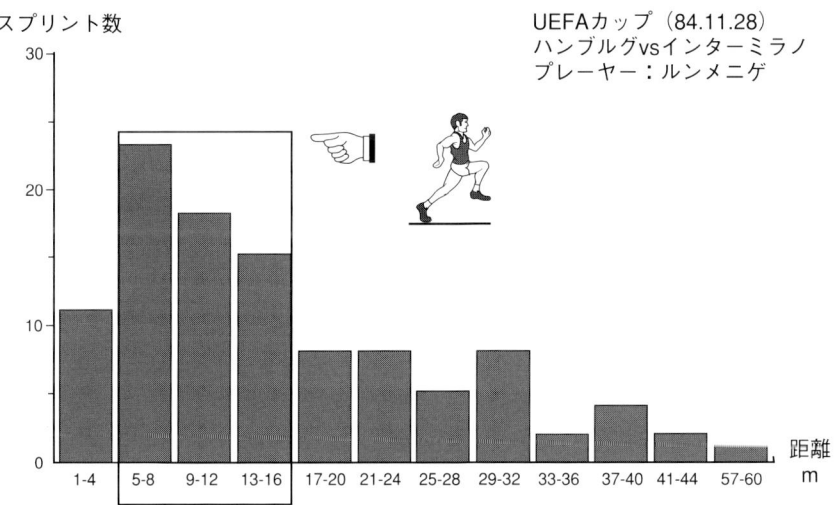

図2．1試合中のあるフォワード・プレーヤーのランニング距離の比率の例（ウィンカー，1985より）。

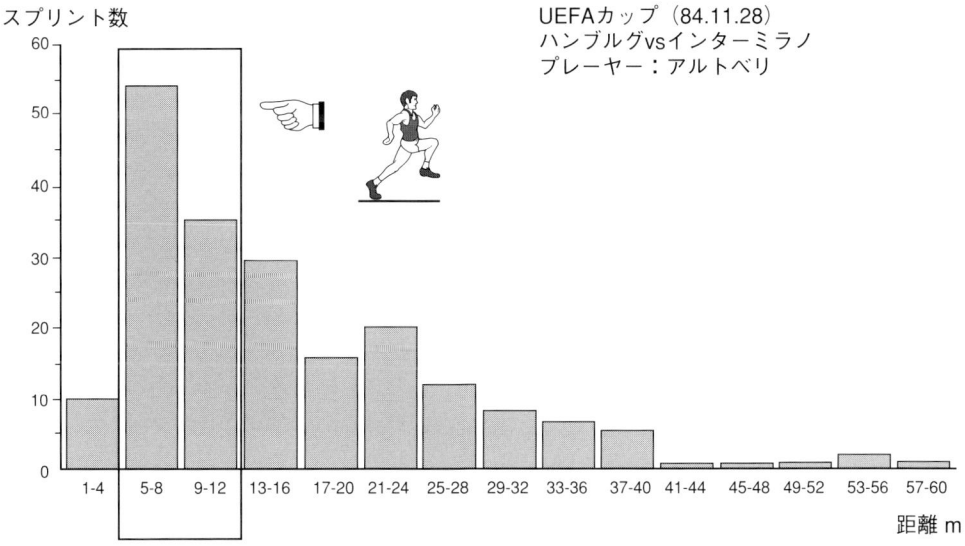

図3．1試合中の1人のプレーヤーのランニング距離の比率の例（ウィンカー，1985より）。

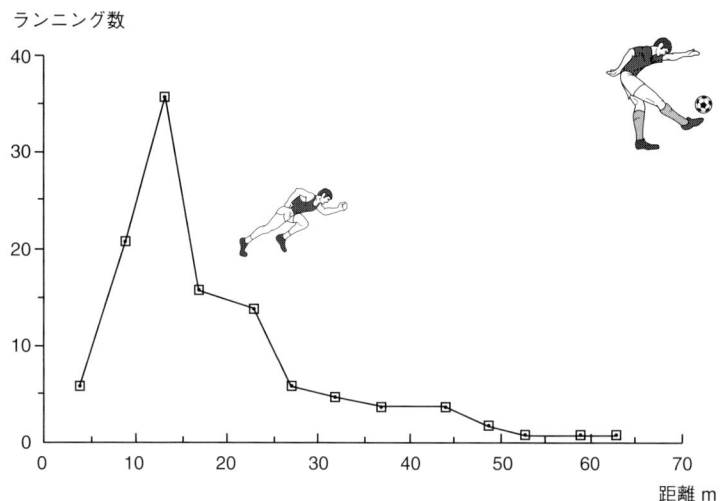

図4. 距離から見たランニング回数（デュフール，1990より）。

　フォックス＆マシューズ（Fox & Mathews）は，相対的な重要性から見たエネルギー・システム毎の負荷の分類を試みた（1984，表2）。彼らによると，サッカーは，特に無酸素性非乳酸性機構によって行われている。

表2. サッカーにおけるランニングの，エネルギーシステム毎に見た相対的重要性（フォックス＆マシューズ，1984より）。

プレーヤー	ATP-CP & A.L.	A.L.-O_2	O_2
GK,ウイング	80%	20%	—
フォワード	60%	20%	20%

　デュフールによれば（1989），サッカー選手の血中乳酸濃度は5mmolを超えることはほとんどない。モンバーツ（Mombaerts）も同様に，スプリントの回数が増えても，血中乳酸値が7mmol，あるいは65mg/100mlを超えることはまずないと指摘している（1991）。また，伝統的な一般的な研究結果でも，サッカーのトレーニングの際には，乳酸系を強く刺激するような無酸素性の負荷を長時間続けることは避けるべきであるとしている。

　この見解は，シャタール＆コル（Chatard & Coll）の研究結果（1992）と相反する。彼らは，異なるレベルのプレーヤーで，トレッドミル上でオールアウトまでの最大酸素消費のテスト後の最大乳酸値を比較した。カメルーン代表チーム（ワールドカップ1990年大会での上位チーム）とサンテチエンヌのプロとでは，乳酸産生レベルが異なった。この結果から，シャタールは，無酸素性のエネルギー産生の能力は，サッカー選手に最も重要な能力の一つであるとしている。

　だからといって，トレーニングで，乳酸産生を促すような30秒を超える高い負荷を課すべきなのだろうか？　我々はそうは考えない。しかし，この問題については，さらに研究を深めていく必要があるであろう。

　モンバーツの統計学的な研究（1991）で，一連のプレーあるいは動作の回数と持続時間が示されている。この研究によると，1試合中のプレーの持続時間は実に様々である。しかしながら，0～30秒が最も頻繁に起こる（73%）ようである（図5）。

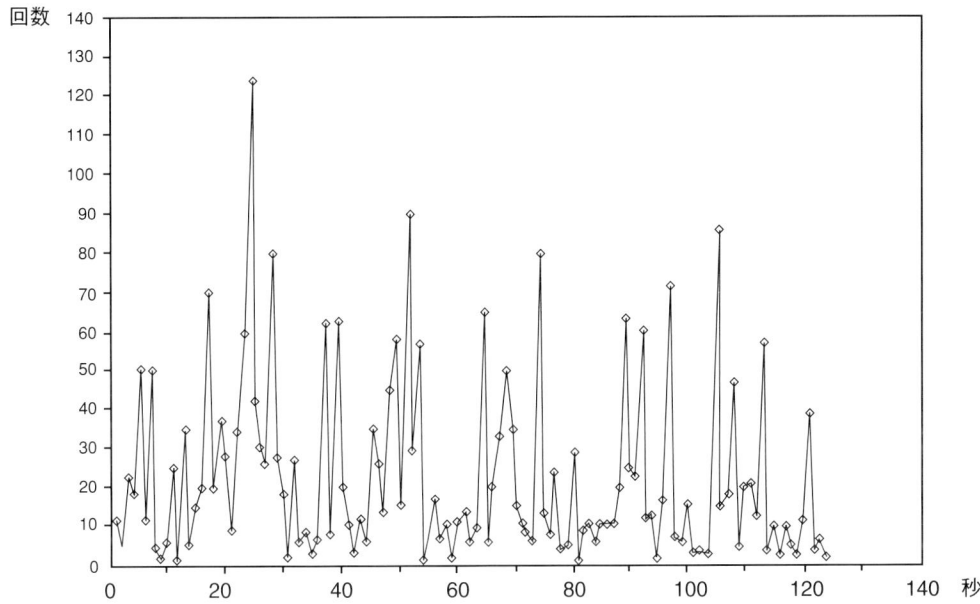
図5. 持続時間毎に見たプレーの回数（モンバーツ，1991より）。

したがって，トレーニングの際には，30秒を超えずにサーキットを行う。

モンバーツはまた，1試合中のプレーの33%は15秒以下であるとしている（図5）。このことから，トップレベルのサッカーは「爆発的筋力発揮のタイプのゲーム」であると分類することができる。

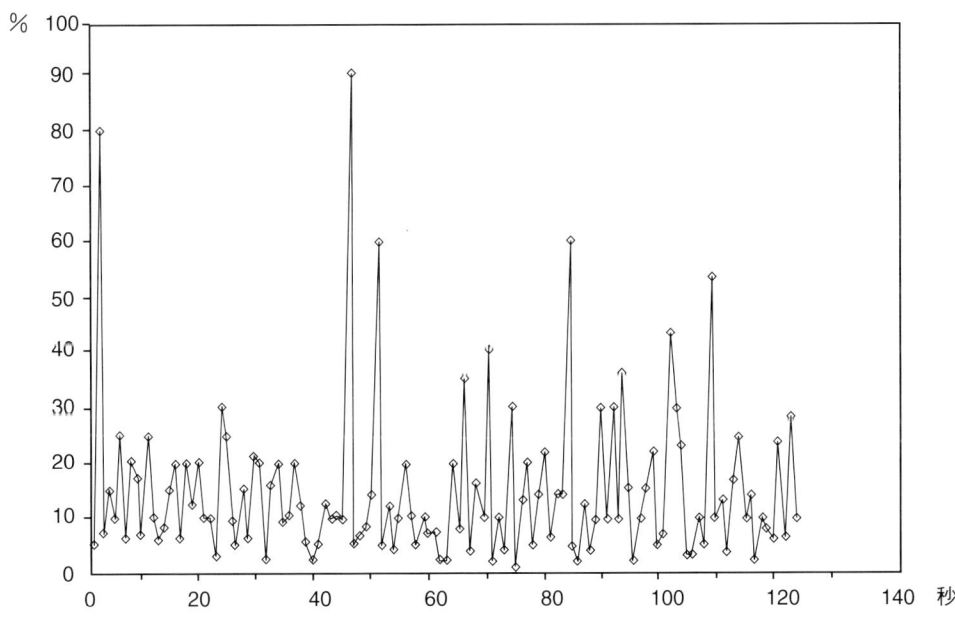
図6. 持続時間毎に見たプレーの割合（モンバーツ，1991より）。

第1章／筋力とサッカー　15

モンバーツによると（1991），休憩の時間の半分は，15秒以下であった。図7は，プレー時間と休憩時間の比率の統計である。

サッカーは，「間欠的」に爆発的筋力発揮を要求するスポーツであると特徴づけることができる。

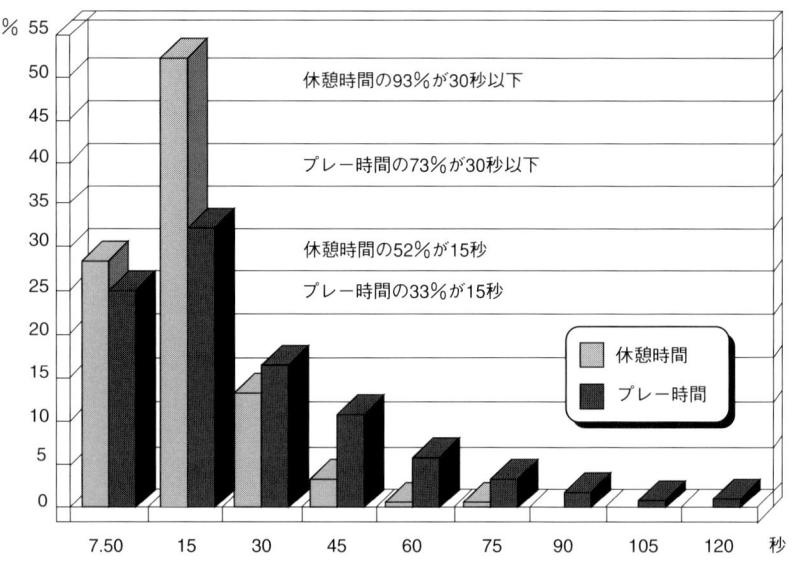

図7．持続時間毎に見たプレーの割合。

2. サッカーのトレーニングの考え方

すべての運動アクションは，筋の収縮によって起こる。そのクオリティーは，筋力の強さに依存する。爆発性，スピード，弛緩というのは，筋の収縮，すなわち筋力を構成する要素にすぎない。我々は筋すなわち筋力を，ヒトの機械的構造の中心的な要素であると位置づける（コメッティ G.Cometti, 1988）。質・量ともに筋力を高めるための筋力強化が，サッカー選手の現代のトレーニングの中心であると，我々は考える。

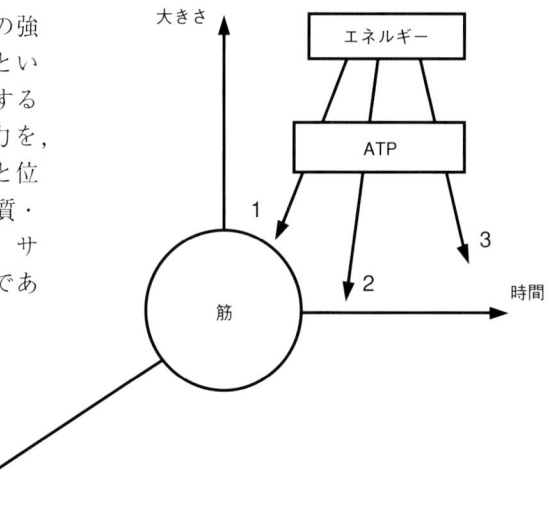

図8．構造の中心的な要素としての筋力（コメッティ，1988）。

だからといって，サッカーでは1試合の90分間を通して，加速の段階が無数にあるということを忘れてはならない。したがって，時間のパラメータもまた重要である。つまり，様々なエネルギー供給タイプの筋力発揮を反復する能力を高めることを考えなくてはならない。ここで，サッカーのトレーニングのアプローチとしては2通りの考え方があると考えられる。

> 一つ目の考え方は量的なもので，我々は「平均化」と呼んでいる。この考え方はトレーニングにおいて持久力を非常に重視することから生じている。

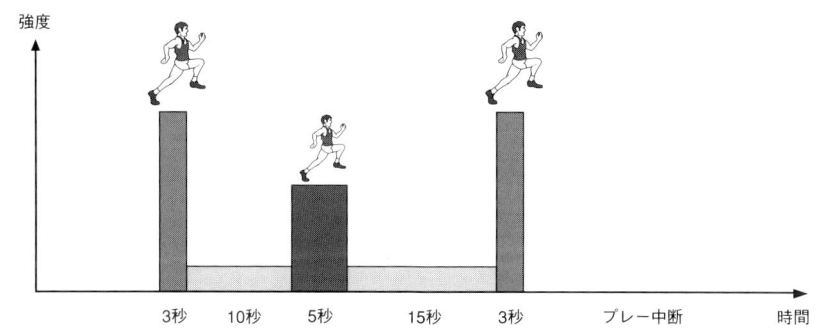

図9. 1人のプレーヤーの負荷の持続時間の例（高，中，低強度）。

これは以前から最も一般的に普及している考え方である。わかりやすく説明するために，1人のプレーヤーの1試合の間の負荷を分析してみよう。図9は，動作の連鎖の理論的なモデルであり，プレーの進行と負荷の強度を示したものである。高強度，中強度，低強度と休憩の時間がある。この場合では，このプレーヤーは，3秒間ダッシュし，10秒間ゆっくりとジョギングし，中強度の加速走5秒間，そしてまたゆっくりとしたジョギングを15秒間して，最後に3秒間ダッシュして休憩している。試合はこのようなタイプの一連の運動の連続なのである（図10）。

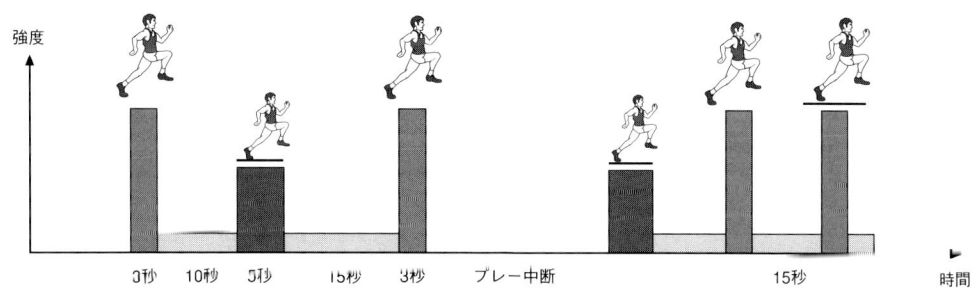

図10. 1人のプレーヤーの試合における一連の運動の連続。

あまりに量的な面ばかりに着目した考え方は，全体の「平均」を示すための処理をするために，様々な運動負荷をならしてしまい，また単に距離を合計してしまう（図11）。

第1章／筋力とサッカー 17

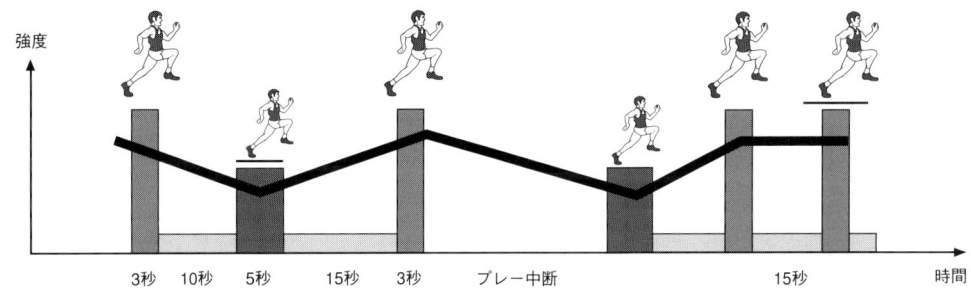

図11. このラインは，運動の平均化の試みを示す。

この論理をもっと突き詰めてしまうと，15分間，30分間持続することのできる1つの平均速度が出るということになる。

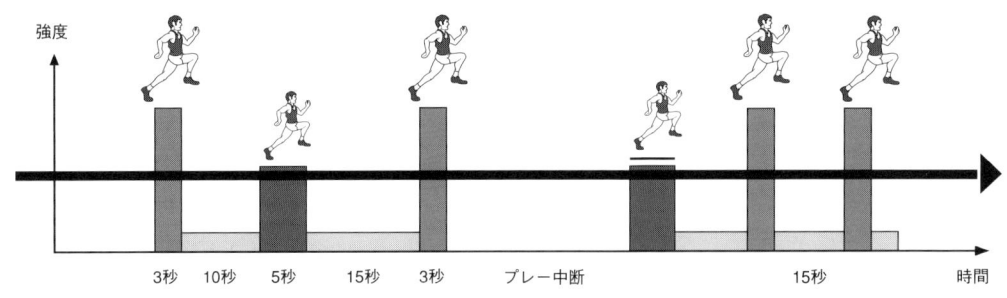

図12. 運動の「平均化」の考え方。

しかし，サッカーの試合というものは，15分間も平均的な速度でランニングをし続けることとはほど遠く，先ほど見てきたように，ダッシュと休憩の連続なのである。スプリンターは，トレーニングで単に走るだけではなく，筋力強化をする。我々は，以下の考え方の方がよほど妥当であると考える。

「コントラスト」によるトレーニングが，最も有効であると考えられる。こちらの場合は，先ほどの立場とは反対で，高強度と低強度の間の差をより大きくする（図13）。

図13.「コントラスト」トレーニングの考え方。筋力強化によって，運動のグラフの頂点を強調する。

筋力発揮のクオリティー，「強度」を高めるには，どのようにしたらよいのだろうか？　筋力強化によって，実際のスプリント時よりも高い筋のテンションを生じさせる。そのためには，ジャンプ，プライオメトリック，負荷を用いたトレーニングを行う。低強度の段階としては，ボールを使った種目で代わりとする（図14）。

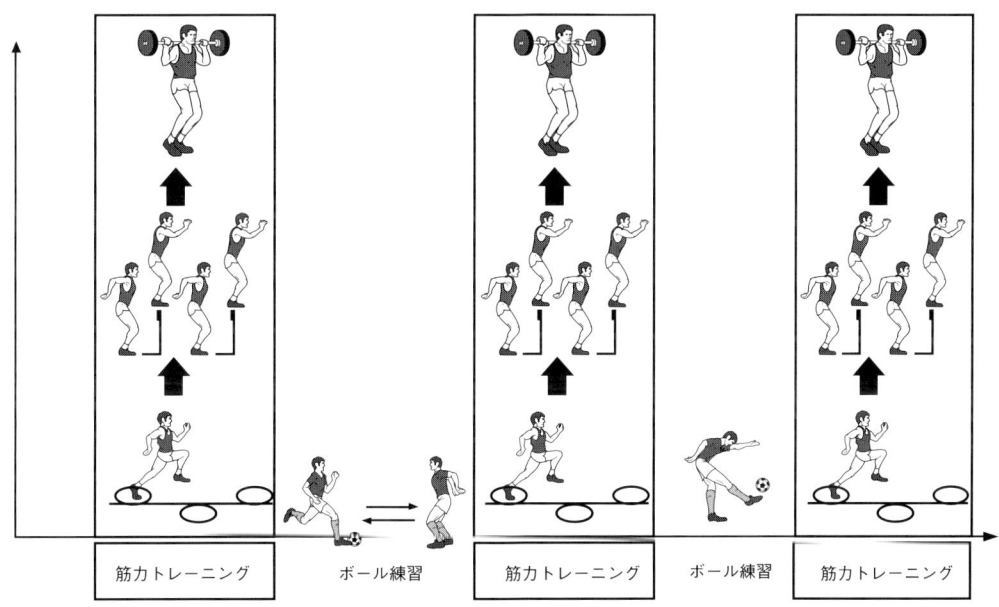

図14. コントラスト・トレーニングの例：短時間の筋力強化（5〜20秒間）とボールを使ったアクティブ・レスト（1人または複数でボール扱い）を交互に行う。

　本書は全体で基本原則を扱っている。筋力は，爆発的筋力発揮を必要とするあらゆるスポーツ種目での能力向上に不可欠な要素である。サッカーも例外ではない。

　したがって，我々はまず先に，筋力発揮の生理学的基礎について検討してから，サッカーの筋力強化のための具体的なセッションを提案することにする。

Football et musculation

CHAPTER 2

第2章／筋力発揮の
メカニズムとサッカー

アスリートが筋力を強化する可能性を，様々な要素に分けて図15に図示した。以下の3つの柱がある。

- 構造的：筋の構成自体に働きかける要素。
- 神経的：運動単位の動員に関する要素。
- 伸張性との関わり：収縮のポテンシャルとなる要素。

我々は，これら一つ一つの要素について，順に触れていく。重要な知識について説明し，特にそれぞれのパラメータに関し実践的な結論を引き出して行こうと思う。

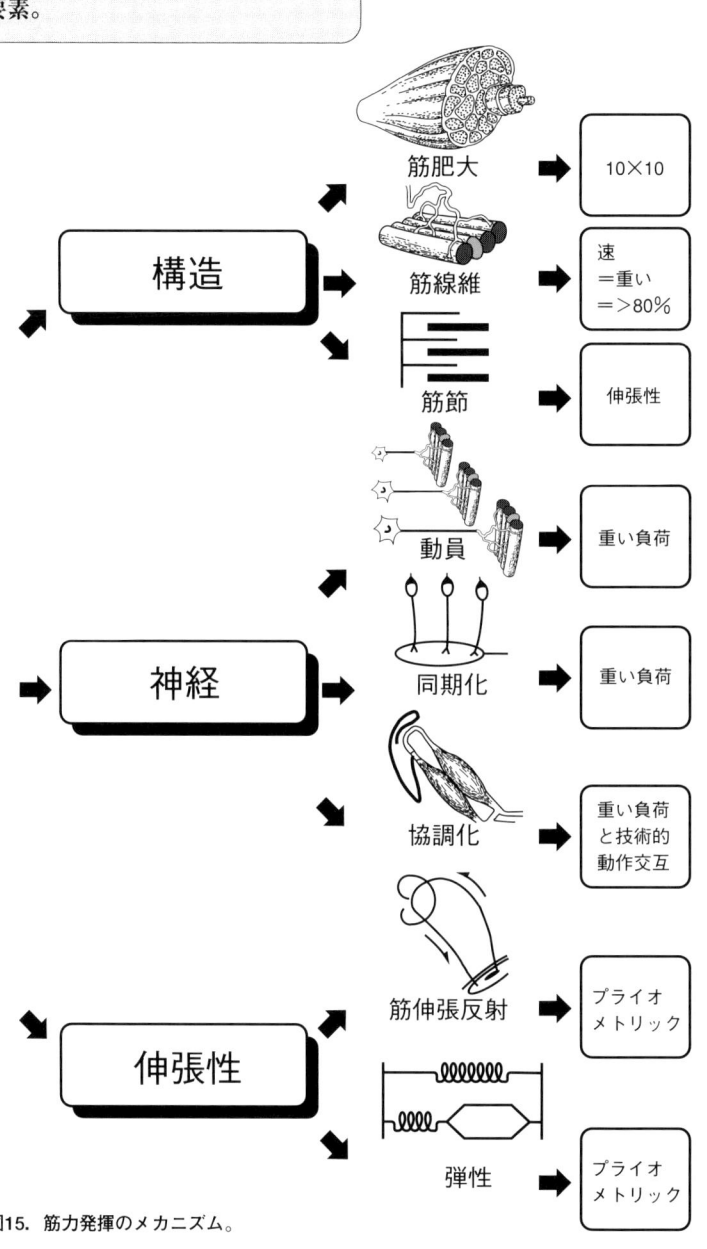

図15. 筋力発揮のメカニズム。

1. 構造的な要素

1.1 ── 筋肥大

① 生理学的データ

　筋肥大は，主に4つの要因で説明される。その4つを図17に示した。
- 筋原線維の増加。筋原線維は筋線維を構成する要素である（図16）。
- 結合組織の発達。
- 筋線維内の毛細血管の増加。
- 筋線維数の増加。トレーニングによる筋線維数の増加は非常に重要である。動物では証明されているが，ヒトではされていない。

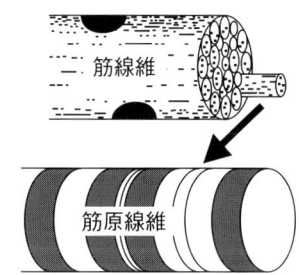

図16. 筋原線維が筋線維を構成する。

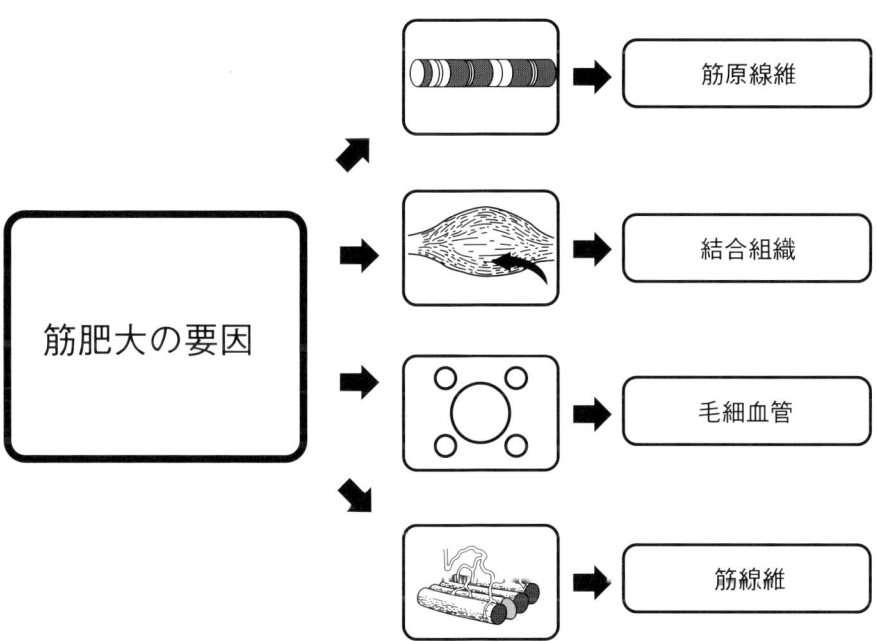

図17. 筋肥大の要因。

「超回復」の現象によって，このプロセスの一時的な進展が説明される（図18）。

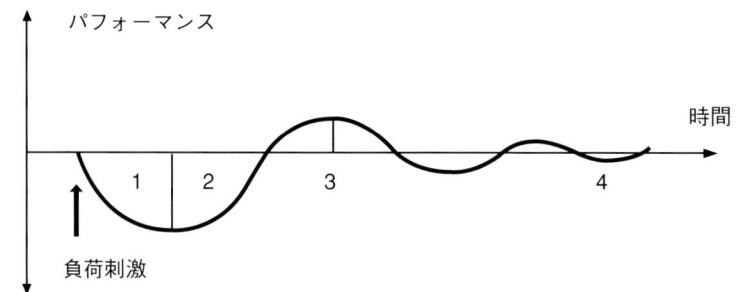

図18．超回復の現象と，時間の経過との関係。

図18のフェーズ1は，筋力トレーニングのセッションの際である（トレーニングをして筋の備蓄を使い果たした段階）。

フェーズ2は，セッション後の休憩である（トレーニングを終了）。

そしてフェーズ3は，筋の備蓄の超回復の段階である。このフェーズは，セッション後に起こり，筋力トレーニングのセッションによって一時的に消費されたエネルギーを器官が回復しようとする。セッションが非常に厳しいものだったのであれば，器官は，セッションで消費したエネルギーよりも多く補償しようとする。これが「超回復」と呼ばれる。筋の量はこのように獲得される，と説明することができる。

② 実践との関わり

図19aは，最大反復回数（RM）が筋量の発達に及ぼす影響を示したものである。10RMのセットを行うと，筋量が最もよく増加する。RMというのは，その負荷を用いて反復できる最大の回数を表す。

10RMというのは，その負荷を用いて10回までは反復できるが，11回目はもうできない，という意味である。

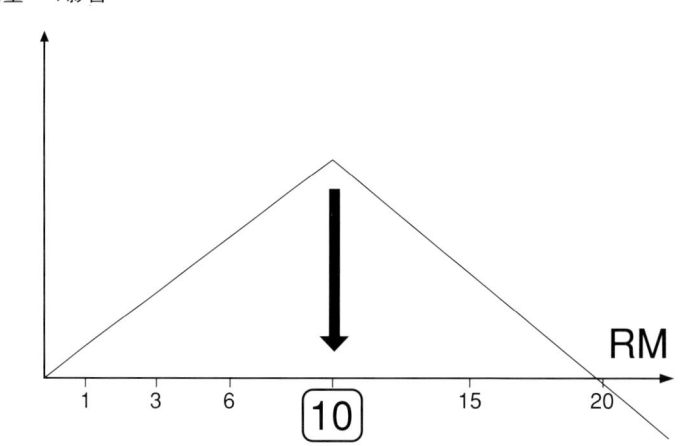

図19a．筋量の増加と最大反復回数の関係。

筋肥大は，10×10で得られる：10回しか挙上できない負荷（10ＲＭ）を用いて10回10セット。

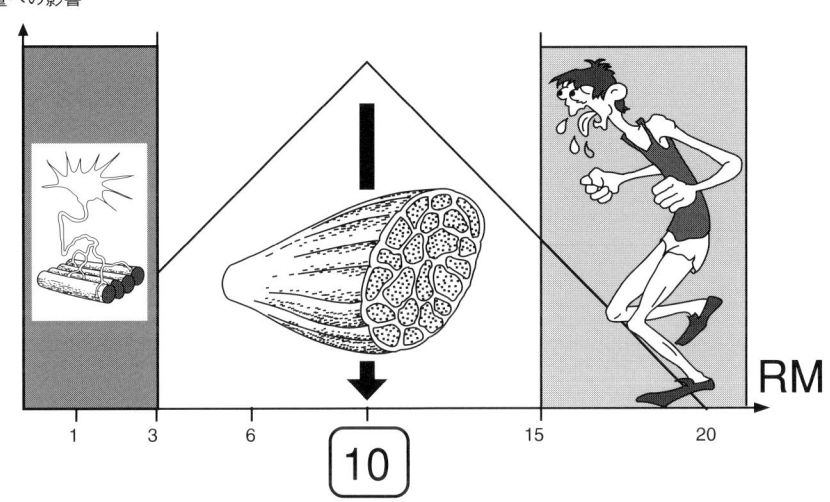

図19b．筋力の増加と最大反復回数の関係。

図19bは３つのゾーンに分かれる。
- １〜３ＲＭは，主に神経的な要素によって，筋力を向上させる。
- ６〜15ＲＭのゾーンは，筋量の増加と筋力の増加を伴う（10ＲＭが最大）。
- 15ＲＭから先は，筋力の強化にはならないが，エネルギーの要素が支配的な役割を果たす。

③ 筋量とサッカー

サッカーにおいては，筋量が過剰に増すことは，実際あまり望ましくない。なぜなら，プレーヤーの敏捷性が損なわれる危険性があるからである。したがって，10×10ＲＭは避けた方がよい。

しかしながら，ケースによっては，筋量を促進することも考えられる。
- 怪我からの回復。
- 筋のバランスをとる。例えばプレーヤーが「線が細すぎる」と判断された場合に，上体を強化しコンタクト・プレーでの力の発揮を向上させる。
- ゴールキーパーの場合，上体を強化する。

一方，アクションの方法によっても，筋量に与える影響は異なる。エキセントリック収縮（エキセントリック収縮の定義：筋が伸張しながら仕事をし，筋の起始と停止が離れていく。負荷を減速するときに起こる），プライオメトリック（プライオメトリックの定義：筋がまず伸張され，続いて一気に短縮する。このアクションは，弾みをつけたジャンプのトレーニングすべてにおいて脚に起こっている），そしてアイソメトリック（アイソメトリックの定義：筋が仕事をするが動きを伴わない。抵抗は固定され不動のままで，筋の起始・停止が動かない）等は，筋肥大にはあまり影響を与えないものとして知られている（図20）。

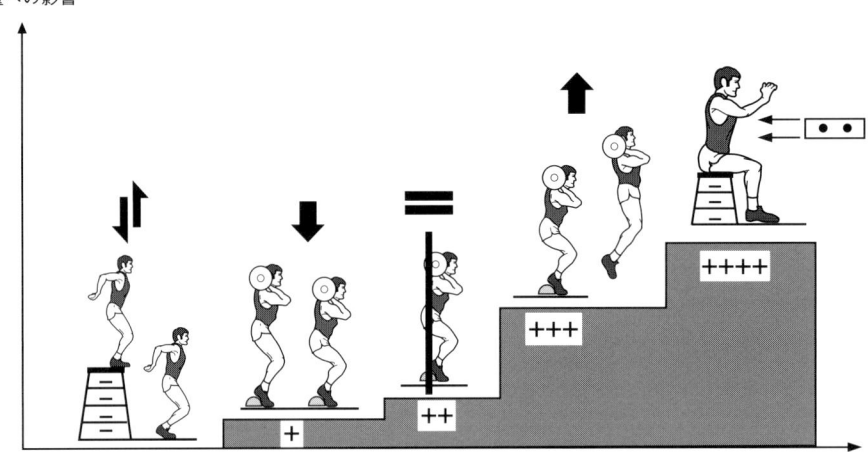

図20. 筋収縮の種類と筋量との関係。

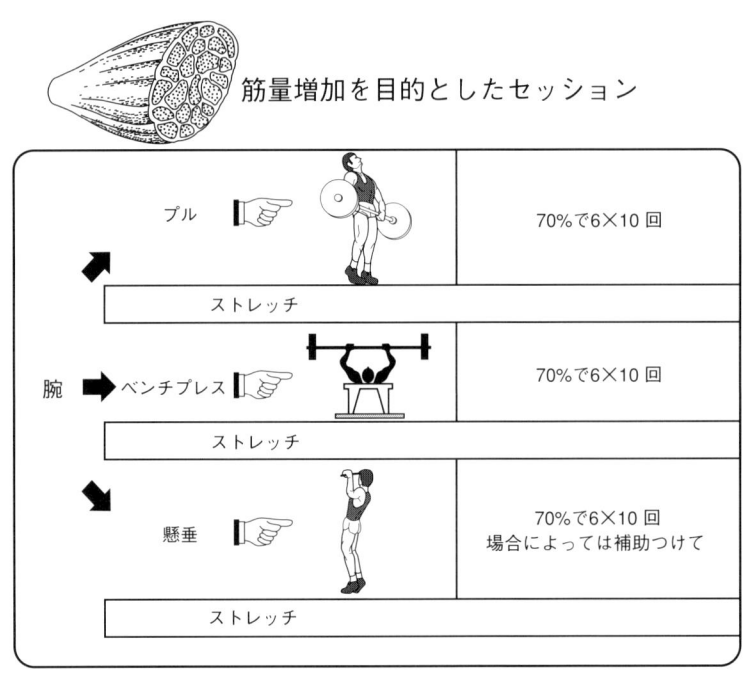

図21. 筋量を増すことを目的とした，主要3種目を用いた上体の筋力強化のセッション。

　図21と22は，筋量を増すことを目的とした，バーベルを用いたセッション（図21）とトレーニング・マシンを用いたセッション（図22）の例を示したものである。

種目		セッション1	セッション2
	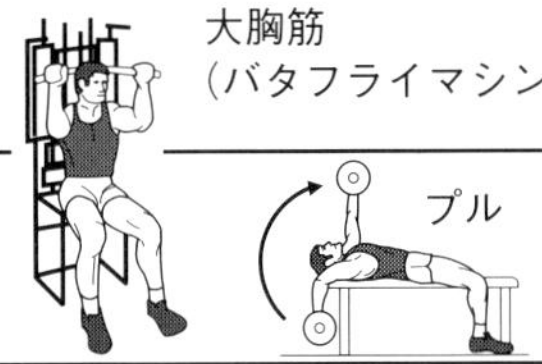 大胸筋（バタフライマシン）	8×10	8×（10+3 回負荷を上げて）
	プル	6×10	6×（10+3 回負荷を上げて）
	 ハイプーリー	8×10	8×（10+3 回負荷を上げて）
	ロープーリー	8×10	8×（10+3 回負荷を上げて）
	 ベンチプレス	8×10	8×（10+3 回負荷を上げて）
	上腕三頭筋	6×10	6×10
	上腕二頭筋	6×10	6×10

図22. トレーニング・マシンを用いた場合の上体の筋力強化のセッション。

1.2 筋線維

① 生理学的データ

筋線維には2つのタイプがある。遅筋と速筋である（図23）。

- 遅筋線維（タイプⅠとも呼ばれる）。
収縮によって，あまり大きな力は出ないが，長時間収縮し続けることができる。遅筋線維はより小さい。持久性の線維で，トップレベルの距離スキーヤーでは80％に及ぶこともある。

- 速筋線維（タイプⅡとも呼ばれる）。
収縮によって大きな力を生み出す。大きな線維である。競泳や陸上競技の短距離選手では，80％に及ぶこともある。バネ，パワー，スピードの線維である。

速筋線維はさらに分けられる。

- 線維Ⅱaと線維Ⅱb
- 線維Ⅱaは，混合である。収縮により大きな力を生み出すが，疲労に対する抵抗力も持ち合わせている。
- 線維Ⅱbは，とりわけ速い線維である。疲労には非常に弱い。しかし，収縮により非常に強い力が生み出される。

図24は，筋線維のそれぞれの特徴を示したものである。

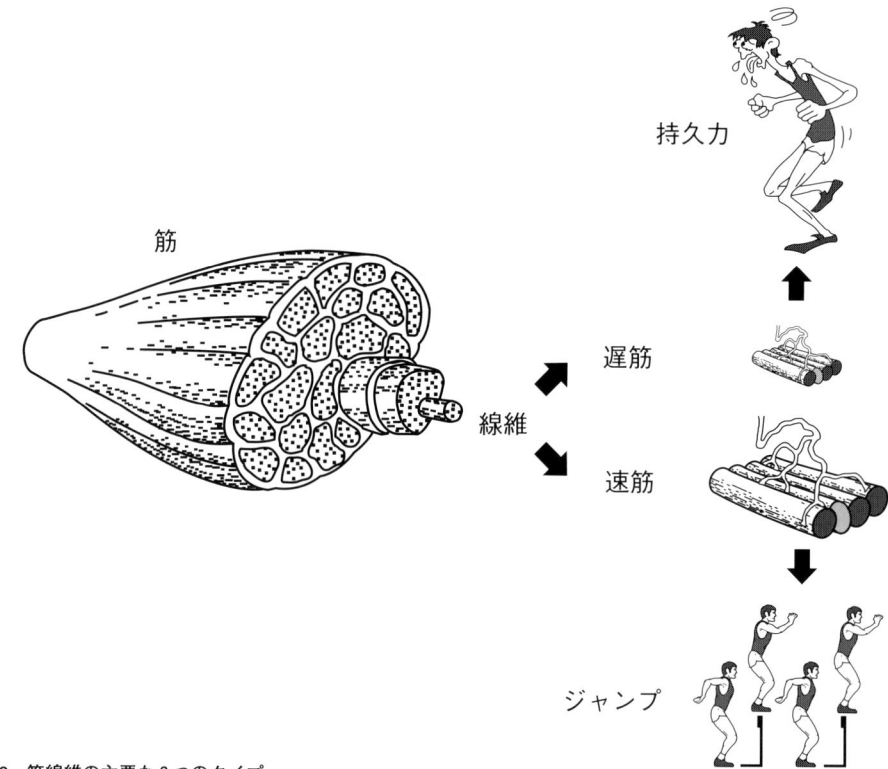

図23. 筋線維の主要な2つのタイプ。

繊維	サイズ	力	疲労に対する抵抗力
遅筋 タイプⅠ		⇧ 弱	→ 強
速筋 タイプⅡ Ⅱa ↕ Ⅱb		⇧⇩ 中	→ 中
	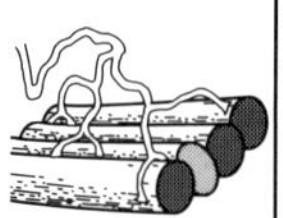	⇧ 強	→ 弱

図24. 筋線維の特徴。

その変化を、ハワルド（Howald）の考え方に基づいて説明する。ハワルドの図は、「遅筋」から「速筋」への方向の変化が難しいことを示している。ここには線維Ⅱcが存在しているが、これは、遅筋と速筋の間の移行段階に当たる線維である。

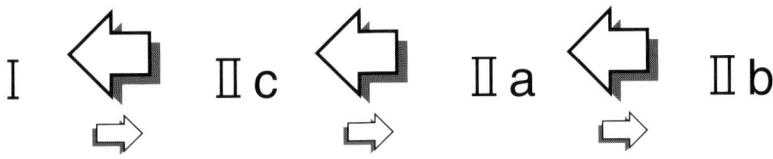

図25. ハワルドによる線維の変化の図。

筋線維の分化は、特にミオシン・レベルで起こっている。アクチンとミオシンは、筋線維の主要な2つの構成要素である（図26）。ハワルドは、筋線維に関して、遅いミオシンと速いミオシンの存在を区別していて、それが、図27に示すとおり、筋線維を分けている、としている。

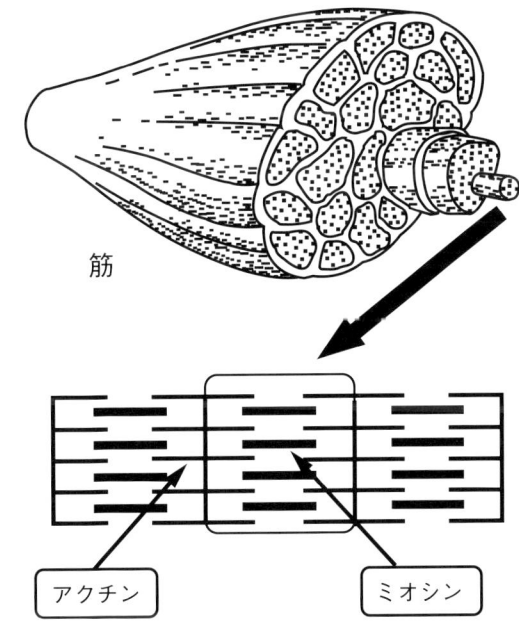

図26. 筋内に存在し、収縮時に滑走するフィラメント。厚いフィラメントがミオシンで、細い方がアクチンである。

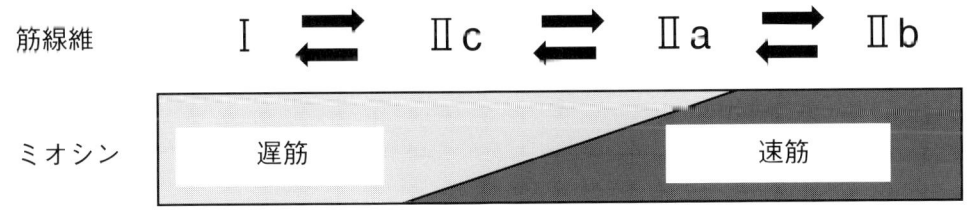

図27. ミオシンのタイプによる筋線維の分化（ハワルド、1989年より）。

② 実践との関わり

筋線維タイプⅠからタイプⅡへ変化させたいと思ったら、筋内に強いテンションを生み出さなくてはならない。そのための解決策としては、重い負荷を用いたトレーニングがある。強度の高いプライオメトリックでもまた、同じ効果を得ることができる。

③ 筋線維とサッカー

問題は、サッカー選手が遅筋線維よりも速筋線維の方を多く持っているかどうかである。

サッカー選手の遅筋線維と速筋線維の割合の評価を試みる研究がいくつか行われた。それらの結果からは、遅筋線維の割合はおよそ40～45％であるという値が出ている（ジェイコブス Jacobs, 1982；アポール Apor, 1988）。ジェイコブスは、大腿直筋のバイオプシーによって、速筋線維60％という値を得ている（1982）。アポールは、速筋線維52％という値を得ている（1988）。ボスコ（Bosco）は、間接的な方法によって、速筋線維55％という値を得ている（1990）。それらの結果をまとめると、サッカー選手の場合、速筋線維約60％という割合が出る（図28）。それらの値を、他の専門との関係で見直してみることができる。マラソン選手や長距離ランナーは、遅筋線維が75～80％に達する。それに対して100～200mの短距離走者は25～30％である。

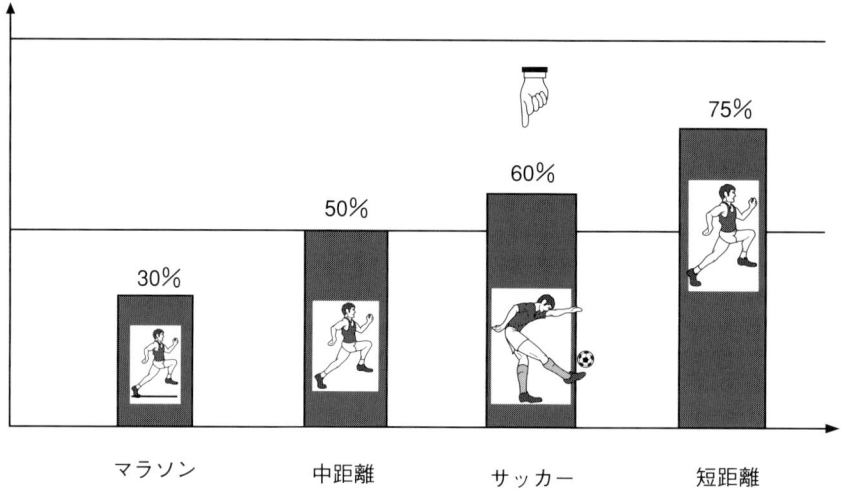

図28．様々な距離のランナーとの比較で見たサッカー選手の速筋線維の割合。

筋線維から見ると、サッカー選手はスプリンターの方に近いことがわかる。

それは真実であるが、先に挙げた研究のデータでは、ポジション特性が考察されていない。ストライカーはよりスプリンターに近く、ハーフの選手は中距離のランナーのクオリティーに近いと考えられる。

そうであったとしても、サッカー選手の筋力強化は、基本的に速筋線維を刺激しようというものでなくてはならない。トレーニングで採り入れるべきなのは、以下の要素である（図29）。
- ショート・スプリント。
- 重い負荷を用いて、最大筋力を発揮。
- 強度の高いプライオメトリック（ボックス、ハードル…）。
- 電気刺激で速筋線維を刺激。

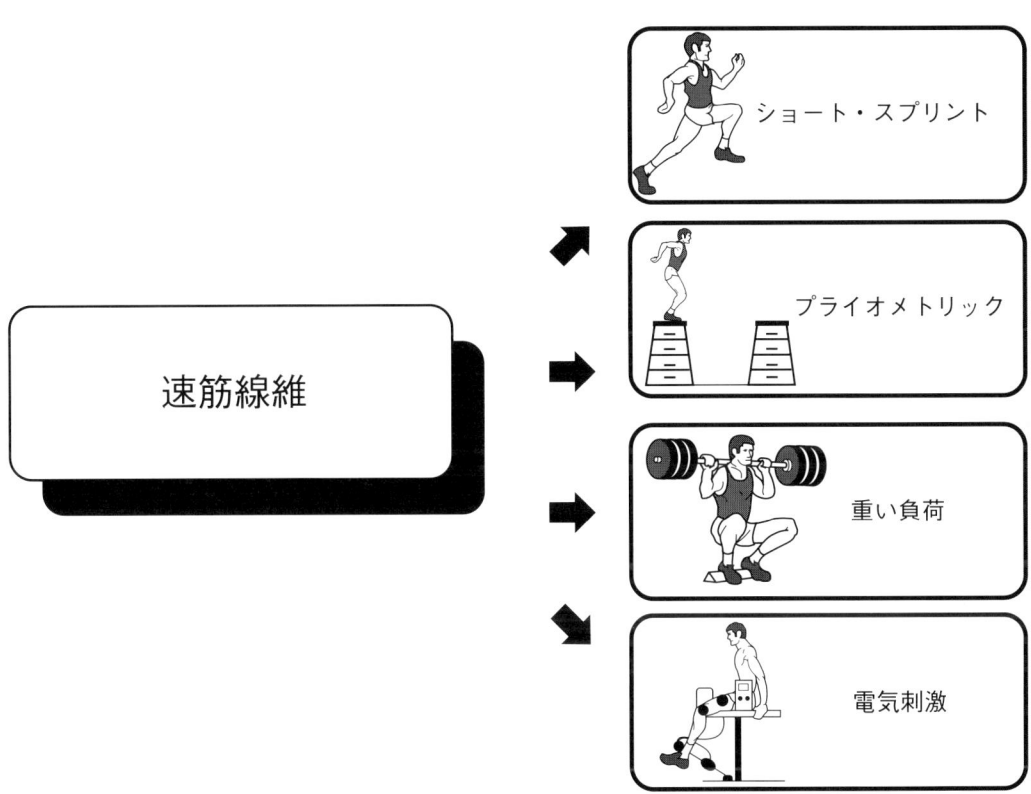

図29. 速筋線維に効果的に刺激を与えるためには、サッカープレーヤーはこれら4つの方法を駆使すべきである。

1.3 ── 筋節群の増加

① 生理学的データ

筋節：筋は線維から成っている。線維はミオフィブリンから成っている。ミオフィブリンの中に，滑走フィラメント（アクチンとミオシン）があり，これらが「筋節」と呼ばれる特別な配置を構成している（図30）。

タルディユ＆タルディユ（Tardieu & Tardieu, 1972），およびゴールスピンク（Golspink, 1985）によると，あまり使われていない状態の筋を伸展させると，筋節を増加させるようである。筋が振幅いっぱいに活動すると（すなわち，筋自身が完全に伸展しきってしまわないように刺激される）一連の筋節を増加させ得ると考えられる。ただし，まだこの領域に関しては立証されていない。反対に，筋が小さな振幅で（最大収縮位の近くで）あまりに活動すると，筋節の数が減少することが考えられる。

ここで筋力と柔軟性がつながる。

筋力強化のセッションにストレッチングのエクササイズを導入することは，非常に重要である。

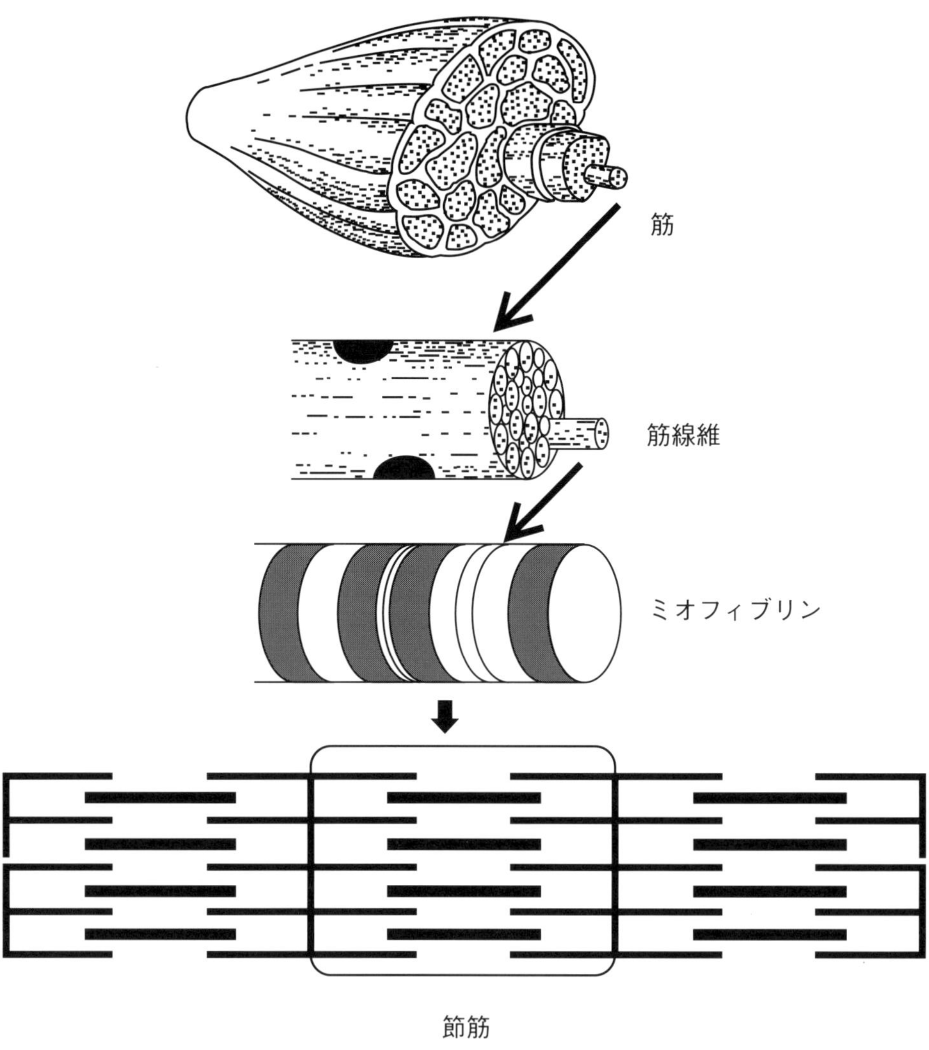

筋

筋線維

ミオフィブリン

筋節

図30. 筋内の筋節の状況。

② 実践との関わり

したがって，筋節の発達を期待しようと思うのであれば，右の方法が推奨される。

一連の筋節群 振幅いっぱいで運動

筋のストレッチング

ここで，筋の柔軟化とストレッチングの問題が挙げられる。この面は，トレーニングにおいて非常に重要であり，この問題を専門的に扱った文献があるので，ここでは模倣に陥ることを避けたいのであえて触れずにおく。我々は，プティ G. Petit（運動の振幅に関しては，コメッティ，プティ，プージョン Pougheonの「les sciences viologiques」第3巻「Brevet d'stat d'educateur sportif」）および カオール B.Cahors（雑誌「Sport med」）の著作を参照することを勧める。

③ 運動の振幅とサッカー

ここでは，サッカープレーヤーの，振幅いっぱいの運動の重要性，すなわち筋の柔軟化に焦点を当てる。

以下の2つの形が，考えられる。

- 筋力強化のセッションのストレッチング・エクササイズを導入し，運動で使ったのと同じ筋群に行う。この種の実践は，チーム・スポーツでは一般的になりつつある。

- 選択された主な動きに，同じ筋群を振幅いっぱいに動かすことを目的とした補足のエクササイズを加えるようにする。一例としては，ベンチプレスを行う場合，大胸筋が最大位で働くことがないので，ダンベルを持って最大振幅で胸部を開く「バタフライ」の種目を加えるとよい。

さらに，サッカーにおいては，ハムストリングスを振幅いっぱいに動かすことにもっと注意を払わなくてはならないことがわかってきている。したがって，ハムストリングスのストレッチングのプログラムを組み込むべきである。

2. 神経的な要素

2.1 筋線維の動員

① 生理学的データ

筋線維の動員は，伝統的に，ヘンネマン（Henneman）の法則で説明される。これは，どんなタイプの運動であろうと，速筋よりも先に遅筋が動員される，というものである。したがって，このケースでは，爆発的な運動の場合，それに適さない遅筋からの移行が起こるということである。コスティーユ（Costille）の図（1980）は，この問題をよく示している（図31）。

軽い負荷では遅筋線維（Ⅰ）が動員される。中度の負荷では，遅筋とⅡaが動員される。重度の負荷では，遅筋とⅡaとⅡbが動員される。

今日では，意見は分かれており，速い運動に関しては，遅筋からの移行なしに速筋が刺激されると考える者もいる。しかし，これに関しては生理学者の意見は一致していない。

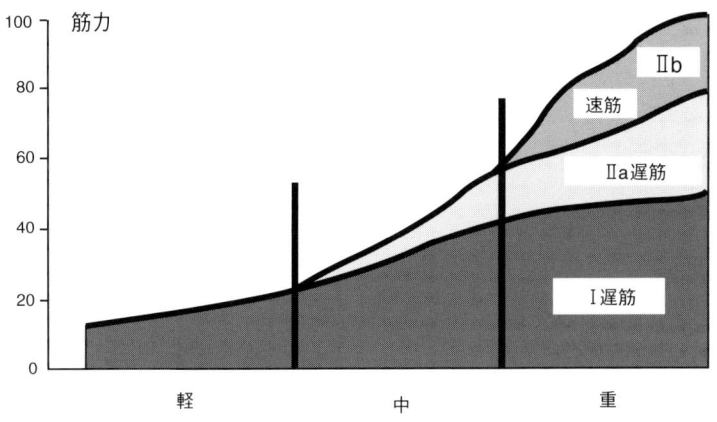

図31. 負荷強度に対する筋線維の動員（コスティーユ，1980）。

② 実践との関わり

　筋線維の動員の原則を，サッカーに当てはめて考えてみることが重要である。

　速筋線維を発達させようと思ったら，筋に最大緊張を生み出すことが重要である。

したがって，クオリティーの高い運動が重要である。
- 最大強度（最大スピード）でのエクササイズの実行。
- エクササイズ間に十分に回復させる。

筋力の増大に伴う筋繊維の動員：

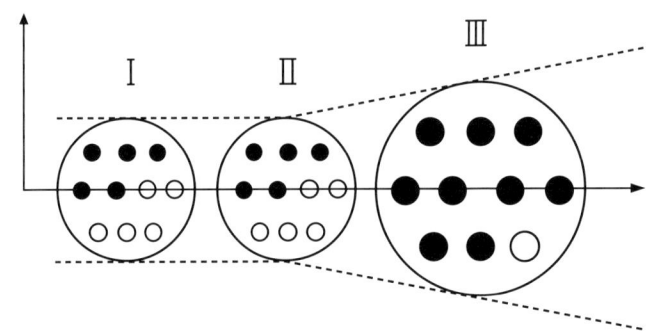

図32. 筋力増大に伴う筋繊維の動員の変化（福永，1976）。

運動単位の動員は，筋力強化の運動のスタート時に起こるが，速度の増大も説明する。福永(1976)の図から，神経的な現象と筋肥大の関係を読み取ることができる（図32.）。

- 図32（Ⅰ）：開始時の状況。初心者は筋線維をあまり動員することができない（黒い点）。
- 図32（Ⅱ）：数週間続けると，動員される運動単位の数が増大するが，まだ筋肥大は起こらない。筋力が増大したのは，それまで起こらなかった筋線維の働きが起こったことによる。筋量の変化はまだない。
- 図32（Ⅲ）：トレーニングをさらに続けていくと，筋肥大が要因となって筋力が増大する。

③ 筋線維の動員とサッカー

7〜8週間たって新たな筋線維が動員されるようになったことによる筋力の増大の時期に注目することが重要である。これはすなわち，筋力強化を開始したサッカー選手が，筋力は比較的速く高まるが，筋肥大が起こらないということである。筋力の増大は非常に興味深い。というのは，プレーヤーのプレーに即，影響があるからである。スタート，ショート・ダッシュのクオリティーが向上する。この目的には，重い負荷を使った運動（ただし，最大限安全な状況で）とコンセントリックの運動の組み合わせ（図33）が最適である。

図33. サッカー選手の筋線維の動員を発達させる組み合わせ。

2.2 ── 運動単位の同期化

① 生理学的データ

筋を効率よく活用するためには，筋線維を同時に動員して機能させる必要がある。このメカニズムはどのように説明されるのだろうか？

一つ例を挙げよう。1グループの人々に，同時に叫ぶように指示したとする。最初のうちは，音がずれてバラバラだが，練習を続けていくと，各自が周囲の声に同時に合わせることができるようになる。運動単位の機能も同様である。生理学的な説明としては，以下の説明が最も確かなものとされている（図34）。

a) 同期化
最初

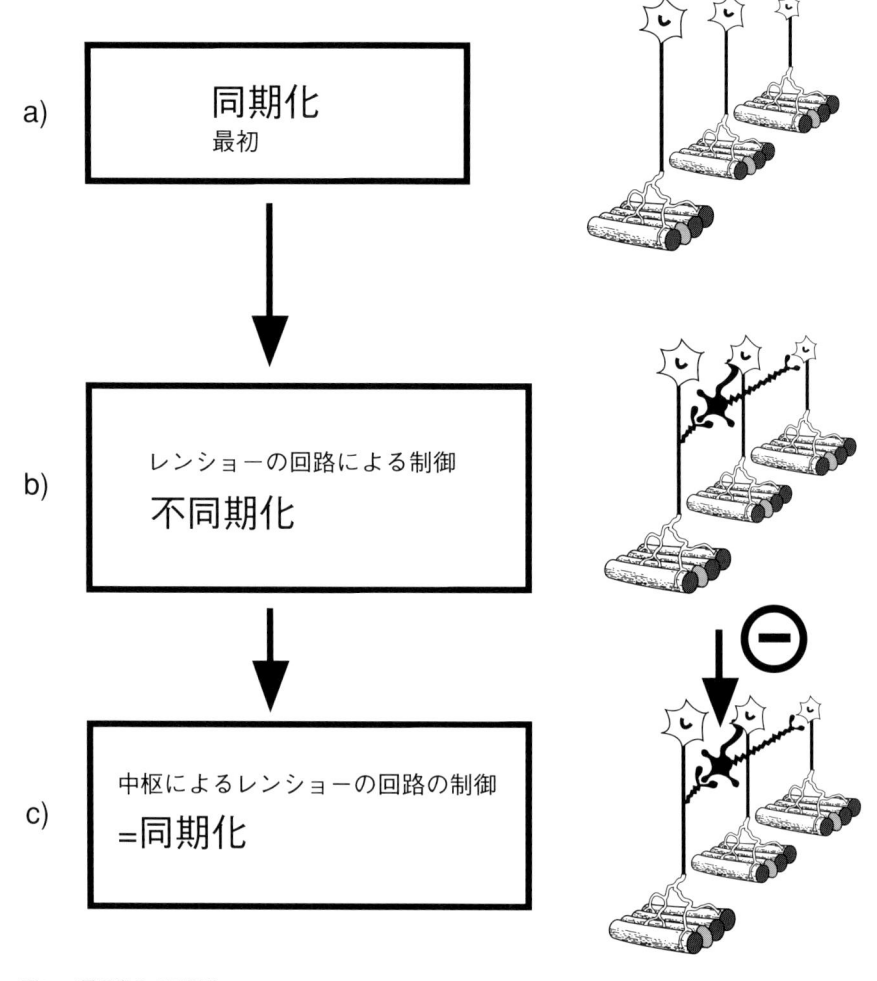

b) レンショーの回路による制御
不同期化

c) 中枢によるレンショーの回路の制御
＝同期化

図34．運動単位の同期化。

運動単位は，最初，自然に同期している（図34 a）。レンショー（Renshaw）の回路が動員されて不同期化が起こる。運動ニューロンに抑制が働くためである（図34 b）。筋力トレーニングは，このレンショーの回路のネガティブな作用を除去し，初めの同期を取り戻させる（図34 c）。ストレスは，この結果を得るための重要な要因である。低いジャンプはこの効果の良い例で，特に効果的である。セール（Sale）によると（1988），運動単位の同期化は，振幅を向上させ，非常に短い時間で筋力を増大させることができる。

② 実践との関わり

図35は，このプロセスを発展させるための別の手段を示したものである。最も有効な手段は，重い負荷（ザツィオルスキ Zatsiorski, 1966）と，重い負荷によるエクササイズと爆発的な力を発揮するエクササイズを組み合わせてもの，とされている。

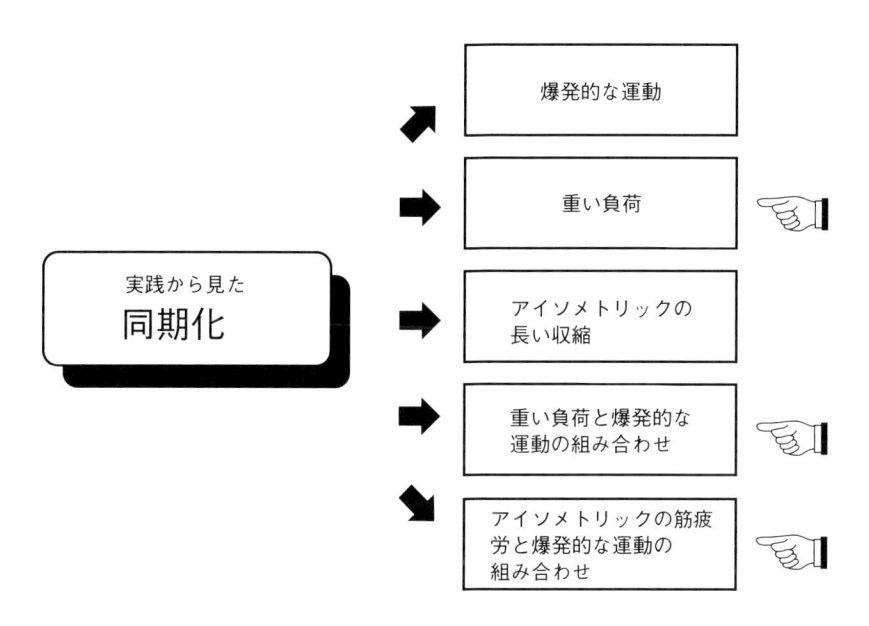

```
                          → ┌─────────────┐
                            │ 爆発的な運動 │
                            └─────────────┘
                          → ┌─────────────┐
                            │ 重い負荷     │ ☞
                            └─────────────┘
┌──────────────┐          → ┌─────────────┐
│ 実践から見た │            │ アイソメトリックの │
│   同期化     │            │ 長い収縮     │
└──────────────┘          → └─────────────┘
                            ┌──────────────────┐
                          → │ 重い負荷と爆発的な│ ☞
                            │ 運動の組み合わせ │
                            └──────────────────┘
                            ┌──────────────────┐
                          → │ アイソメトリックの筋疲│ ☞
                            │ 労と爆発的な運動の│
                            │ 組み合わせ        │
                            └──────────────────┘
```

図35. 同期化を向上させるための手段（コメッティ，1989）。

③ 運動単位の同期化とサッカー

運動単位の同期化とサッカーの関係については，以下のように考えられる。

> 運動単位の同期化は，スプリンターの爆発的筋力発揮（特に動き出し）が最も重要な要素である。サッカー選手は何よりもまず短い距離のスプリントが要求されるため，この面のトレーニングを重視して行う必要がある。

このケースは，混合のトレーニング・フォームが注目される（図37）。

- 重い負荷を用いたトレーニングと，プライオメトリックのジャンプ（両足ジャンプで低いハードルを跳び越える）を組み合わせる。
- ジャンプ（ヘディング・ジャンプ，あるいはＧＫのジャンプ）も同様に，同期化に関係する状況となる。

そのためには、以下の手段を用いる。
- アイソメトリックで疲労するまで（図36）。アイソメトリック後に筋に震えが出たら，それは筋線維の同期化のサインである。

図36. サッカー選手のための，アイソメトリックをベースにした同期化の向上の状況。

- 最大筋力で（図37），筋線維の最大動員と同期化の刺激を強制する（ザツィオルスキ，1966）。

90%で2回 　　ハードルジャンプ6回 　　90%で2回 　　キック6回

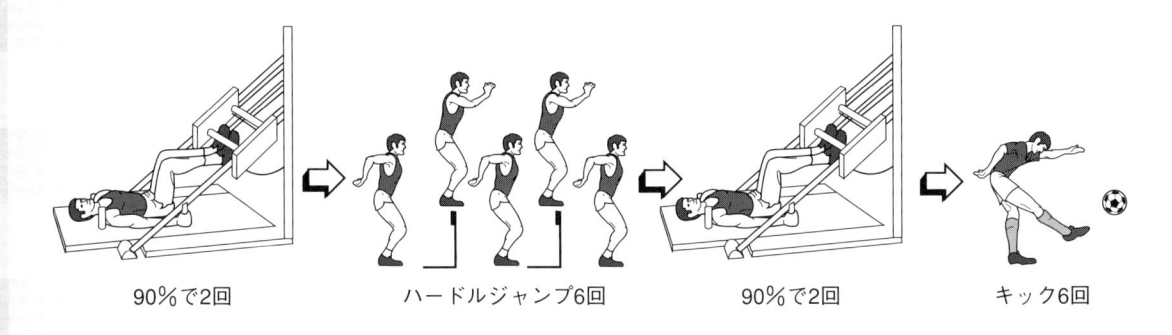

図37．サッカー選手のための，最大筋力をベースとした同期化の向上。

2.3 ── 筋間のコーディネーション

① 生理学的データ

筋力の向上の特性が，数多くの研究で示されている。実際，スクワットでの向上に，必ずしも四頭筋のマシンを使った筋力測定での値の向上が伴わない。このことは，筋力の向上は，部分的に，筋間のコーディネーションによっていること，そして，それは筋力強化に用いた動作に特有のものであることを示している。

② 実践との関わり

筋力トレーニングは，専門的なテクニックに類似したエクササイズと組み合わせて行うべきである。ジャンパーの場合，スクワットとジャンプを組み合わせる。

筋力とテクニックの問題は，セッションのプランニングと構成の段階で解決すべきである。

③ サッカーにおける筋力とコーディネーション

筋力の向上は，プレーの中で実際に現れるようでなくてはならない。しかし，ここで注意が必要である。チーム・スポーツでは，とかく筋力とテクニックの両方を同時に高めたがる。このために，ウエイトベストを着用してプレーをするようなことがある（図38）。

ウエイトベスト　　10〜20kg

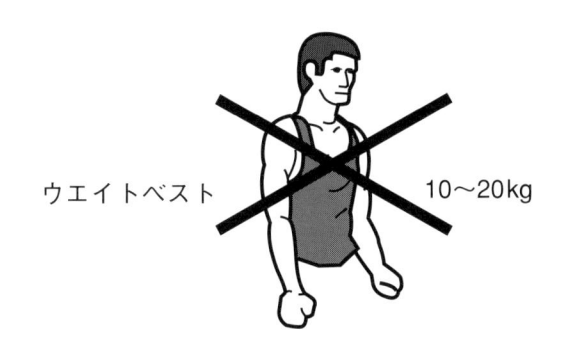

図38．チーム・スポーツでよく見られる誤り：筋力の向上のためにウエイトベストを着用。

この方法でプレーに近い状況でテクニックと同時に筋力を向上させることができると考えるのである。しかし実際は，このケースでは，筋力のトレーニングにはならない。ここまでに考察してきた指標（速筋，同期化…）がすべて投入されないからである。

我々は，筋力向上のためのエクササイズ（70％以上の重い負荷を用いた）とテクニックに関わるエクササイズを交互に組み合わせる方法を勧める。いくつかの例を挙げてみよう。

- **脚筋力**：スクワットとジャンプを組み合わせる（図39）。
- **腕の筋力**：ベンチプレスとメディシンボールを使ったトレーニング（図40）。
- **スプリント**：スクワットとスキップの組み合わせ（図41）。

80％でハーフスクワット4回 → プライオメトリック・ジャンプ6回 → 80％でハーフスクワット → ハードルジャンプ6回

図39．ジャンプとランニングのための筋力強化のトレーニング。

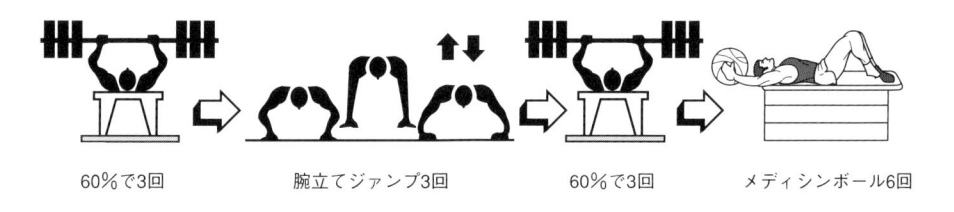

60％で3回 → 腕立てジャンプ3回 → 60％で3回 → メディシンボール6回

図40．スローイン能力向上ための筋力強化のトレーニング。ベンチプレス，腕立て伏せ，メディシンボール。

スクワット → スキップ → スクワット → スキップ

図41．スピード向上ための筋力強化のトレーニング。スクワットとスキップの組み合わせ。

- **キック**：スクワットとキックの組み合わせ（図42）。
- **ヘディング**：下腿三頭筋の強化とヘディングの組み合わせ（図43）。
- **ゴールキーパー**：スクワットとボールを持って脚の伸展の組み合わせ（図44）。
- キック力向上のためのエクササイズで我々が推奨する特殊なトレーニング（図45）。

スクワット　　キック　　スクワット　　キック

図42. キックのための筋力強化。

図43. ヘディングのための筋力強化。

スクワット　　ボールとベンチを使ったエクササイズ　　スクワット　　ベンチ

図44. ゴールキーパーのジャンプを高めるためのトレーニング例。

図45. キック力向上ための筋力強化のトレーニング。

3. 筋の伸張の重要性

ザツィオルスキ（1966）以来，アスリートは，固定されたバーをスクワットのポジションから押すことによって，アイソメトリック最大筋力と呼ばれる力を生み出すことが知られている。

また，アスリートが下方に跳び降りる場合（プライオメトリック・エクササイズとも呼ばれる），生み出される筋力はその1.5倍，さらに2倍にのぼることがある。

アイソメトリック　　　　　プライオメトリック

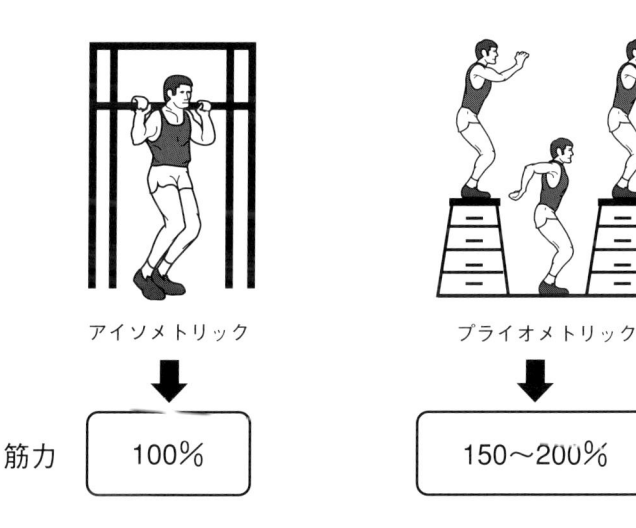

筋力　100%　　　　　　150〜200%

図46. 筋の伸張によって得られる力。

この力はどのように説明されるのだろうか？

今日では，二通りの説明がなされている。
- 筋伸張反射の介在による。
- 伸張性による。

3.1 ── 筋伸張反射

筋は引き伸ばされると，防御の反応で収縮する。これが伸張反射である。

① 生理学的データ

下方への跳躍については，シュミットブライヒャー（Schmidtbleicher, 1985）によっても明らかにされている（図47）。

グラフは，下方への跳躍の際の筋電図の波形を示している（筋の神経刺激）。並行して示してあるのは，同じアスリートがアイソメトリック筋収縮の際に得る筋刺激である。横座標は，1000分の1秒を示している。縦の点線は，アスリートが着地した瞬間を示している。ここから以下の点が確認できる。
- アイソメトリック最大筋力を超えている。
- 筋伸張反射の関与（矢印で示した）。

アイソメトリック　　　　　　　　デプス・ジャンプ

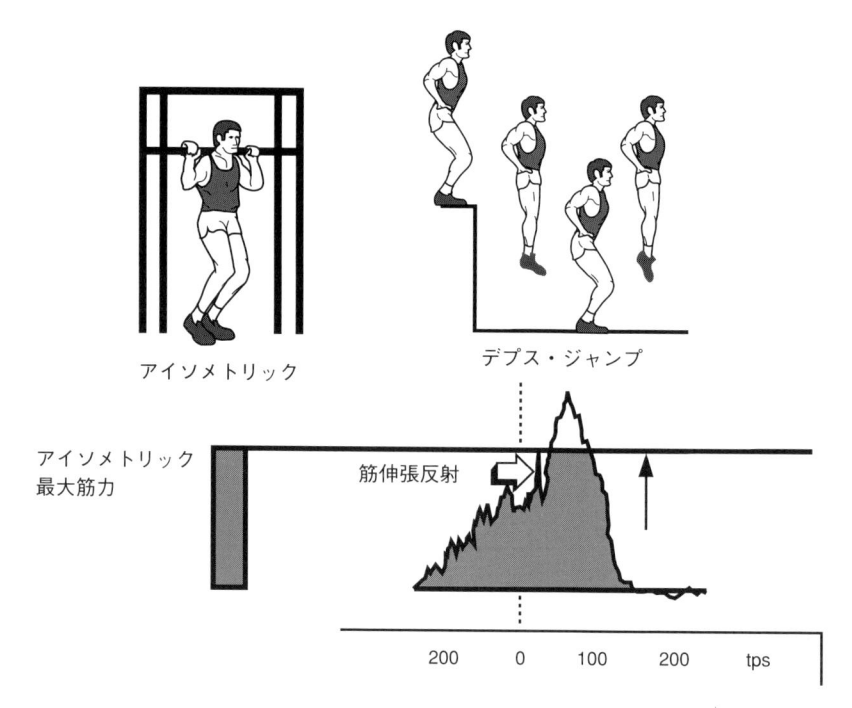

図47. 1.10mの高さから下方への跳躍の際の三頭筋の筋電図，およびアイソメトリック最大筋力（シュミットブライヒャー，1985より修正）。

② 実践との関わり

　プライオメトリックの活動は，この面の向上に特に効果的である。ここでは単に，着地時の屈曲角度を変えることによる実際の傾向を強調しておく。脚伸展位で着地する代わりに，アスリートに膝関節90°および30°で着地させる（図48）。いつもと違うポジションでの伸張と優れたトレーニング効果が得られる。

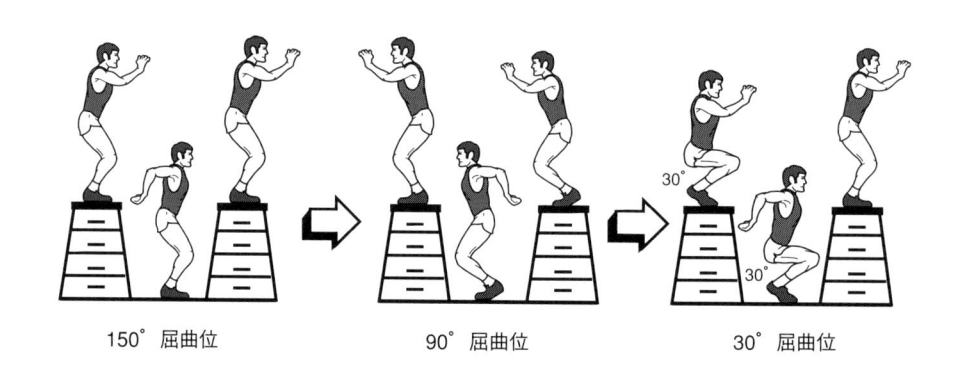

150°屈曲位　　　　　90°屈曲位　　　　　30°屈曲位

図48. 下方への跳躍の際の，膝関節屈曲位のコンビネーション例。

3.2 ── 筋の伸張性

筋の機能の仕方を見ると，ゴムの弾力性と類似したものが確認される。生理学ではこれを詳細に比較し，どこに弾力の部分があるのかを明らかにしている。

① 生理学的データ

長い間，筋の伸張性は，腱にあると考えられてきた。今日では，伸張性は特に筋の中にあると考えられている。

それを理解するために，ヒル（Hill）の図をショーテン（Shorten, 1987）が修正したものを，さらに我々が修正してここで使用する（図49）。

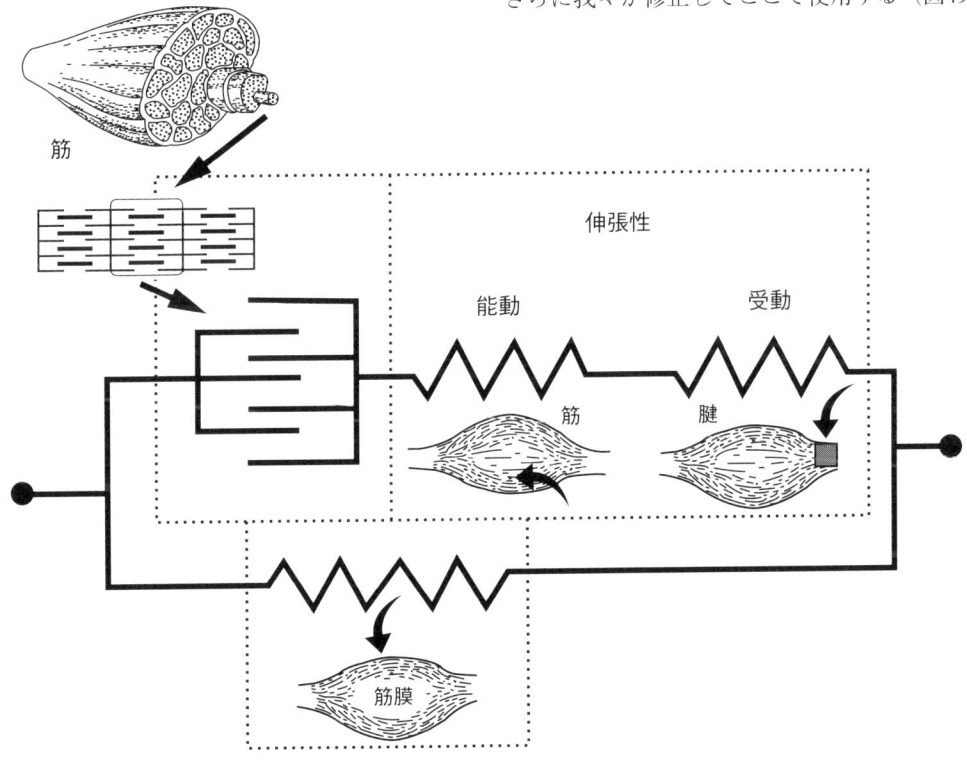

図49. ヒルの図（ショーテンが修正，1987）。

今日では，スポーツの動きのなかで効果を発揮する伸張性は，筋（能動）および腱（受動）にあることがわかっている。

筋膜にある伸張性は，スポーツの動きに関しては何の役割も果たさない。

② 実践との関わり

今日では，フィールド上でアスリートの伸張性のクオリティーを評価する方法が求められている。そのためには，ボスコがトレーニングの領域に導入したテストが用いられる。最もシンプルなものは，スクワット・ジャンプ（SJ）およびカウンタームーブメント・ジャンプ（CMJ）である（図51）。これらをボスコのエルゴ・ジャンプとともに実施する（図50）。

CMJ-SJの差異が，その被験者の筋の伸張性のクオリティーであると考えられる。

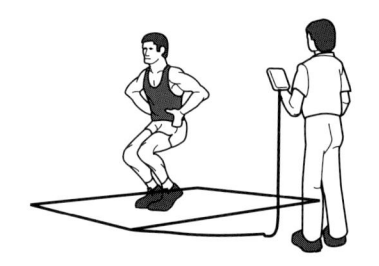

図50. エルゴ・ジャンプ。

図51. a：スクワット・ジャンプ，b：カウタームーブメント・ジャンプ

　最も妥当性の高いテストは，デプス・ジャンプおよび15秒間パワーテストである。
　デプス・ジャンプは様々な高さからの下方へのジャンプから成る（20, 40, 60, 80, 100cm；図52）。
　パワーテストは，15秒間エルゴ・ジャンプで全力で高くジャンプし，クロノメーターで自動的に生み出されたパワーを算出するものである。

図52. デプス・ジャンプ。

③ プライオメトリック・テストとサッカー

　先に挙げた様々なテストは，跳躍選手やスプリンターには一般的に用いられているものである。したがって，サッカー選手の場合もそこから有用な指標を引き出すことができることは明らかである。スピードの測定に最適なテストである。サッカー選手の場合は，スクワット・ジャンプとカウンタームーブメント・ジャンプ，腕の振りを使ったジャンプ，40または60cmからのデプス・ジャンプ，ボスコの15秒間パワーテストを推奨する。我々はこれを通常のフォーム（膝関節90°屈曲）およびフリー（膝の屈曲フリー）で行っている。
　トレーニングは，結果が一目見て分かるような評価カード（図53）に基づいてフォローすることを提案する。
　プライオメトリックのワークは，サッカー選手のフィジカル面での準備に非常に重要な構成要素である。プライオメトリックのエクササイズを図54に示した。

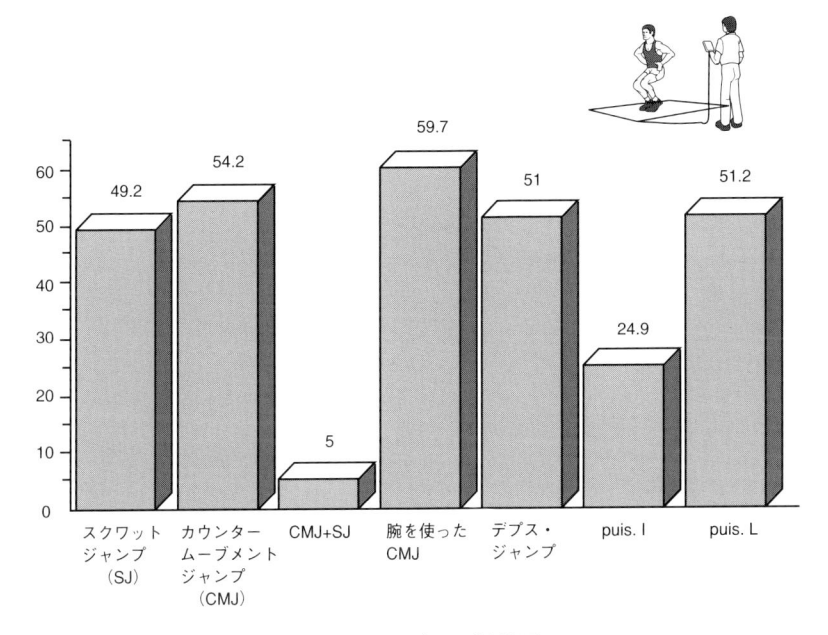

図53. サッカー選手の跳躍力の評価（ボスコのエルゴ・ジャンプを使用）。

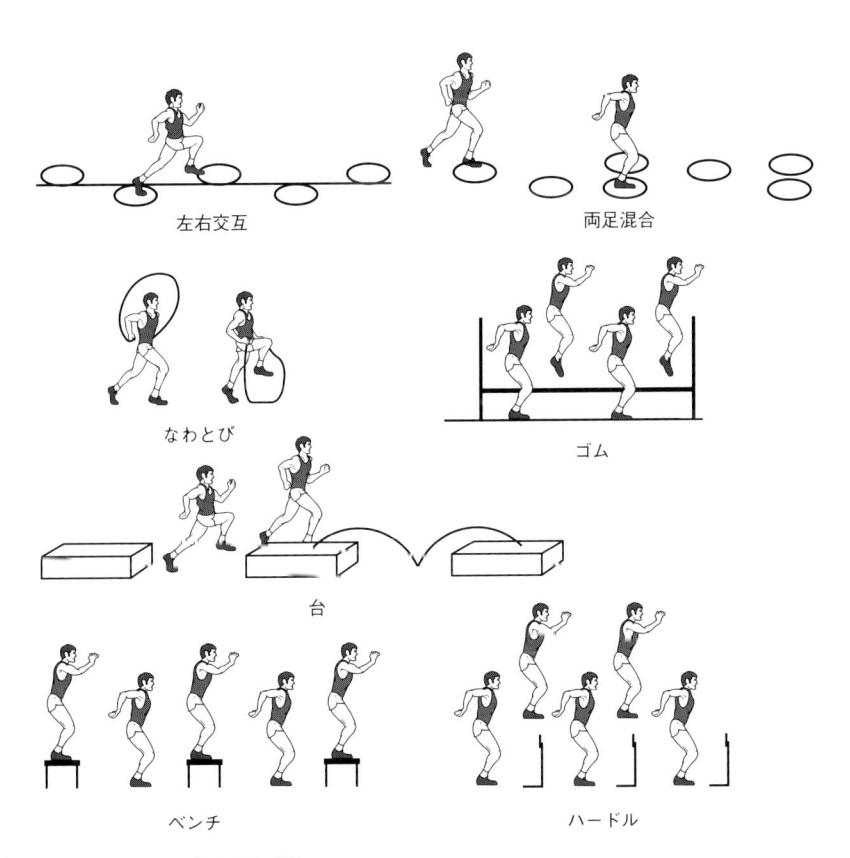

図54. プライオメトリックのエクササイズ例。

第2章／筋力発揮のメカニズムとサッカー

Football et musculation

CHAPTER **3**

第3章／筋力強化の方法

A ········ 方法

1. ザツィオルスキの方法

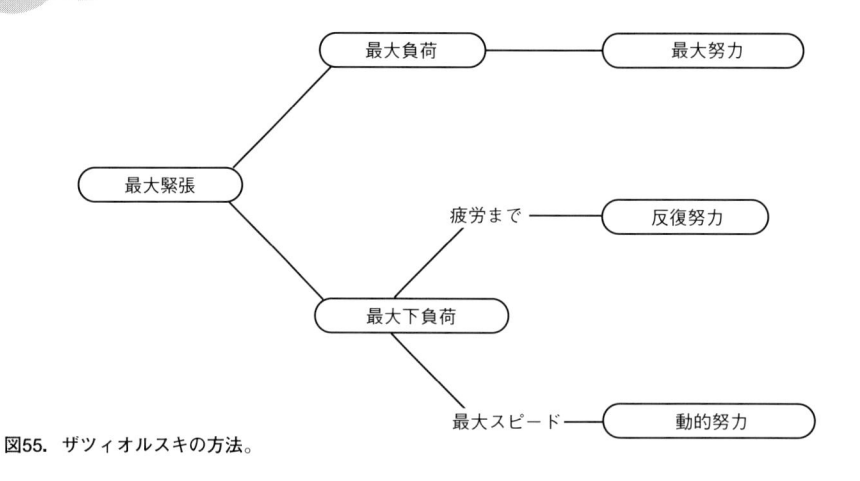

図55. ザツィオルスキの方法。

ザツィオルスキによると(1966)，筋力を高めるためには，筋の中に最大緊張を生み出さなくてはならない。これを得るには2つの方法がある（図55）。
- 最大負荷を用いる。
- 最大負荷は用いず，疲労するまで行う。あるいは最大スピードで行う。

これらの方法にはメリットとデメリットがある。それを図56の表に整理した。

それを見ると，明らかに最大努力が最も有用である。アスリートが別の方法に移る場合，回復時間を長くとることが必要である。

方法	反復回数	セット回数	回復時間	有利な点	不利な点
最大努力	1〜3	4〜7	7分	神経的な要素に作用：同期化 フレッシュな器官に	重い負荷を用いるのでセット間の回復時間が長く必要
反復努力	5〜7	6〜16	5分	神経的な要素と筋量に作用	反復は疲労した器官にのみ効果
動的努力	6〜15	10〜30	3分	神経的な要素に作用 パワーの向上に作用	筋力にはあまり作用がない

図56. ザツィオルスキの3つの方法の要約。

2. ザツィオルスキの方法とサッカー

　最大努力は，理論上は最も有用である。しかし，重い負荷を用いることには不利な点もある。特にプロ選手の場合は，慎重に用いる必要があるため，しばしば反復努力に向かう傾向にある。動的努力は，それだけだと，プレーヤーを進歩させるためには限度がある。したがって，サッカー選手のための最適な解決策としては，「反復努力」と「動的努力」を合わせて用いることを提案する。

図57．ザツィオルスキの方法とサッカー

B　筋のアクションの発揮

以下の4項目から成る。
- アイソメトリック：
- 非アイソメトリック：
  ・コンセントリック
  ・エキセントリック
  ・プライオメトリック

- そして我々はそこに電気刺激を付け加える。

1. コンセントリック

定義：

> コンセントリック筋活動とは，筋が収縮し，短縮する場合を言う。筋の起始停止が互いに近づき，筋は「中心に向かって集中」する。

　ドゥロルム＆ワトキンズ（Delorme & Watkins）の最大疲労による方法を検討すると，ザツィオルスキの3つの方法にまとめることができる。長い間，筋力強化は一つの指標のもとで行われてきた。筋力強化は伝統的にすべてコンセントリックであった。

1.1　　生理学的データ

　コンセントリック収縮を効率よく行うためには，運動単位を随意に同期化させようと試みる必要がある。外的な助けはもたない（プライオメトリックにおいては，同期化は環境によって同期化が強制される）。

図58は，コンセントリックの跳躍（スクワット・ジャンプ）とプライオメトリックの跳躍（カウンタームーブメント・ジャンプ；ＣＭＪ）でのパフォーマンスにおける筋の電気的活動を示したものである。コンセントリックの場合の方が明らかに高い。したがって、「コンセントリック」は試合期では自発運動として望ましいと考えられる。

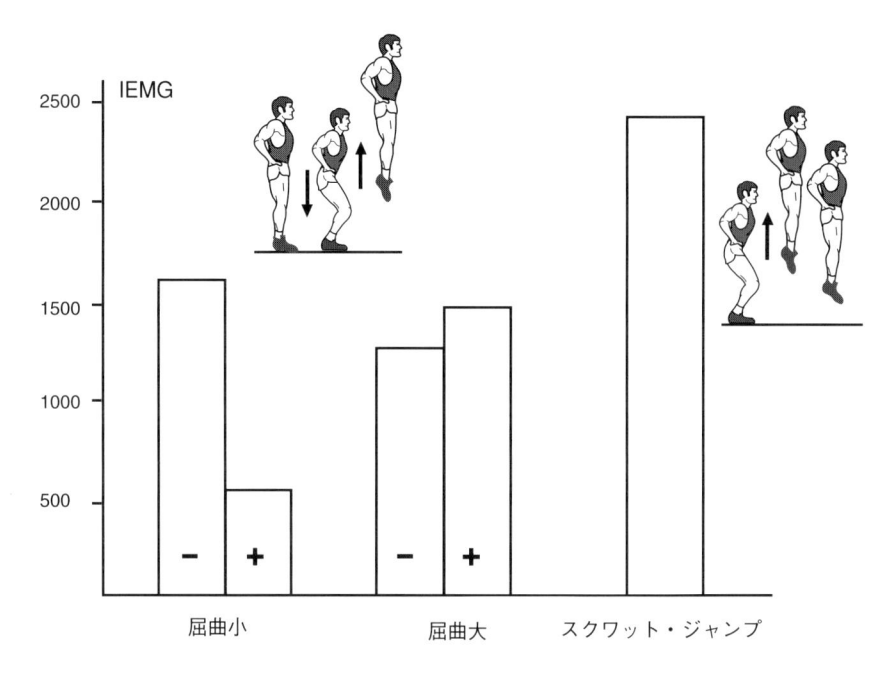

図58．重心測定のためのスクワット・ジャンプ時およびＣＭＪ時の筋の電気的活動（ボスコ，1985）。

1.2 ── コンセントリックの方法

図59に，コンセントリックでの最も効果性の高い方法を示した。

ブルガリア法：ブルガリア法と呼ばれるのは，同じセッションの中で重い負荷を用いたエクササイズと軽い負荷を用いたすばやいエクササイズから成る方法である（コントラスト法）。

例：1×6　70％ － 1×6　50％最大スピード。

発展させて，我々はセット内でのブルガリア法を導入した。一連のエクササイズの中で，重い負荷を用いたエクササイズと軽い負荷を用いたエクササイズを交互に用いる。負荷はセットの間で変更する。

例：2回70％，次に2回50％，次に2回70％，次に2回50％。

ピラミッド法：同様に，セット内で反復をしながら負荷を変更していく。

例：3回50％，2回60％，1回70％，2回60％，3回50％を続けて。

図59. コンセントリックの方法。

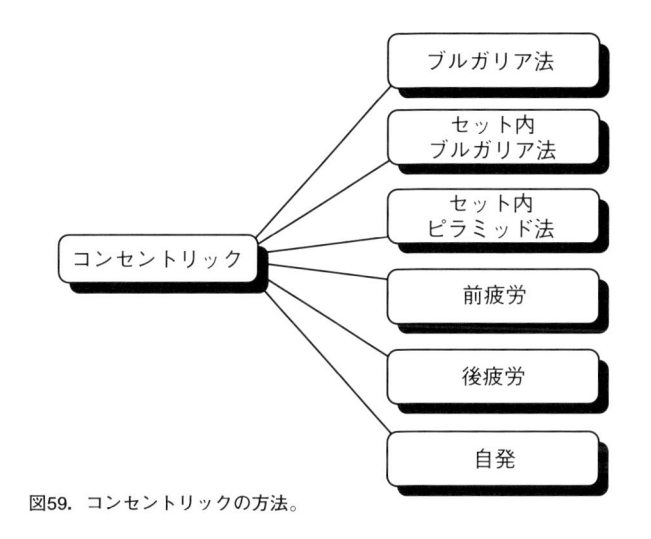

前疲労・後疲労：

原則：主要なエクササイズ，例えばスクワットに関して，その前に非常に局限したエクササイズ，例えばマシンでの大腿四頭筋のトレーニングを行って，大腿の筋群があらかじめ疲労した状態を作る場合に，前疲労という。反対に，スクワットを行ってからマシンで大腿四頭筋のトレーニングをする場合，後疲労という。

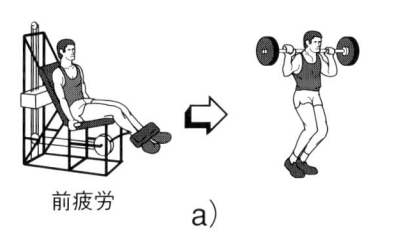

図60. スクワットの場合の前疲労（a）と後疲労（b）。

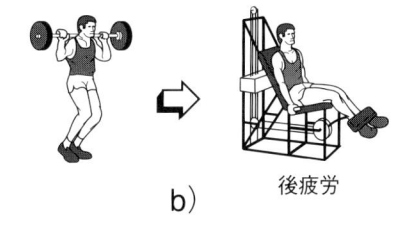

前疲労は，先に特定の筋を取り出して疲労させ（例えば，四頭筋の場合はそのためのマシンを使う），その後でより総合的な運動を実施する（ここではスクワット）。そうすることで，スクワットの努力を四頭筋により局限させることができる。

図61. 例：四頭筋を前疲労させてからプライオメトリックへ。

後疲労は，反対のプロセスである。まずスクワットを行ってから，マシンで四頭筋のエクササイズを行う。

図62．サッカーにおける後疲労の例。

自発運動：図58で示した原則をベースとする。コンセントリック段階のみを含んだ仕事は，神経面に最も「負担がかかる」。したがって，アスリートが神経的な準備をするのに最も望ましい仕事は，「自発的」な運動である。

1.3 ── コンセントリック法とサッカー

サッカーにおいては，負荷を用いないエクササイズを行うことも可能である。

サッカーに適した例を2種目挙げる。ベンチを使った座位でのエクササイズ（図63 a）と立位でのエクササイズ（図63 b）である。

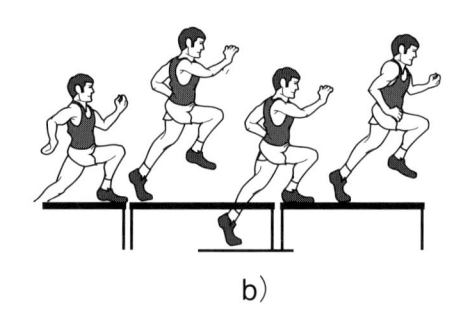

a)　　　　　　　　b)

図63．負荷を用いないコンセントリック・エクササイズの種目例。
　　　ベンチを使った座位でのエクササイズ（a）と立位でのエクササイズ（b）。

ブルガリア法とコントラスト法を最大限用いる。

① 負荷あり／なしでのコントラスト法

ハーフスクワットと先に挙げたエクササイズを続けて行う（図64）。

図64. 負荷あり／なしを交互で脚のトレーニング。

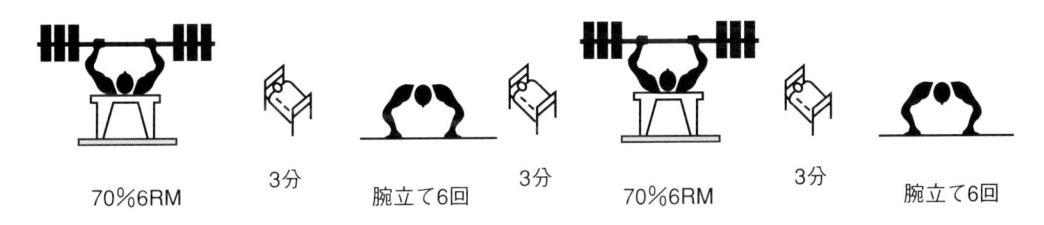

70％で3回　座位からベンチ6回　70％で3回　座位からベンチ6回

70％6RM　3分　腕立て6回　3分　70％6RM　3分　腕立て6回

図65. 負荷あり／なしを交互で腕のトレーニング。

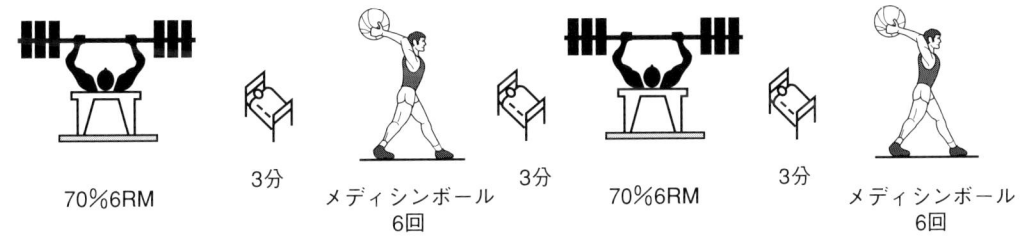

70％6RM　3分　メディシンボール6回　3分　70％6RM　3分　メディシンボール6回

図66. 負荷あり／なしを交互でスローイン強化のためのトレーニング（ベンチプレス／メディシンボール）。

60％でプルオーバー6回　メディシンボール10回　60％でプルオーバー6回　スローイン10回

図67. 負荷あり／なしを交互でスローイン強化のためのトレーニング（プルオーバー／メディシンボール）。

これは，同じセットの中で，反復努力と動的努力（負荷なしのコンセントリック）を行うトレーニングである。このタイプの連続（図67）は，負荷あり／なしのコントラストで行うため，同じセットの中で筋を様々に刺激することができる。

② 負荷のコントラスト

以下に挙げるのはブルガリア法である。例えば，スローインの向上のための上体の強化に有効である（図68）。

60％プルオーバー6回　3分　30％プルオーバー6回　3分　60％6回　3分　30％6回

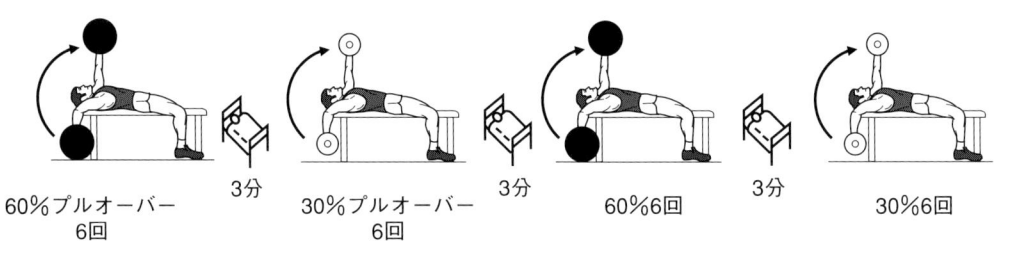

図68． ブルガリア法。プルオーバーをベースとしたスローイン強化を目的としたもの。

③ 発揮のコントラスト

以下は，まず分析的なコンセントリックのエクササイズによって筋に負荷をかけている。次に例えばプライオメトリックのエクササイズを行い，専門種目により近い仕事になるようにしている。

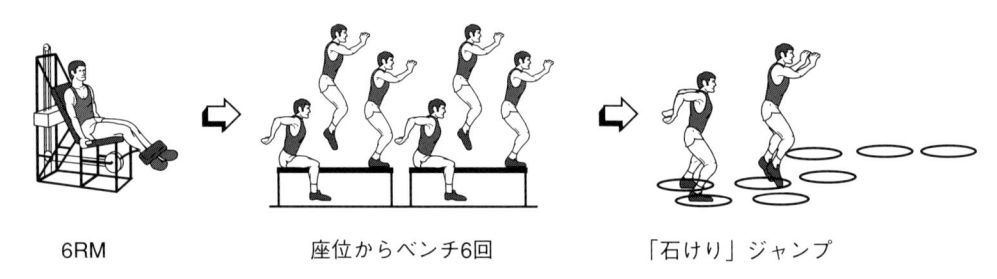

6RM　　座位からベンチ6回　　「石けり」ジャンプ

図69． 膝関節のコンセントリック・タイプのトレーニング。

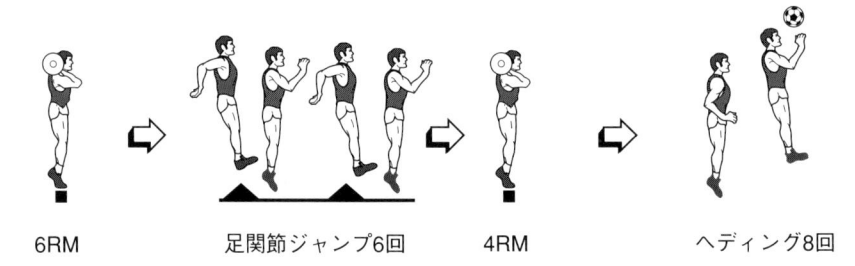

6RM　　足関節ジャンプ6回　　4RM　　ヘディング8回

図70． 足関節のコンセントリック・タイプのトレーニング。

コンセントリック法は，アスリートの爆発的筋力発揮を研ぎすますことを目的として，主に試合期に用いられる（特に「自発」フォームで）。同様に，重要な試合を2～3週間後に控えた週をブルガリア法でトレーニングすることもできる。ブルガリア法でトレーニングをするのは，その週の週末に大事な試合がないときにすべきである。

④ 前疲労と後疲労

後疲労は，例えばサッカーでは，筋痙攣の出現を遅らせるために用いる。持久的なトレーニングの最後に，ランニングあるいはゲームを行うことによって，試合の最後に疲労するおそれがある筋に，後疲労の刺激を与える。

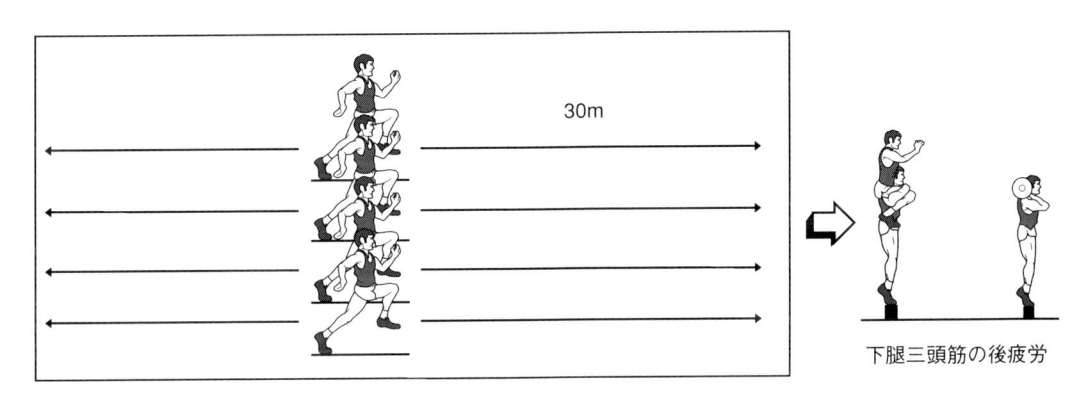

図71．厳しい試合の最後でのふくらはぎのつりを防ぐことを目的とした，下腿三頭筋の後疲労。

2. アイソメトリック

定義：

> 筋が固定された抵抗に対して働き，関節のてこ，すなわち筋の起始と停止が移動しない。

このタイプの仕事を初めて研究したのは，1953年のヘティンガー＆ミュラー（Hettinger & Muller）である。彼らが得た結果は，非常に注目された。以来，研究の見解は微妙に変わって，アイソメトリックは他の方法よりも効果的であるわけではないが，教育上の利点が明らかにある一つの選択肢として考えられるようになった。

2.1 ── 生理学的データ

アイソメトリックの有利な点（図72）：

- アイソメトリックは，実行するのが特に簡単な方法であり，用具も不要で，非常に実用的である。
- トレーニングする関節位置を選択することができ，したがって，難しいポジションでも危険なくトレーニングすることができる。スクワットのエクササイズの場合も同様である。バーベルの位置を固定し，両足をしっかりと固定して，脚の筋力でバーベルを押し上げようとする。

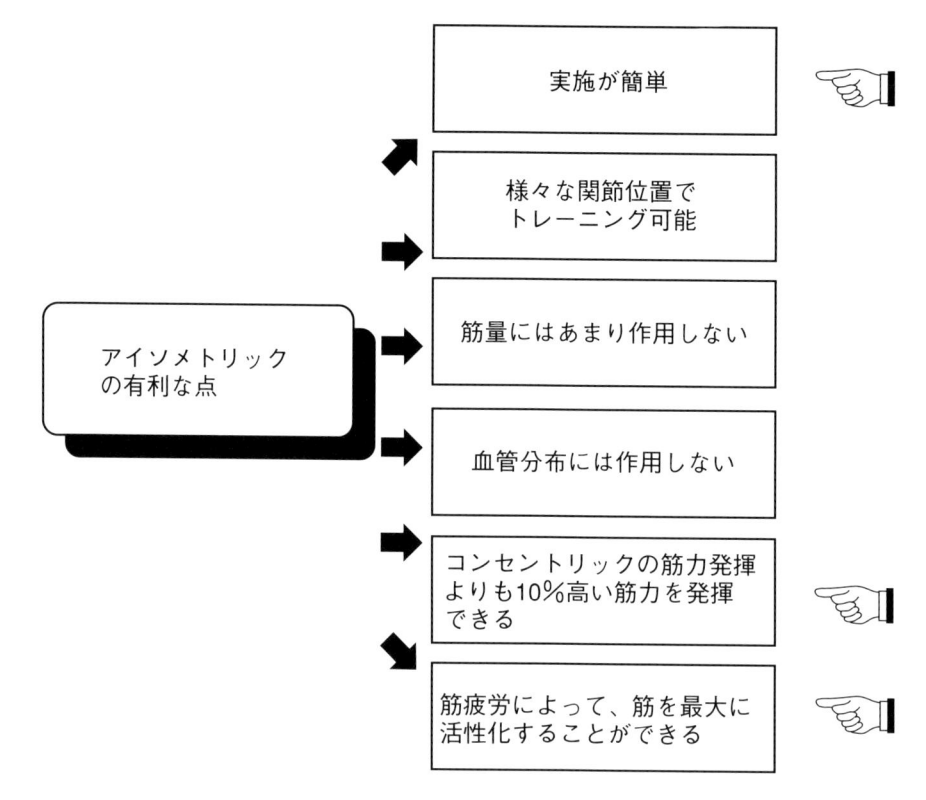

```
                    ┌─────────────────┐
                 ─▶│    実施が簡単     │  ☞
                   └─────────────────┘
                   ┌─────────────────┐
                 ─▶│  様々な関節位置で  │
                   │ トレーニング可能   │
                   └─────────────────┘
┌──────────────┐   ┌─────────────────┐
│ アイソメトリック │─▶│筋量にはあまり作用しない│
│   の有利な点   │   └─────────────────┘
└──────────────┘   ┌─────────────────┐
                 ─▶│血管分布には作用しない │
                   └─────────────────┘
                   ┌─────────────────┐
                 ─▶│コンセントリックの筋力発揮│  ☞
                   │よりも10%高い筋力を発揮│
                   │できる              │
                   └─────────────────┘
                   ┌─────────────────┐
                 ─▶│筋疲労によって、筋を最大に│ ☞
                   │活性化することができる  │
                   └─────────────────┘
```

図72. アイソメトリックの有利な点。

- アイソメトリックは，筋量にはほとんど作用しない。これはサッカーにおいては利点である。サッカーでは筋量は主要な目的ではない。
- アイソメトリックのトレーニングによって，コンセントリックの最大筋力より10％勝る筋力を発揮することができる。
- アイソメトリックを中度の負荷と位置づけた場合，続けていると，疲労が出て，筋の震えがあり，続いて疲労しきる。これらは最大筋力を発揮しているサインである（完全な動員，同期化…）。これは，初心者も，そしてサッカー選手も，重い負荷を用いるときのような危険がなく，筋力にポジティブな効果を得ることができるのである。

アイソメトリックの不利な点（図73）：

アイソメトリックはそれだけで使うと，あまり効果的ではない。理由がいくつかある。

- 明らかになっている主な批判点は，アイソメトリックによるトレーニングでの筋力獲得がその関節位置においてのみ有効であるという点である。したがって，動き全体について筋力を向上させたいと思ったら，いくつもの位置でトレーニングしなくてはならない。
- アイソメトリックは長期間使うことはできない。ザツィオルスキによれば，年間最大で2カ月である。
- アイソメトリックはそれだけで使うべきではない。常に他の方法と組み合わせて使うべきである。

```
                    ┌─────────────────────┐
                    │ 筋力獲得はその関節位置のみ │ ☞
                    └─────────────────────┘
                           ↑
                    ┌─────────────────────┐
                    │ 長期間使うことはできない  │
                    └─────────────────────┘
                           ↑
┌──────────────┐    ┌─────────────────────┐
│ アイソメトリックの │ →  │ コーディネーションには │
│   不利な点    │    │      不利           │
└──────────────┘    └─────────────────────┘
                           ↓
                    ┌─────────────────────┐
                    │  単独で使ってもだめ   │
                    └─────────────────────┘
                           ↓
                    ┌─────────────────────┐
                    │  収縮速度が低下する   │ ☞
                    └─────────────────────┘
```

図73. アイソメトリックの不利な点。

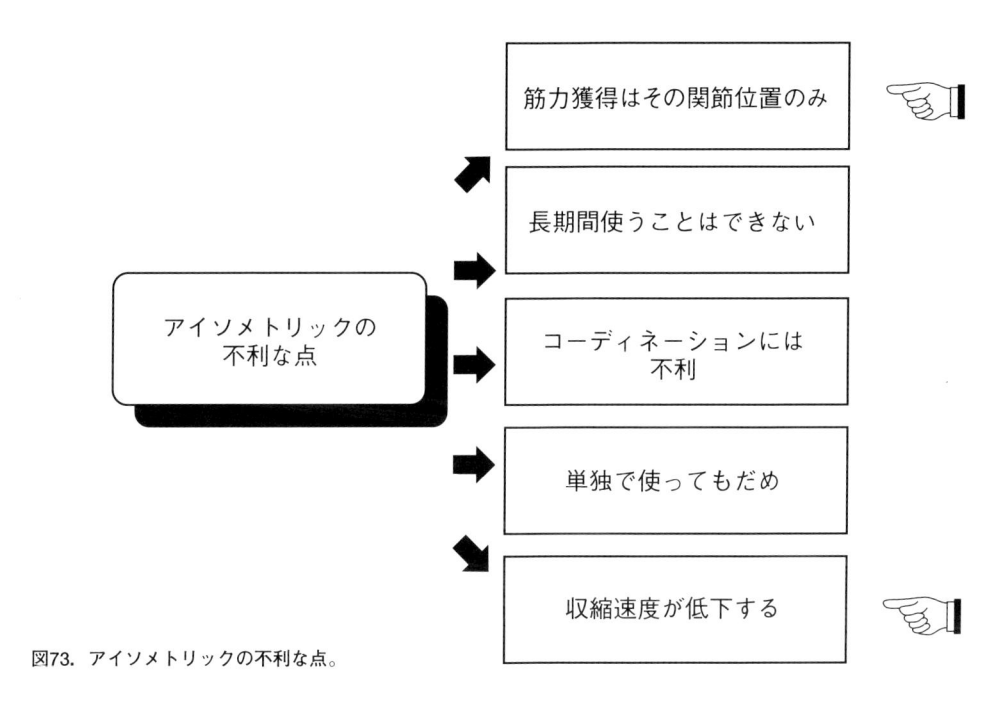

- アイソメトリックはコーディネーションには不利である。静的な方法であるため、動的な動きの発揮には有利ではないのは明らかである。

- デュシャトー（Duchateau）によれば、アイソメトリックをあまりに多用すると、収縮速度が低下するということである。

2.2 ── アイソメトリックの方法

```
                         ┌──────────┐    ┌──────────┐
                         │   最大    │ →  │ 5～6秒    │
                         │アイソメトリック│    │100～110% │
                         └──────────┘    └──────────┘
┌──────────────┐         ┌──────────┐    ┌──────────┐
│アイソメトリックの方法│ →   │  トータル  │ →  │ >20秒    │
└──────────────┘         │アイソメトリック│    │ 50～90%  │
                         └──────────┘    └──────────┘
                         ┌──────────┐    ┌──────────┐
                         │スタティック-ダイ│ →  │   60%    │
                         │ ナミック法  │    │   6×6    │
                         └──────────┘    └──────────┘
```

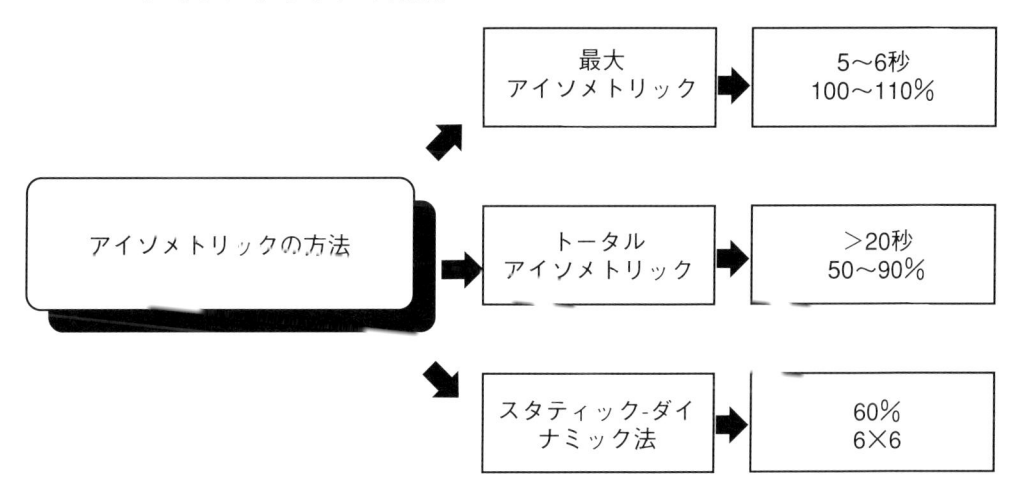

図74. アイソメトリックの主要な方法。

我々は3つを採り上げる：
最大アイソメトリックの原則：アスリートは、固定された抵抗に対して最大努力をする。収縮の持続時間は4～6秒間とすべきである。

第3章／筋力強化の方法

バーベル120％　　　　　　　固定バーベル

図75. 最大アイソメトリック。

完全な疲労までのアイソメトリックの原則：
1つの関節位置をとり，それで完全に疲労するまで保持する。

例：スクワットで
60〜90％の負荷を持って，膝関節90°屈曲位を保持する。
この方法とコンセントリックを常に組み合わせて行う。
例：
アイソメトリック80％で疲労まで1回。
コンセントリック50％で2回。
アイソメトリック80％で疲労まで1回。
コンセントリック50％で2回。

スタティック-ダイナミック法：静的な段階（静止時間）と動的な段階（加速）を含む。

2つのバリエーションがある：
- スタティック-ダイナミック法1回：静的フェーズからコンセントリックの動きに結びつく動きである（図76）。

例：スクワットで，60％の負荷で普通に体勢を下げ，上げていって膝関節90°屈曲位で2秒間静止し，それから爆発的に筋力を発揮する。6×6回。この方法は，試合期に非常に効果的である。

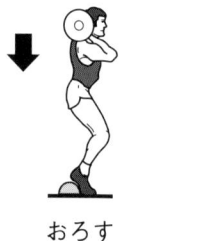

おろす　　あげる　　90°で静止2〜3秒　　最後に爆発的にあげる

図76. スクワットでのスタティック-ダイナミック法（1回）。負荷は60〜70％で6×6回。

- スタティック-ダイナミック法2回：この場合は，コンセントリックのフェーズの中で，2回静止する（図77）。この方法は，1回の場合と比べて非常に厳しく，試合期には使用しない。

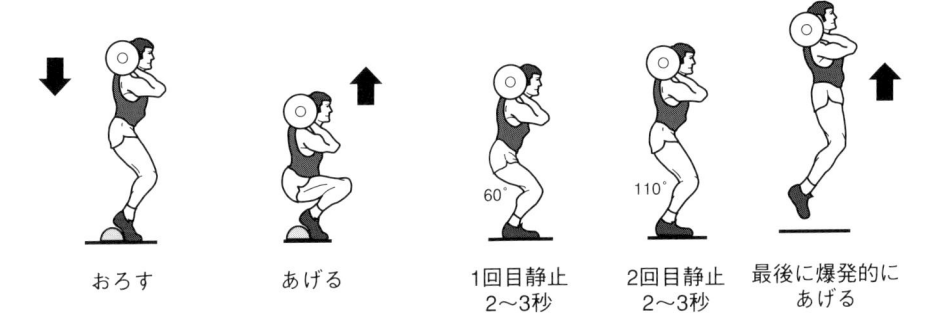

図77. スクワットでのスタティック-ダイナミック法（2回）。

以下に，スタティック-ダイナミック法の2つのフォームをまとめる（図78）。その効果は全く異なるものである。

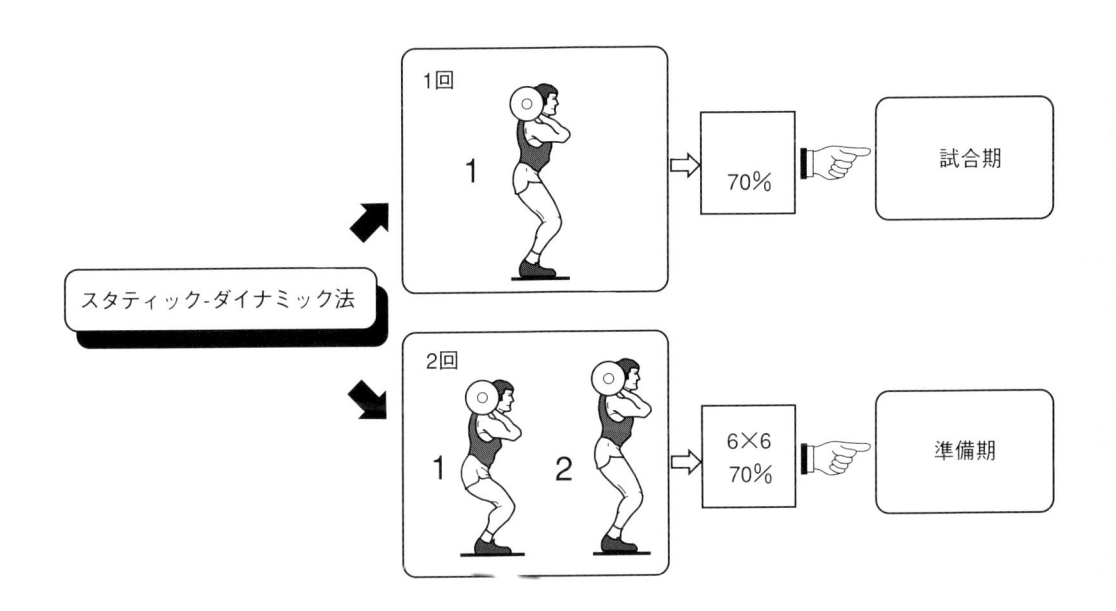

図78. 2種類のスタティック-ダイナミック法ノ ム。

2.3 ── アイソメトリック法とサッカー

アイソメトリックは，サッカー選手が負荷を使ったトレーニングを導入する際には，非常に有用と思われる方法である。進行の仕方の提案を図79に示した。このように進めれば，危険なく負荷を使ったトレーニングを実施することができる。

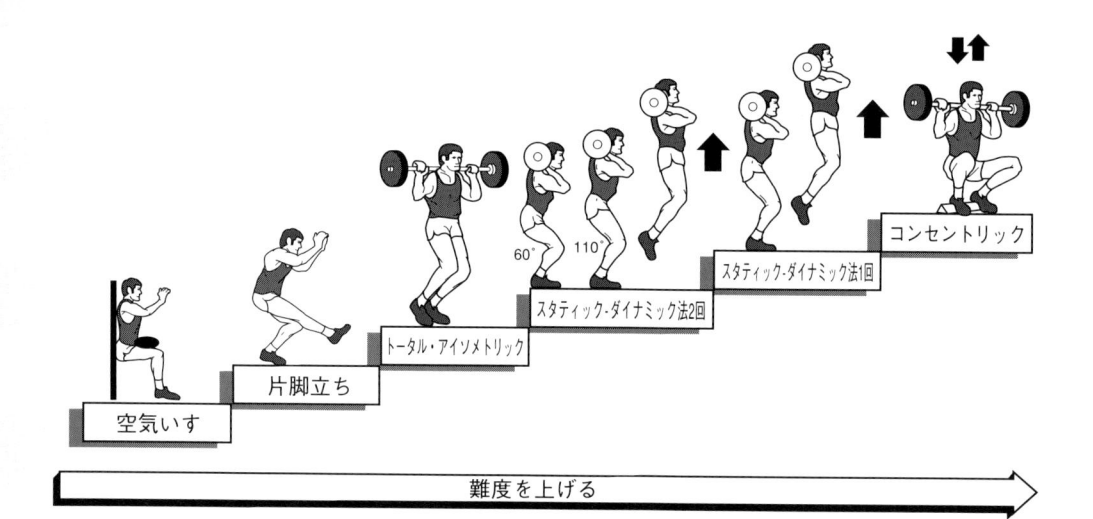

図79. アイソメトリックからコンセントリックへの進め方。

トータル・アイソメトリックは，進めていくうえでのキーとなる。

トータル・アイソメトリックの中でも，進めていく際には50％からにすべきである（図80）。

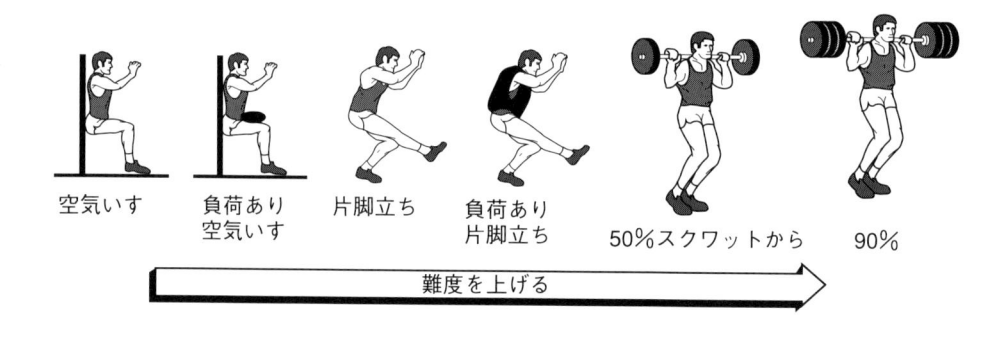

図80. トータル・アイソメトリックの難度の進め方。

明らかに，アイソメトリックは単独で用いるべきではなく，常に動的なエクササイズ（コンセントリック，プライオメトリック等）と組み合わせて用いるべきである。

アイソメトリックには，サッカーには重要な利点がある。前疲労をアイソメトリックで行うことによって，あまりに重い重量を用いなくてもすむようになる。完全に疲労するまでのアイソメトリックを用いる。使う負荷は，その位置を20秒以上保持できるものであるべきである。図81は，アイソメトリックとダイナミックのエクササイズの組み合わせ例で，セット間あるいはセット内で交互に用いる。

コンセントリック負荷

空気いす6回 → 3分 → 60%6回（コンセントリック）→ 3分 → 空気いす6回 → 3分 → 60%6回（コンセントリック）

アイソメトリック負荷

トータルアイソメトリック60%6回 → 3分 → 立位ベンチ2×6 → 3分 → トータルアイソメトリック60%6回 → 3分 → 座位ベンチ2×6

セッション 8〜16セット

コンセントリック負荷

空気いす1回 → 60%3回（コンセントリック）→ アイソメトリック左右1回ずつ → 60%3回（コンセントリック）

アイソメトリック負荷

トータルアイソメトリック60%1回 → 立位ベンチ6回 → トータルアイソメトリック60%1回 → 立位ベンチ6回

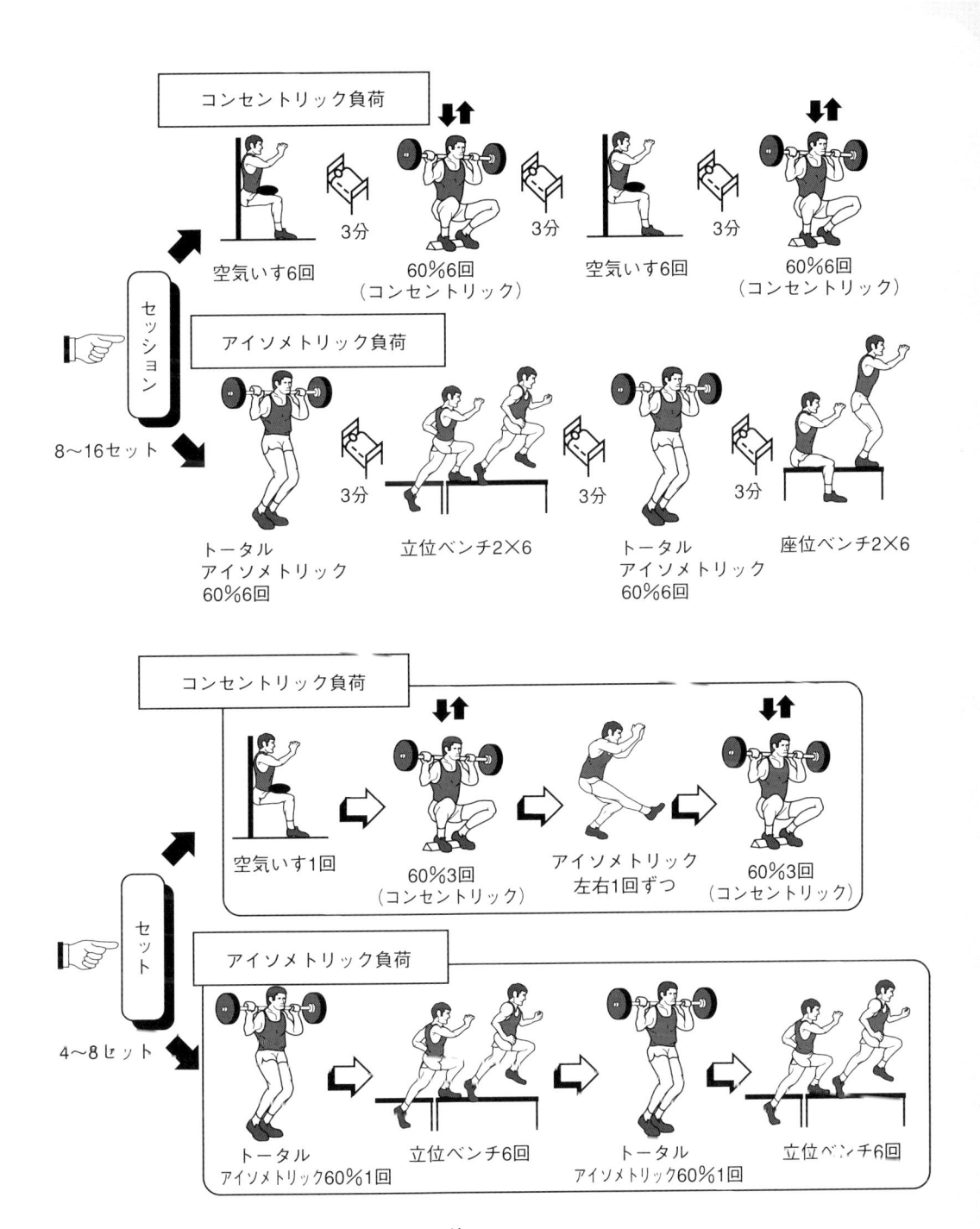

セット 4〜8セット

図81. アイソメトリック，負荷あり/なしのコントラスト法。

アイソメトリックを疲労まで行った後に，スタティック-ダイナミック法を負荷なしのエクササイズと組み合わせてもよい（図82）。

第3章／筋力強化の方法

スタティック-ダイナミック法2回＋負荷なしエクササイズ（4～8セット）

スタティック-ダイ　　　ベンチ 6回　　　スタティック-ダイ　　　ベンチ 6回
ナミック法 2回　　　　　　　　　　　　ナミック法 2回
　50%　3回　　　　　　　　　　　　　　50%　3回

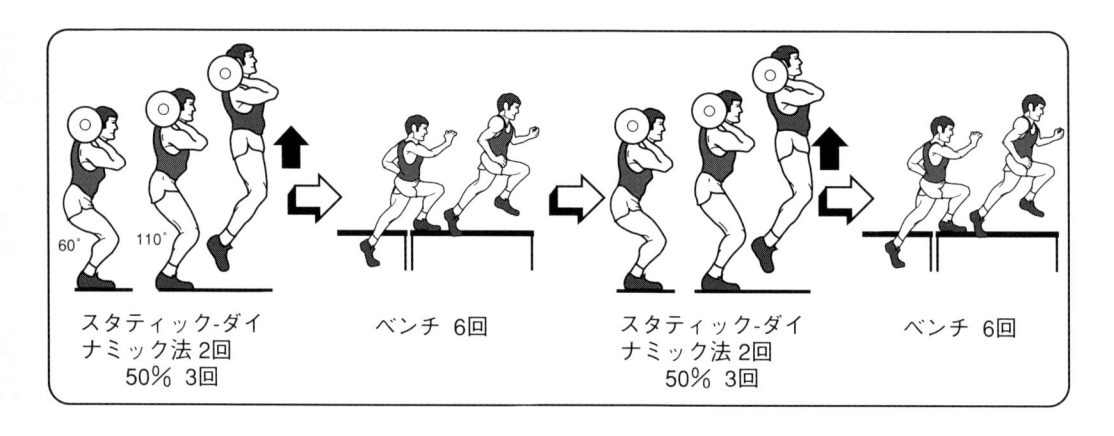

図82. スタティック-ダイナミック法と負荷なしのエクササイズの組み合わせ。

　トレーニングを積んだ者であれば，疲労までのアイソメトリックのスタティック-ダイナミック法を組み合わせることも可能である（図83）。

負荷なし漸減法バリエーション

空気いす（50kg）　スタティック-ダイ　　ベンチ 6回　　スタティック-ダイ
　　　　　　　　　ナミック法 2回　　　　　　　　　　ナミック法 1回
　　　　　　　　　負荷なし 4回　　　　　　　　　　　負荷なし 4回

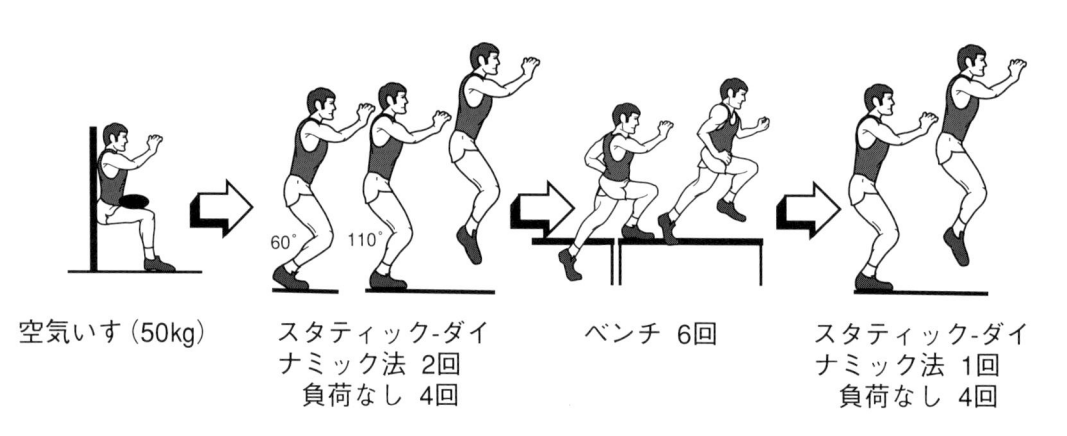

図83. 漸減法：トータル・アイソメトリック（スタティック-ダイナミック法，負荷なし）。

　前疲労は，サッカーには有用な手段である。前疲労は，通常の方法で用いてもよいし，より　サッカーに近いプライオメトリックの方法を使うとさらに有用である。

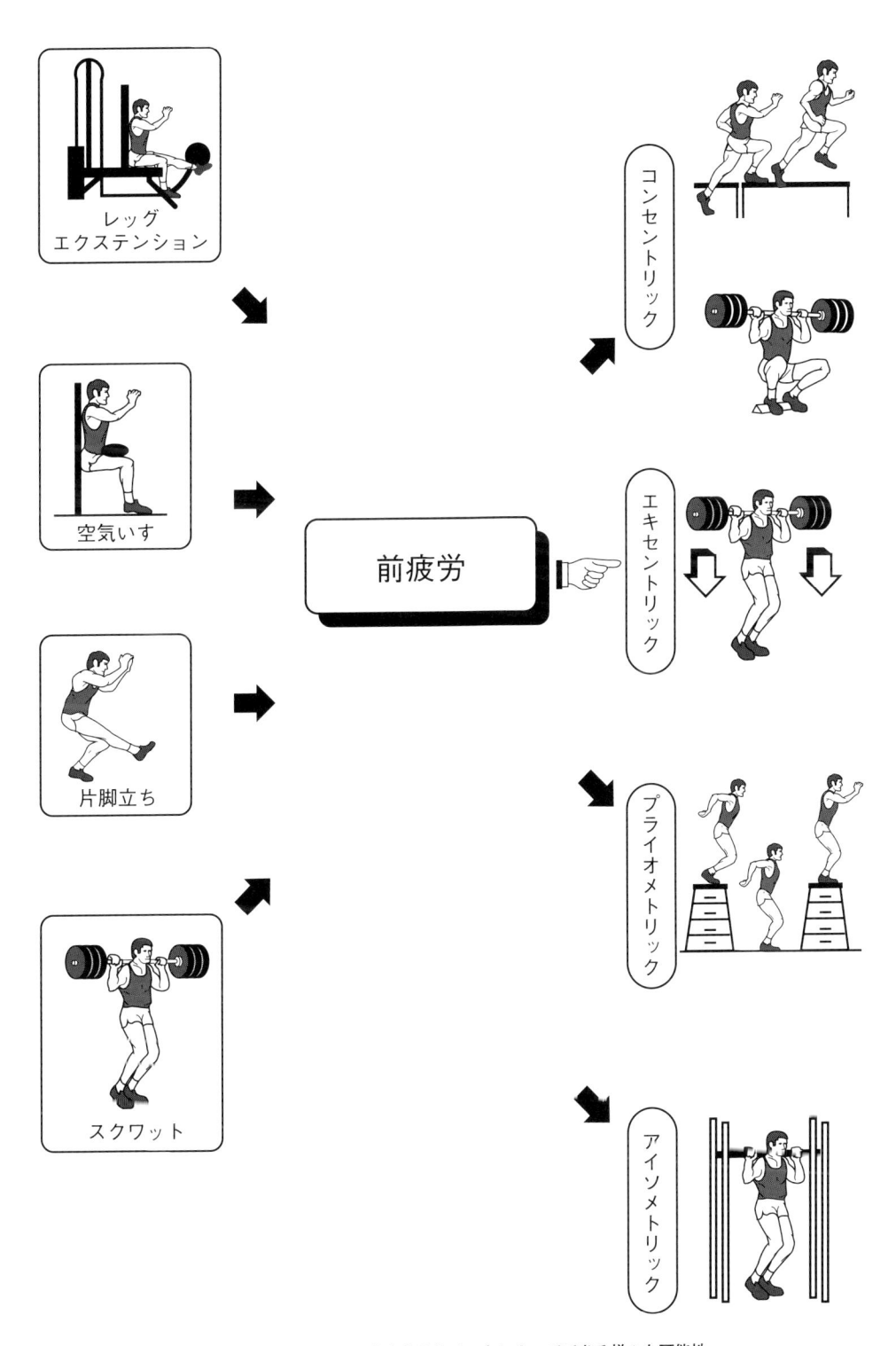

図84. 伝統的な筋力強化にアイソメトリック前疲労を入れることによってできる様々な可能性。

第3章／筋力強化の方法

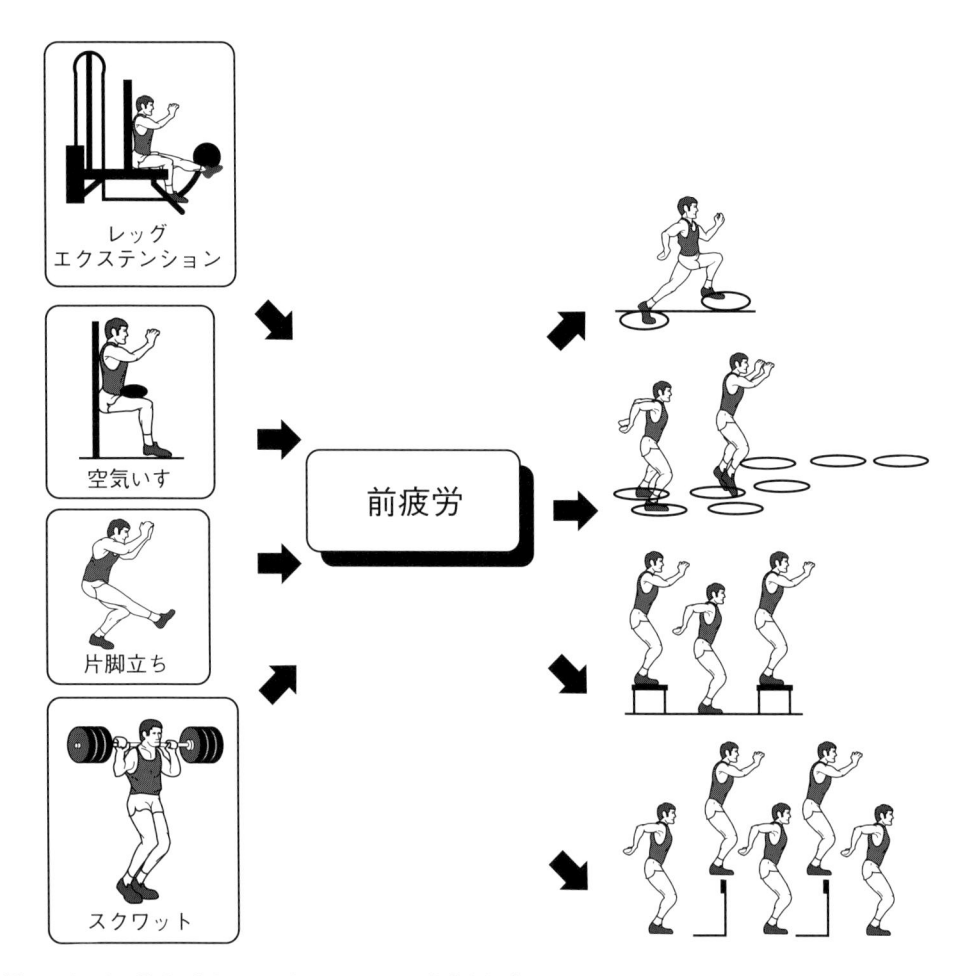

図85．サッカー選手のための，アイソメトリックの前疲労とプライオメトリック・エクササイズ。

3. エキセントリック

定義：

> 筋は伸びながら働く。筋の起始と停止が互いに離れ，中心から離れる方向に作用する。負荷を減速するときに現れる。

3.1 ── 生理学的データ

我々は，エキセントリックの仕事からの回復と，筋の構造の変化（特定の要素，例えば線維が破壊される）を採り上げる。

① 回復

タラグ（Talag）のグラフ（図86）は，3つのタイプの仕事からの回復を時系列で示したものである。

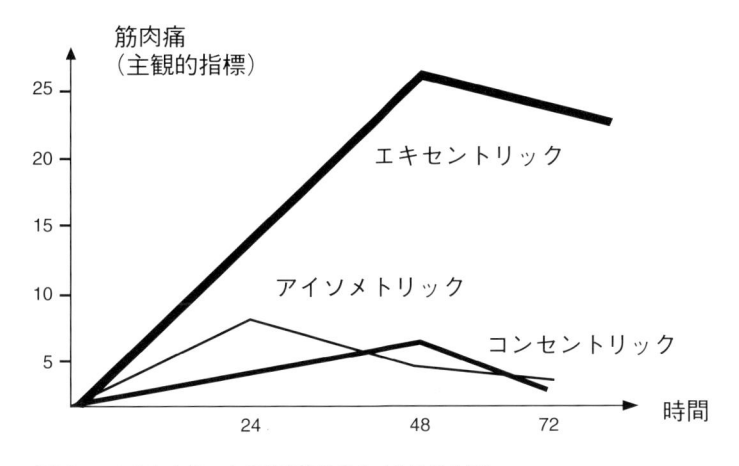

図86. エキセントリックの仕事後の痛み（タラグより）。

② 筋の混乱

エキセントリックの仕事は，筋内に深い損傷を引き起こすことが知られている。
- 筋節レベルでは，変形が認められる。
- 線維レベルでは，多数の線維が壊れる。なかでも特に，速筋線維が壊れるとする研究もいくつかある。それに対して回復の過程では，衛星細胞の増殖が見られ，それが線維の回復の兆候となる。
- 筋原線維のレベルでは，重大な破壊が認められる。
- 結合組織も同様に打撃を受ける。
- 筋・腱の移行部に損傷が認められる。

これらの重大な変化が起こるため，エキセントリックの仕事は，慎重に用いなくてはならない。つまり，以下の通りである。
- 常にエキセントリックとコンセントリックを組み合わせる。
- エキセントリックのトレーニングと試合の間に十分な回復時間がとれるよう注意する。

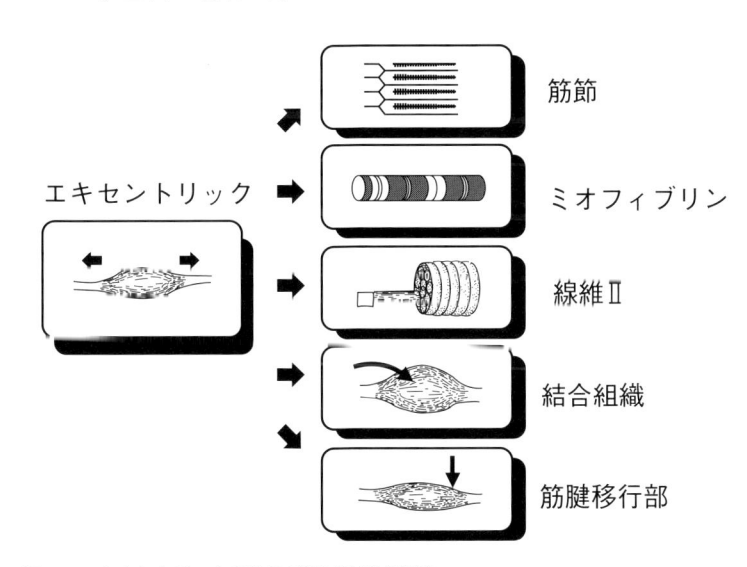

図87. エキセントリックの仕事が筋に及ぼす影響。

第3章／筋力強化の方法

3.2 ── エキセントリックの方法

例を2つ挙げよう。

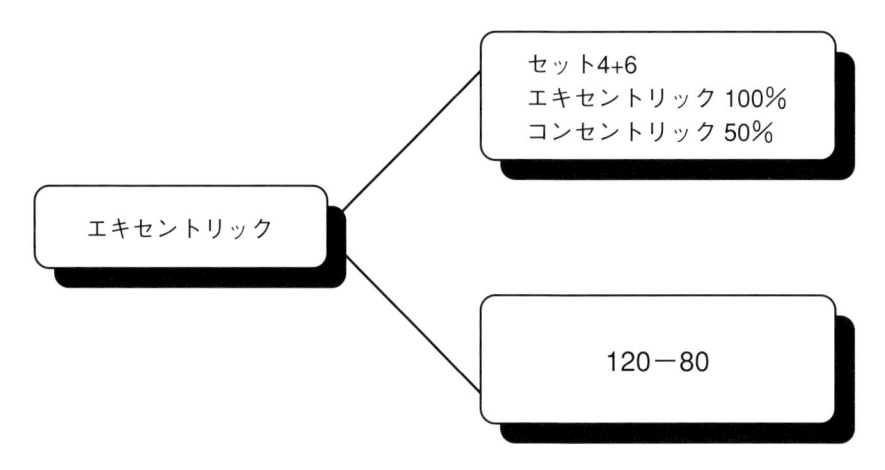

エキセントリック＋コンセントリックの方法：100％のエキセントリックで4回（例えばベンチプレスで下ろしていきながらブレーキをかけ，補助をしてバーベルを挙上する），そして次に50％コンセントリックで6回。

120-80：120％の負荷を下ろしていき，80％の負荷を挙げる。これには，図89に示すような特別な用具が必要となる。

```
エキセントリック ─┬─ セット4+6
                  │   エキセントリック 100％
                  │   コンセントリック 50％
                  │
                  └─ 120−80
```

図88．エキセントリックの方法。

120％
おろす

80％
あげる

図89．120-80。

筋力強化のマシンで最も性能が高いのは，エキセントリックのトレーニングが可能なものである。Biodexは分析的な仕事ができるマシンである（図90）。もう一つのタイプのマシンは，「横木」スタイルのもので，コンセントリックとエキセントリックをそれぞれ独立してプログラミングすることができる（図91）。

図90．Biodex

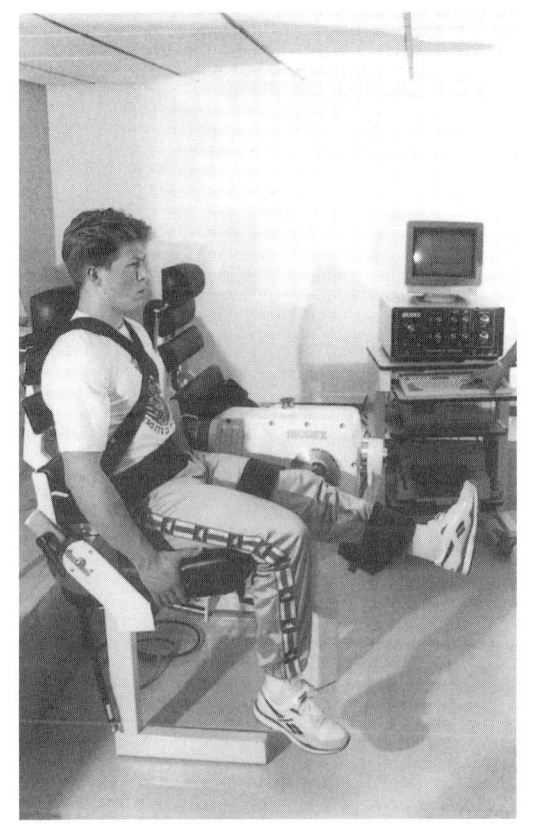

図91．「横木」タイプのマシン：Berenice

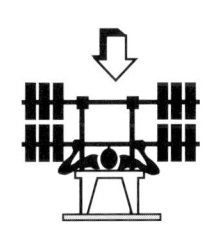

下げるエキセントリックの
フェーズのみ

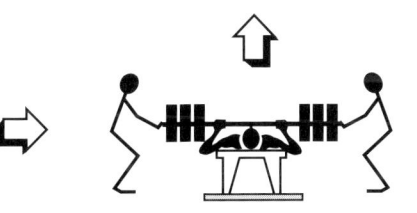

補助者2人の補助で下げる

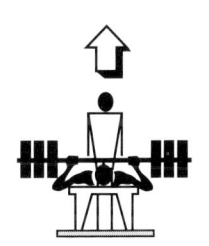

または補助者1人

図92．ベンチプレスでの，負荷を用いたエキセントリックのトレーニング．

　腕のトレーニングの場合，エキセントリックは，ベンチプレス（図92）とプーリーで行う（アスリートは重い負荷をつけたプーリーを減速しながら下ろしていき，補助を使って挙上する）．

第3章／筋力強化の方法　67

3.3 ──── エキセントリックのトレーニングのプランニング

　エキセントリックのトレーニングは，プランニングの段階で慎重に行うことが必要である。エキセントリックのサイクルは，10～12週間残る（図93）。このことから，エキセントリックのトレーニングは，重要な試合の少なくとも10週は前に持って来るべきであるということである。

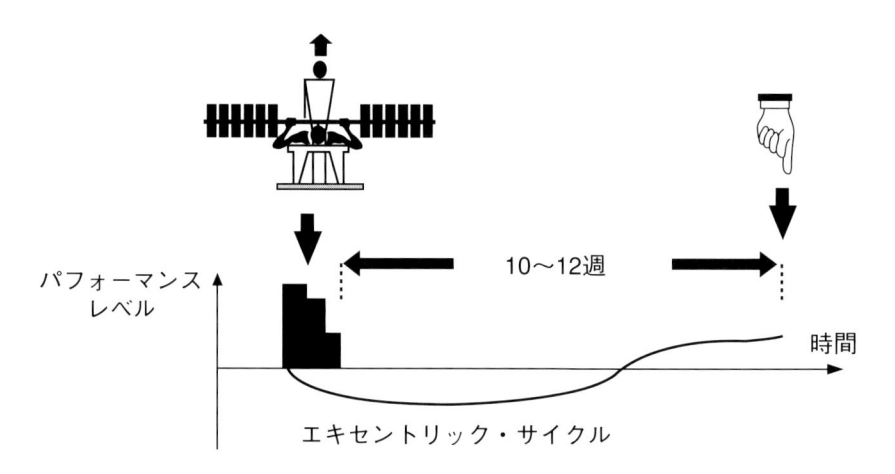

図93．エキセントリック・サイクルの効果。

3.4 ──── エキセントリック法とサッカー

　今まで見てきたように，エキセントリックのトレーニングは、短期的には、非常に混乱をもたらす。したがって，サッカー選手の場合，危険を冒さずに用いることは難しく，慎重に負荷を用いずに採り入れることを提案する。

片脚で下げる　　　両脚で上げる

エキセントリックの筋力発揮

図94．シンプルなエキセントリックのエクササイズ。

- 下方へのジャンプを緩和したもの：
このエクササイズも，まだ非常に強度の高いもので，降下を十分に緩和する必要がある（図95）。

図95．衝撃吸収着地。

• 脚のエクササイズ（足関節）。

エキセントリックの
筋力発揮

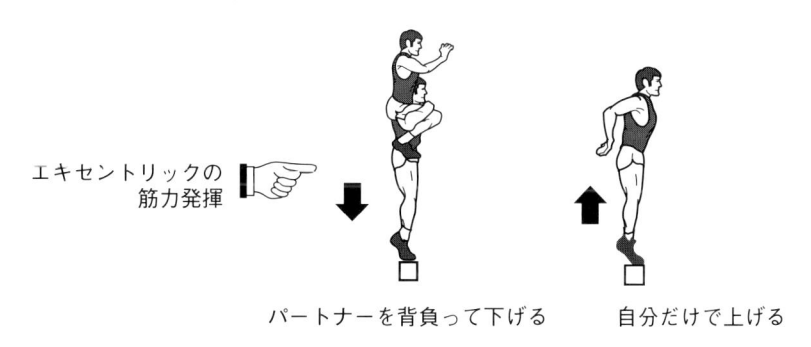

パートナーを背負って下げる　　自分だけで上げる

図96．下腿三頭筋のエキセントリックのトレーニング。

より良い解決策として，プレスを用いる。

エキセントリックの
筋力発揮

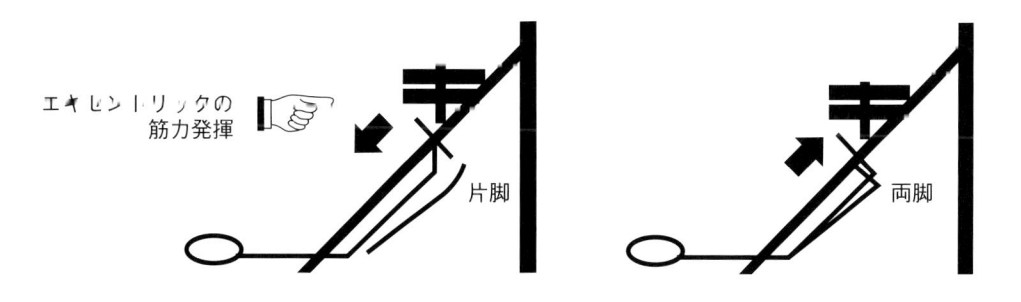

片脚　　　　　　　両脚

図97．プレスを使った下腿三頭筋のエキセントリックのトレーニング。

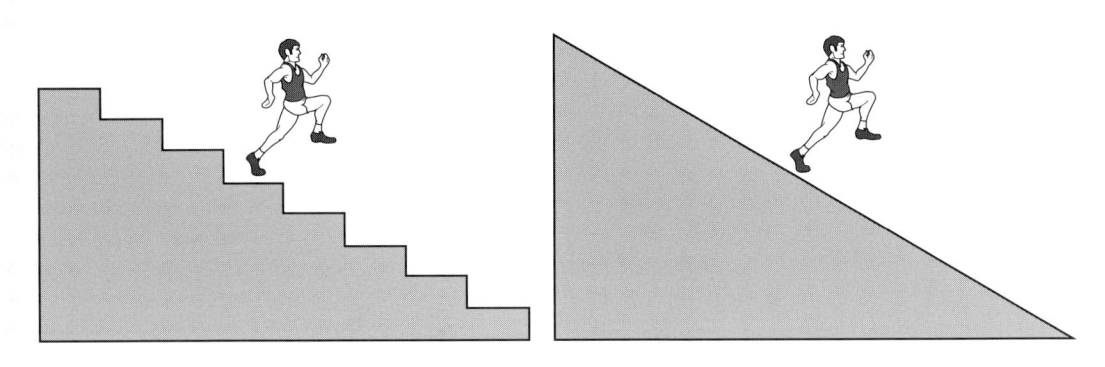

図98. 「自然」なエキセントリックの筋力発揮。

図99. サッカーの大腿四頭筋強化のためのエキセントリック・エクササイズの難度を高める。

エキセントリックの筋力発揮は，常に非常に大きな疲労を伴うものである。したがって，このタイプのエクササイズは，慎重に行うべきである。

4. プライオメトリック

プライオメトリックのアクションの定義：

> 筋はまず引き伸ばされ，次に急激に短縮する。
> このアクションは，弾みをつけた動き，バネを使った動き，ジャンプ等のあらゆるエクササイズで脚の筋に起こっている。

4.1 — 生理学的データ

筋の伸張に関しては，伸張反射や筋の弾性の項ですでに見てきた（より詳細な内容を得たい場合は，コメッティ著「la ploimetrie」を参照のこと）。

4.2 ── プライオメトリック法とサッカー

2つの方法を採り上げる：シンプルなプライオメトリックおよび中度のプライオメトリック（図100）。

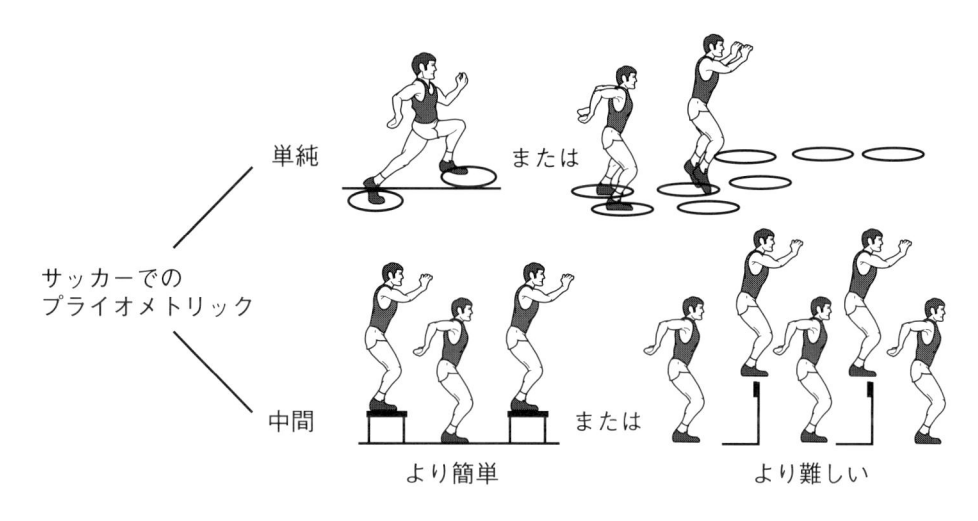

図100．サッカーで採り上げられるプライオメトリックの様式。

プライオメトリックは，我々の提案する形式であれば，1年中実施することができるであろう。これは，爆発的な筋力発揮を向上させるのに最も効果的な方法である。コンセントリックと組み合わせて，最大筋力により動きを入れることも考えられる。

エクササイズ実施の際には，テクニックを正確に実行することに特に注意を払うべきである（地面の着地の反応速度，バランス等）。あまりに高いハードルを使ってテクニックのクオリティーを低下させるよりは，40～60cmのハードルを使って正確なテクニックでエクササイズを実施した方がよい。このタイプのエクササイズが楽にできるようになったら，より強度の高いプライオメトリックのエクササイズを使うことが可能である。例えば，50～70cmの台からのデプス・ジャンプである（図101）。これらの種目はプレシーズンの準備期に実施する。

バリエーションをつけるためには，膝関節の屈曲角度を様々に変えて行う。浅い屈曲（130°），中度の屈曲（90°），深い屈曲（60°）等である。同じセッションの中で，これらの様々なやり方を組み合わせるとよい。図102に，組み合わせの例を示した。

つまり，同じセッションの中で，1種類の屈曲で行う方法（この場合は，分析的方法），あるいは2～3種類の屈曲角度を組み合わせて行う方法（混合法）がある。あるいは同様に，ハードルを使って（図103）屈曲角度を交互に変えて行う方法もある（深い屈曲および浅い屈曲で反応を速く）。

図101．強度の高いプライオメトリックのエクササイズ。

☞ 2種類：各連続を3～7回反復。

屈曲90° 屈曲30°

屈曲150° 屈曲90°

屈曲150° 屈曲30°

☞ 3種類：各連続を3～7回反復。

屈曲150° 屈曲90° 屈曲30°

図102．膝の屈曲を様々に変えて組み合わせて行うボックス・ジャンプ。

屈曲小　屈曲大　屈曲小　屈曲大

図103．同じセットの中で膝の屈曲角度を交互に入れ替えて行う。

5. 電気刺激

5.1──理論的データ

　電気刺激は，電気の刺激によって筋を活動させるものである。特別な電流を生み出す専用の装置を使用する。

　コッツ（Kotz）が1970年にトレーニング分野に導入したテクニックを，カナダのポットマンが特に採り上げた。我々もフランスにおいてシステマティックに活用を開始した。大腿四頭筋を用いた我々の調査を紹介する。四頭筋の仕事の肢位を図104に示した。アスリートは，抵抗に対してアイソメトリックの筋力を発揮する。

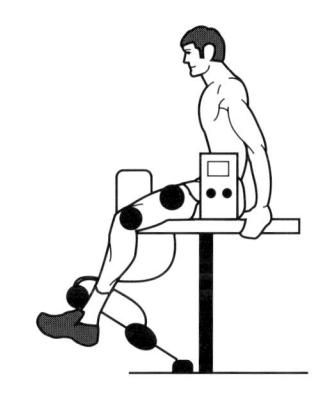

図104．大腿四頭筋の電気刺激。

　電極の位置を図105に示した。大きな電極の方がマイナス極，2つの小さな電極がプラス極である。

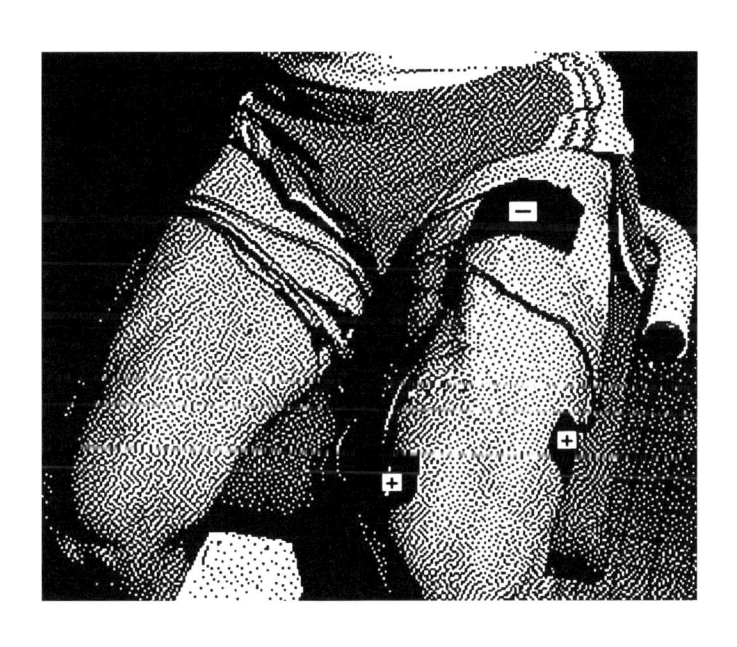

図105．大腿四頭筋の電気刺激のための電極の位置。

第3章／筋力強化の方法

電気刺激の仕事を効果的にするためには，アスリートが耐え得る最大の強度で行うべきである。目安として，図106に，電気刺激のみで生み出された最大筋力を，随意収縮の最大筋力とのパーセンテージで表したものを示した。

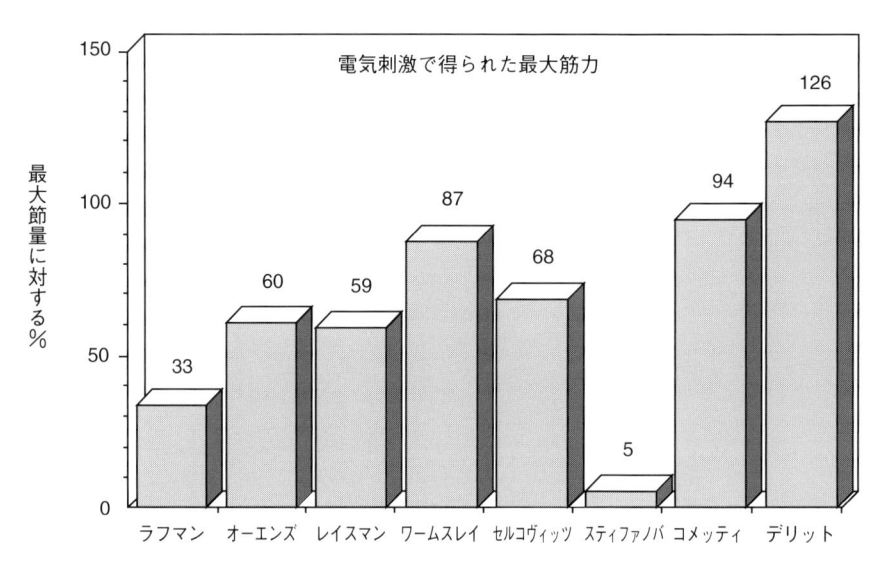

図106．他の研究者の研究において，電気刺激で得られた最大筋力。

週に10分間3セッションの割合で大腿四頭筋を3週間のトレーニングした後の筋力の増加を「Biodex」で測定したところ，約30％であった。図107は，これらの実験結果と我々の結果を比較したものである。

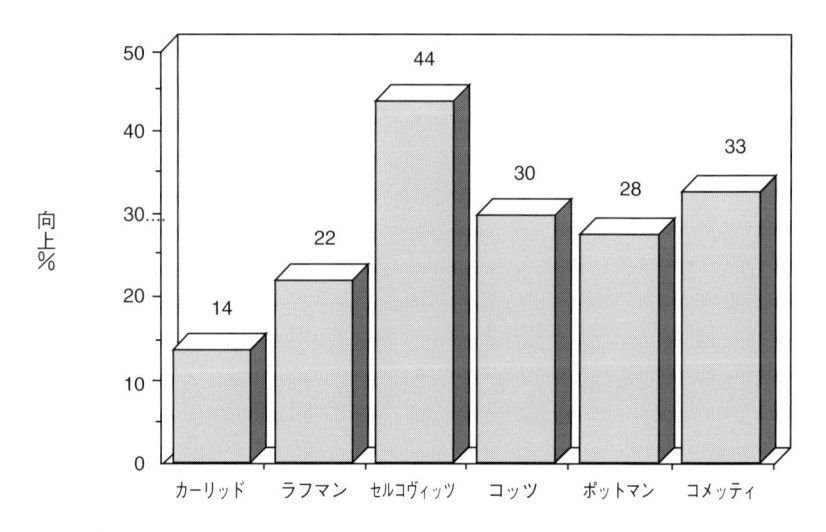

図107．一定期間の電気刺激の後の筋力の向上の比較。

ここでは我々は，電気刺激の効果は筋力と弾性にあるということにとどめておく。

上腕二頭筋と大腿四頭筋を3週間で9セッションのトレーニングを行った後，コンピュータで筋量をスキャンしたところ，著しい増大が見られた。

図108は，筋量の増加を％で示したものである。大腿四頭筋に関しては，コンセントリックでトレーニングを行ったコントロール群では同等の向上が見られなかった。

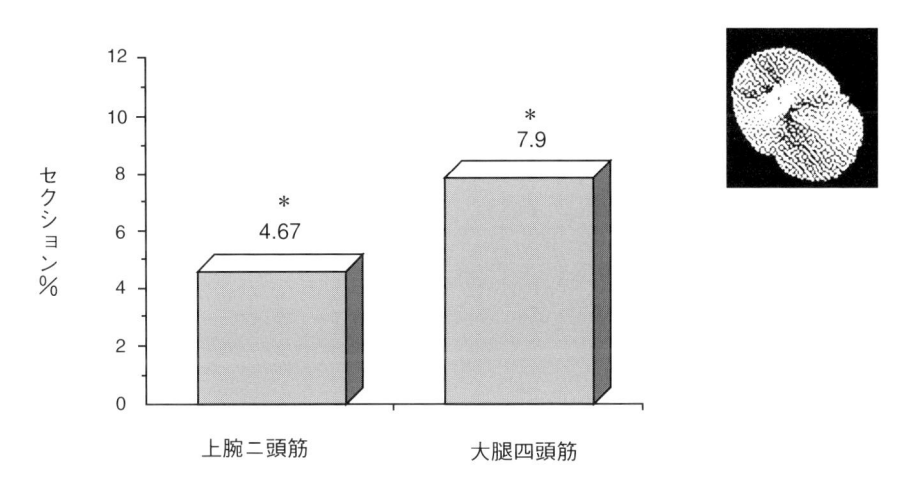

図108．電気刺激のトレーニングを3週間行った後の2つの筋の筋量の向上。

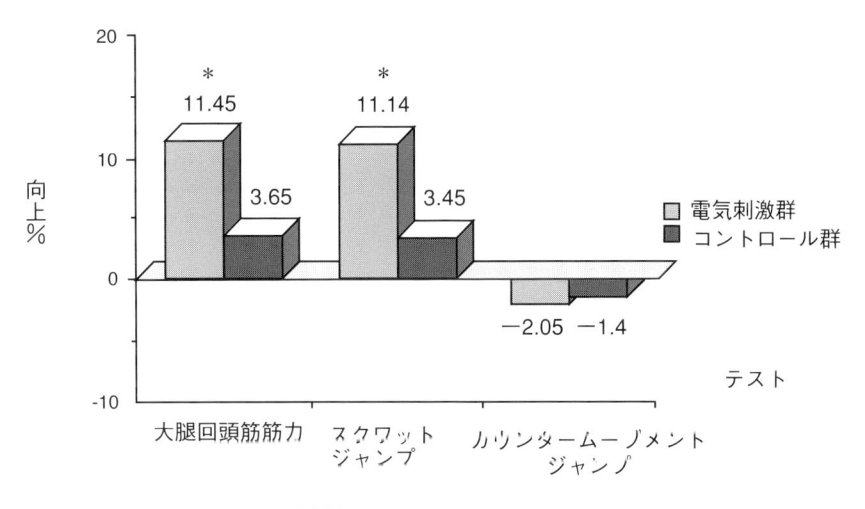

図109．高跳び選手2グループでのテスト結果。

弾性については，中レベルの高跳び選手で，3週間のトレーニングを実施した。2つのグループに分けて行った（図109）。
- 1つのグループは，通常の方法でトレーニングをした。
- もう1つのグループは，同様にトレーニングをし，さらに大腿四頭筋の10分間の電気刺激を1週間に3セッション行った。

第3章／筋力強化の方法　75

大腿四頭筋の筋力（Biodexで測定）と，スクワット・ジャンプ，カウタームーブメント・ジャンプの結果を図109に示した。

その結果，筋力とスクワット・ジャンプのパフォーマンスには著しい向上が見られる。反対に，カウンタームーブメント・ジャンプは低下傾向が見られた。したがって，筋の弾性は，電気刺激によって低下する傾向があり，その分はプライオメトリックのトレーニングで相殺しなくてはならない。

結論：我々は，電気刺激は有用な方法であると考える。

- 重い負荷を使った筋力トレーニングに代わる主要な方法として。
- 補足の方法として。
- 試合期に筋力レベルを維持するため。
- 持久種目の場合で筋疲労の閾値を下げるため。
- 筋量を向上させるため。

しかし，この方法は，アスリートのプログラムの中で，他の収縮の方法と組み合わせるべきである。

5.2 ── 電気刺激とサッカー

電気刺激はまず第一に，怪我などでプレーできないプレーヤーが筋力の低下を防ぐために用いる。筋力低下を防ぎ，維持することができる。

しかし，我々は，コンディションの良いプレーヤーでも，筋力のクオリティー，パワー，爆発的筋力発揮が向上し得ることを示した。バスケットボールのナショナルチームのプレーヤーを対象とした研究で，興味深い結果を得た。7人のプレーヤーに，大腿四頭筋の電気刺激10分間3セッションを3週間実施した。この期間の前と後に，弾性のテストを実施した（テスト0およびテスト1）。その後，週に1セッションの割合で，5週間継続した。数名は3週間で電気刺激を停止した。そして，再度弾性のパフォーマンスを測定した（テスト2）。

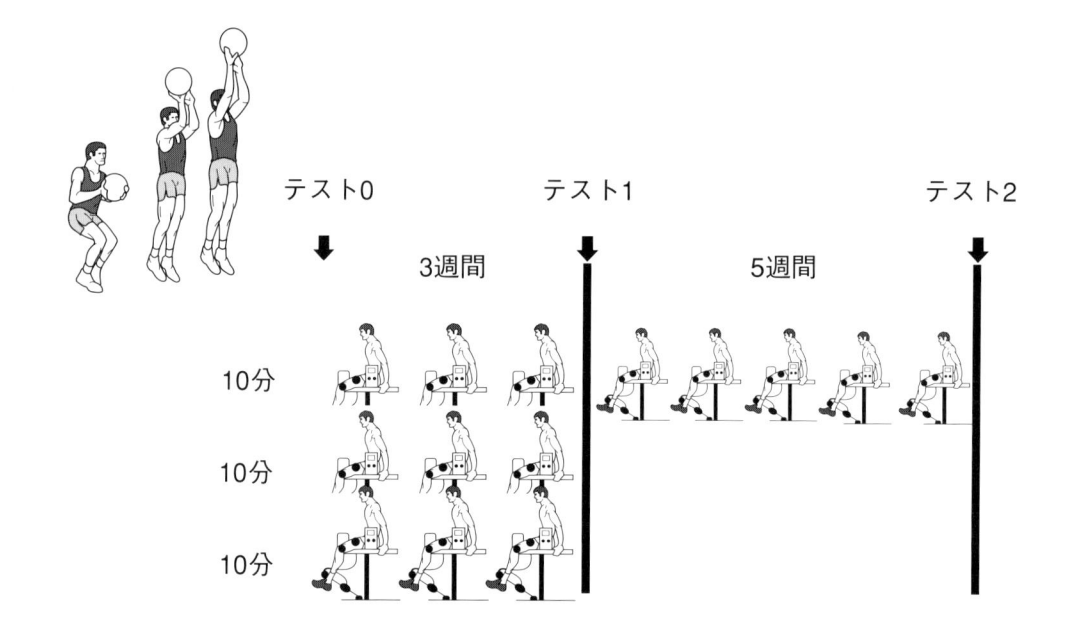

図110. バスケットボールのチームを対象とした電気刺激のプログラムおよび測定。

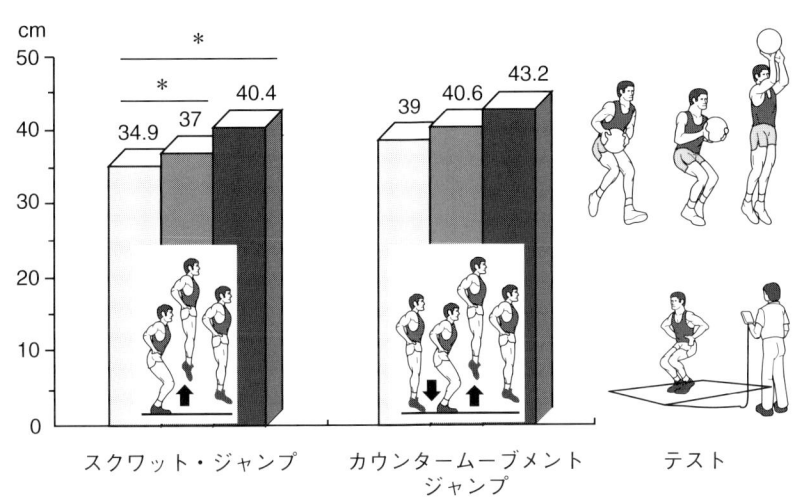

図111. 他のテストにおける，スクワット・ジャンプおよびカウンタームーブメント・ジャンプの測定結果。

図111は，向上を示している。スクワット・ジャンプで5.5cm（統計学的に有意），カウンタームーブメント・ジャンプで4.2cmである。注目すべきは，5週間の回復ののち，筋力が有意に向上していることである。これは，電気刺激によって深く刺激を受けた筋が変化したと説明することができる。このことは，重要な試合へのアプローチに考慮に入れなくてはならない。

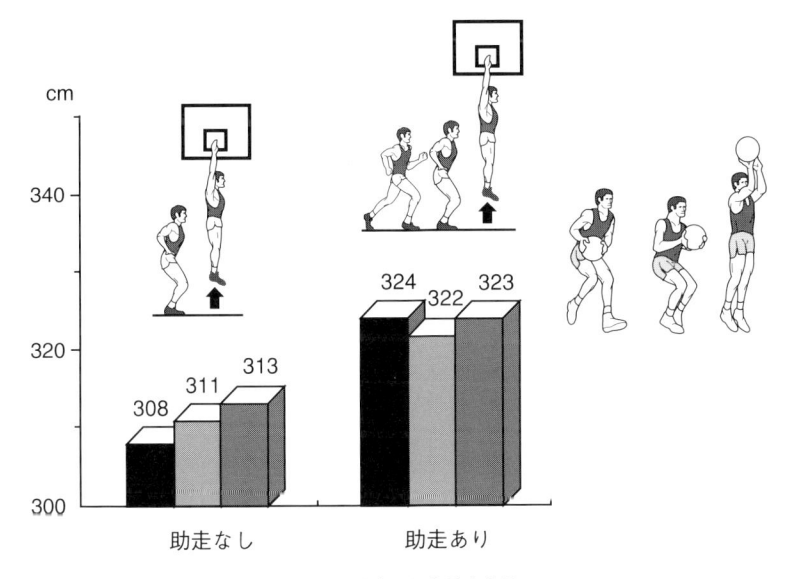

図112. 2種類のジャンプのフィールド・テスト：助走なしと助走あり。

フィールド・テストは，助走ありのジャンプおよび助走なしのジャンプで，ボードのできるだけ高い位置にタッチする方法である。このテストでは，進歩はあまり見られず，助走なしのテストのみ（5cm）であった（図112）。助走ありのジャンプでは，動きが複雑であるためコーディネーションの点で問題が起き，そのため直接結果となって現れにくかったものと思われる。

第3章／筋力強化の方法　77

スプリンターを対象とした研究（ラトン Ratton，ビヤンヴニュ Bienvenu，コメッティ Cometti, 1989）：

10人のスプリンター（100mの記録10.7〜11.3）を2つのグループに分けた。5人はランニングのトレーニングと通常の筋力トレーニングを行った。他の5人は筋力トレーニングの代わりに電気刺激を行った。

電気刺激のプログラムは以下の通りである。
- セッションの構成
  ・大腿四頭筋各部に10分間
  ・大臀筋に10分間
  ・下腿三頭筋各部に10分間
- サイクル：電気刺激6週間，電気刺激なし6週間

| テスト1 | 電気刺激3週間 | テスト2 | 電気刺激3週間 | テスト3 | トレーニング3週間 | テスト4 | トレーニング3週間 | テスト5 |

図113．筋刺激のプランニング。

テストの構成：
- 大腿四頭筋筋力
- ボスコ・テスト15秒間　膝関節屈曲指示

図114は，大腿四頭筋の筋力の向上を示している。テスト2（3週後）で大きな向上が見られ，その後，停滞し，それでもテスト2からテスト5までの間に向上が見られる。

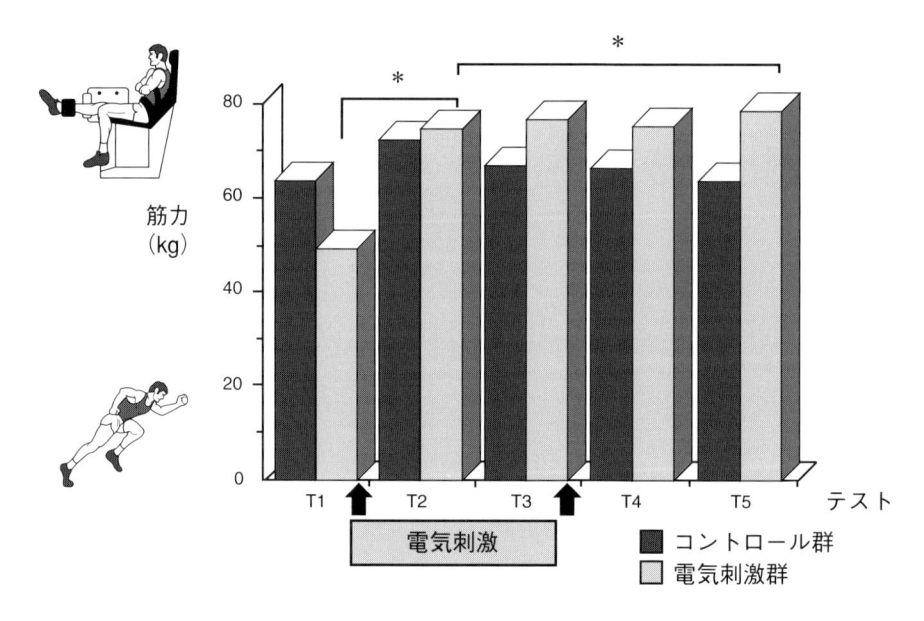

図114．2グループの期間全体の筋力測定結果。

図115は，15秒間ボスコ・テストの結果である。このテストは，30mテストと高い相関関係があるものとして選択された。このテストでは，フィールドでのランニングのテストに近い結果を見ることができる。

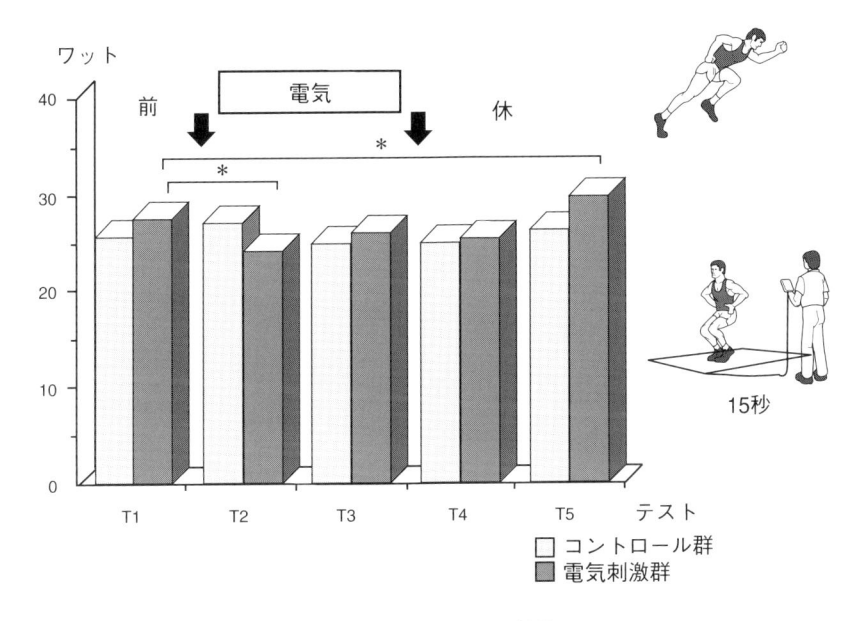

図115．スプリンターのグループを対象とした15秒間ボスコ・テストの結果。

この結果では，コントロール群は有意な差は見られなかった。それに対し，実験群はテスト2で有意に低下したが，テスト1とテスト5の間では有意な向上が見られた。電気刺激のポジティブな効果をプライオメトリックで結果として表すためには，ある程度の時間が必要であるということである。電気刺激を行ったグループの5人のうち3人が，30mのタイムで0.2秒向上したことは，注目に値するであろう。

結論として，サッカー選手の場合，電気刺激が有用であるのは，以下の点である（図116）：
- スタートのスピードの向上
- ジャンプ力の向上
- 脚のトレーニングのための背部の負荷の軽減
- キック力の向上

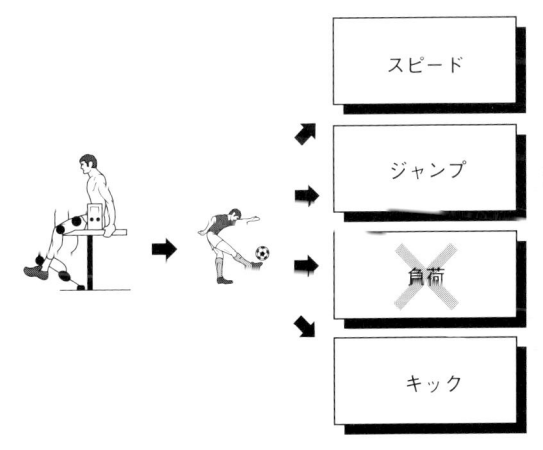

図116．サッカー選手のための電気刺激のアドバンテージ。

① 週間計画

　1週間のセッションの回数は3～4回である。脚の筋力強化の場合は，我々は3回が適切であると考える。セッション間には1日休みをとることを勧める。この1日の間には，刺激を受けた筋を，強度が高くならない程度で使うことが必要である。脚にとってはランニングが最適な対策であると考えられる。ウォーミングアップは，ストレッチングと，強度の低い収縮である。いずれにせよ，電気刺激を与える週の間は，筋をインテンシブに使うことは避けるようにすべきである。

　腹筋の場合は毎日行う。

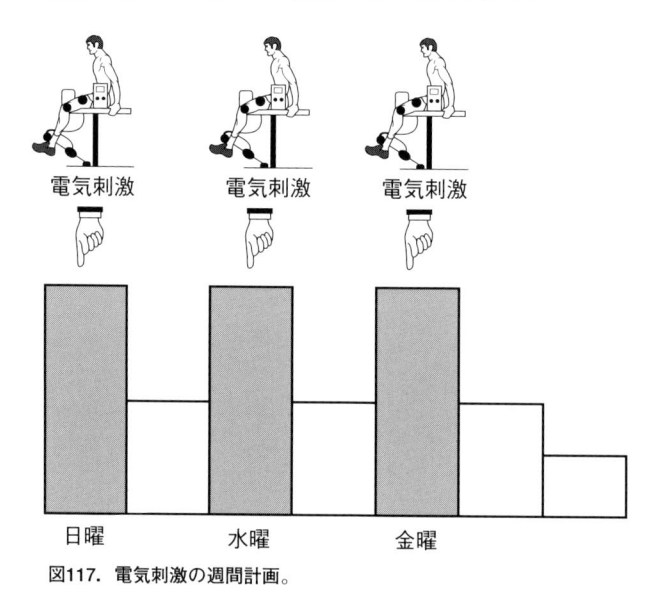

図117．電気刺激の週間計画。

② サイクル

　サイクルは3週間である。3週間で2サイクルまで行うことができる（サッカーの場合は6週間はそぐわない）。

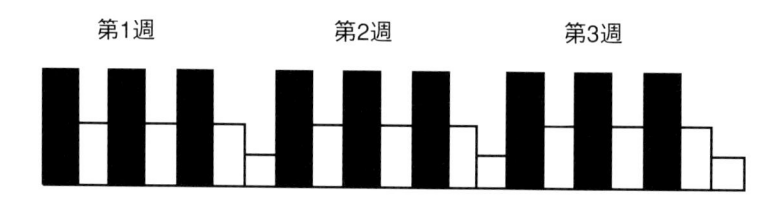

図118．電気刺激のサイクル。

③ サイクルの連続

　他の方法と同様に，電気刺激はある特定の時期には低下させるべきである。交互に入れ替える方法が最も効率がよいと考えられる。したがって，2つの方法が提案される。競技の時間の大部分に適応した方法である。
・電気刺激1サイクル
・通常の筋力強化1サイクル（図119a）

a) 電気刺激　　　　　　方法1　　テクニック

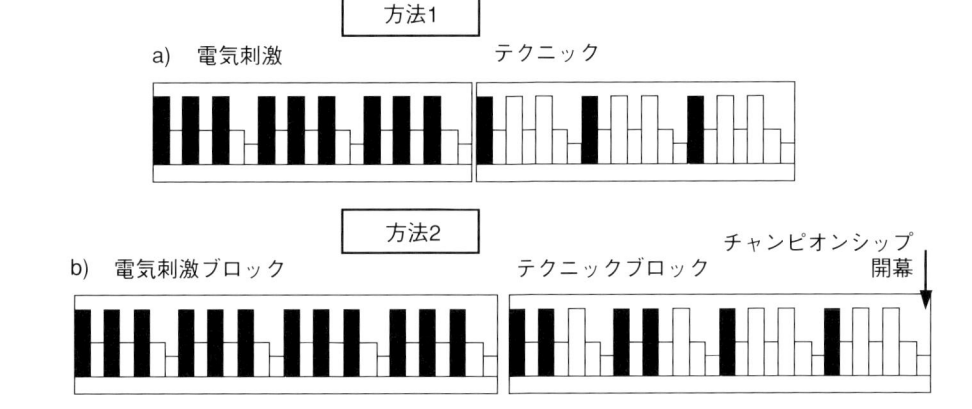

b) 電気刺激ブロック　　方法2　　テクニックブロック　　チャンピオンシップ開幕

図119. 電気刺激トレーニングのサイクルの連続。第1の方法は，電気刺激の3週間のサイクルと通常のトレーニングのサイクルを交互に組み合わせたものである。電気刺激を行う日を黒で示した。2つ目の方法は，電気刺激4週間の1ブロックを行い，次に通常の1ブロックを行う。これはシーズンの間に用いる。

2つ目の方法は，サッカー選手でシーズンの間の時期の場合に適した方法である。4週間インテンシブに電気刺激を行い，続いて徐々に減らしていき，チャンピオンシップを迎える（図119b）。

結論となる試みは，イタリア・プロサッカー・リーグのプレーヤーが行っていたものである。

C ……様々な種類のアクションを組み合わせる

1. 理論的データ

現代的な筋力強化に理想的なのは，アクションの種類を組み合わせることである。

これは，ヴィータサロ（Viitasalo）の実験の方式（図120）に明らかに見られる。

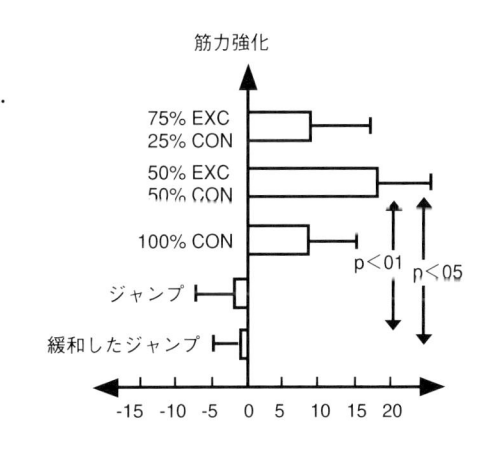

筋力強化

75% EXC 25% CON
50% EXC 50% CON
100% CON
ジャンプ
緩和したジャンプ

$p<.01$　$p<.05$

-15 -10 -5 0 5 10 15 20

図120. ヴィータサロの実験

第3章／筋力強化の方法

5グループに分けて別のトレーニングを行い，最大筋力の伸びを測定した。
- 第1グループは，75％エキセントリック，25％コンセントリック。
- 第2グループは，50％エキセントリック，50％コンセントリック。
- 第3グループは，コンセントリックのみ。
- 第4グループは，ジャンプのみ。
- 第5グループは，軽減したジャンプ（天井から下げたゴムを使用）。

　最も高い効果が現れたのは，コンセントリック100％よりも，50％エキセントリック＋50％コンセントリックのグループであった。仕事の原理は，2つの面で適用できるであろう。
- セッション内：セット毎に様々な収縮でトレーニングを行う。
- セット内：同じセットの中で，様々な収縮で反復を行う。考えられるあらゆる組み合わせの一覧を図121に示した。現代の筋力強化は，考えられるあらゆる効果性を探求する。

```
                        方法の組み合わせ
           ┌────────────┬────────────┬────────────┐
        2種類         3種類         4種類         5種類
```

2種類	3種類	4種類	5種類
con - iso	con - iso - exc	con - iso - exc - plyo	con - iso - exc - plyo - élec
con - exc	con - iso - plyo	con - iso - exc - élec	
con - plyo	con - iso - élec	con - iso - plyo - élec	
con - élec	con - exc - plyo	iso - exc - plyo - élec	
iso - exc	con - exc - élec		
iso - plyo	con - plyo - élec		
iso - élec	iso - exc - plyo		
exc - plyo	iso - exc - élec		
exc - élec	iso - plyo - élec		
élec - plyo	exc - plyo - élec		

con ：コンセントリック
iso ：アイソメトリック
exc ：エキセントリック
plyo：プライオメトリック
élec：電気刺激

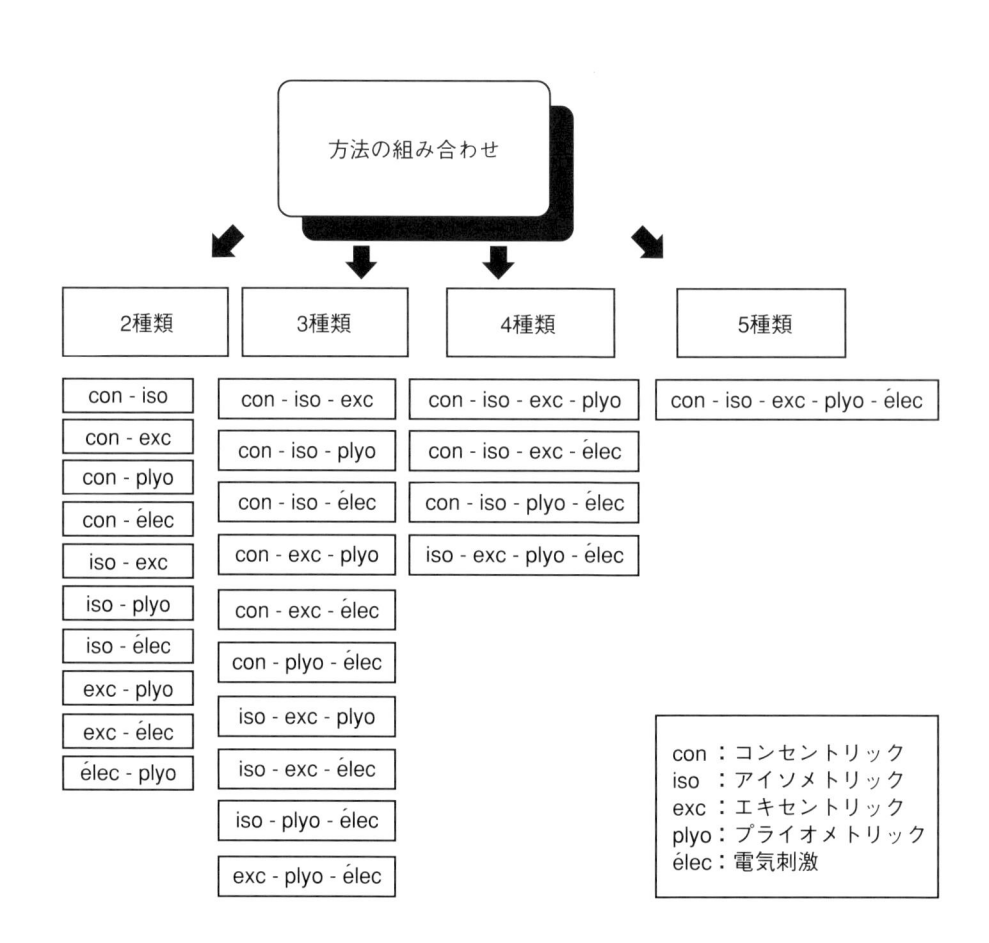

図121．収縮方法の様々な組み合わせ。2種類（1番左の列，あらゆる組み合わせを示した），3種類，4種類，5種類から選んで行う。

2. トレーニングの実践

2種類，3種類，4種類から組み合わせることが可能である。

2.1 ── 2種類の組み合わせ

ほとんどの場合，2種目の組み合わせである。

あらゆる組み合わせを図122に示した。手のマークの意味は，最も過酷で，したがって避けた方がよい組み合わせである。

コンセントリック+アイソメトリック	アイソメトリック+エキセントリック	エキセントリック+プライオメトリック
コンセントリック+エキセントリック	アイソメトリック+プライオメトリック	エキセントリック+電気刺激
コンセントリック+プライオメトリック	アイソメトリック+電気刺激	プライオメトリック+電気刺激
コンセントリック+電気刺激	☞ =避けるべき組み合わせ	

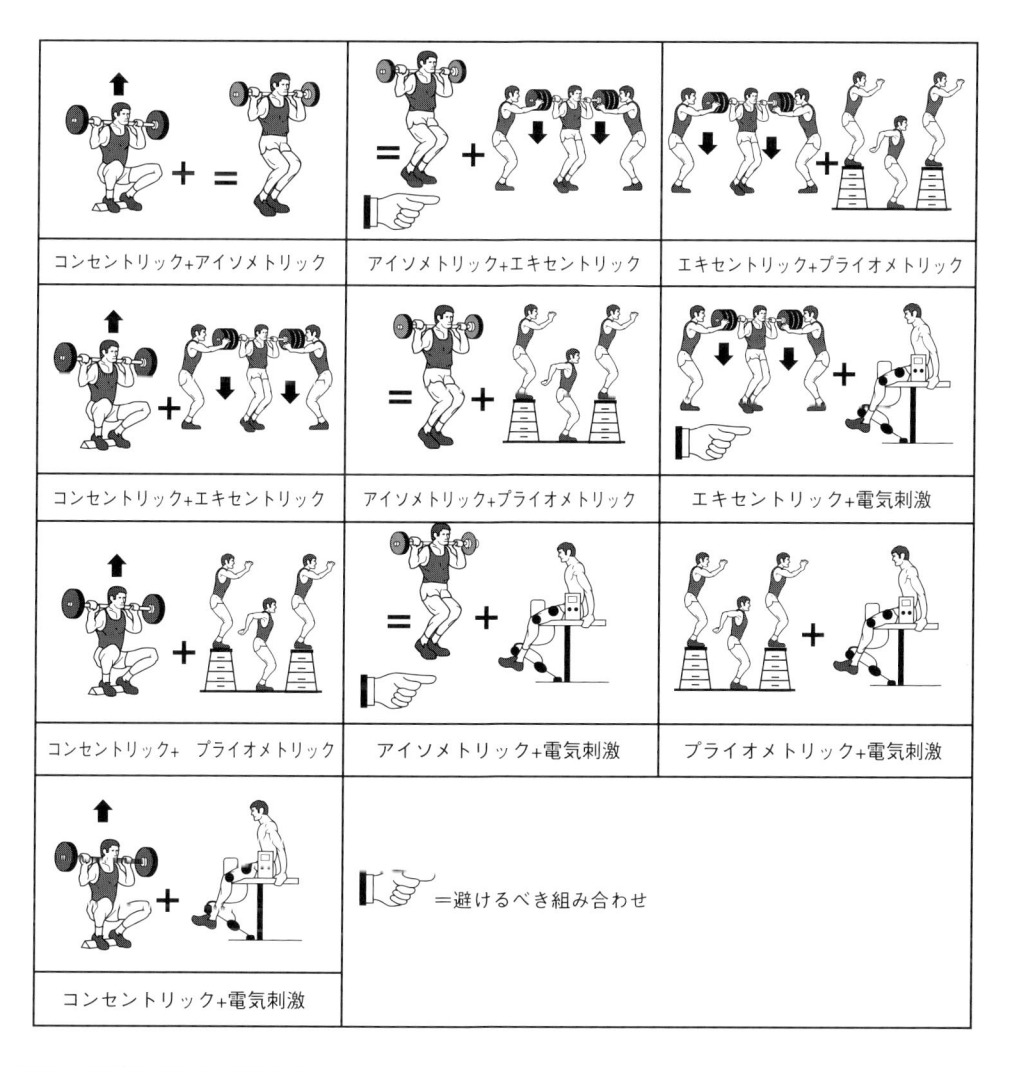

図122. 2種類の組み合わせの方法。

サッカーでは，2種類の中で，導入はコンセントリックかプライオメトリックから入るようにする。組み合わせの構成上，それぞれ考慮すべきことがあり，それを図123に示した。

	回復	最大筋力	爆発的筋力発揮
	☞ +++	++	+++
	☞ ++	+	‒
	‒ ‒	☞ ++++	‒ ‒
	‒	‒	☞ +++
	‒ ‒	☞ +++	+

図123. 様々な方法を組み合わせた場合のそれぞれの機能（回復＝筋の回復に有利）。ここでは回復に問題のない種目を示した（＋＋は回復が簡単であることを意味する）が，エキセントリックと電気刺激は回復が困難である。最大筋力にポジティブな効果を及ぼすものは＋＋で示した。爆発的筋力発揮に対する効果も同様に＋＋で示した（プライオメトリックが非常に効果的）。

2種目の組み合わせの場合，2回行う方法もある。1回は負荷を使って，もう1回は負荷を使わないで行う（図124）。

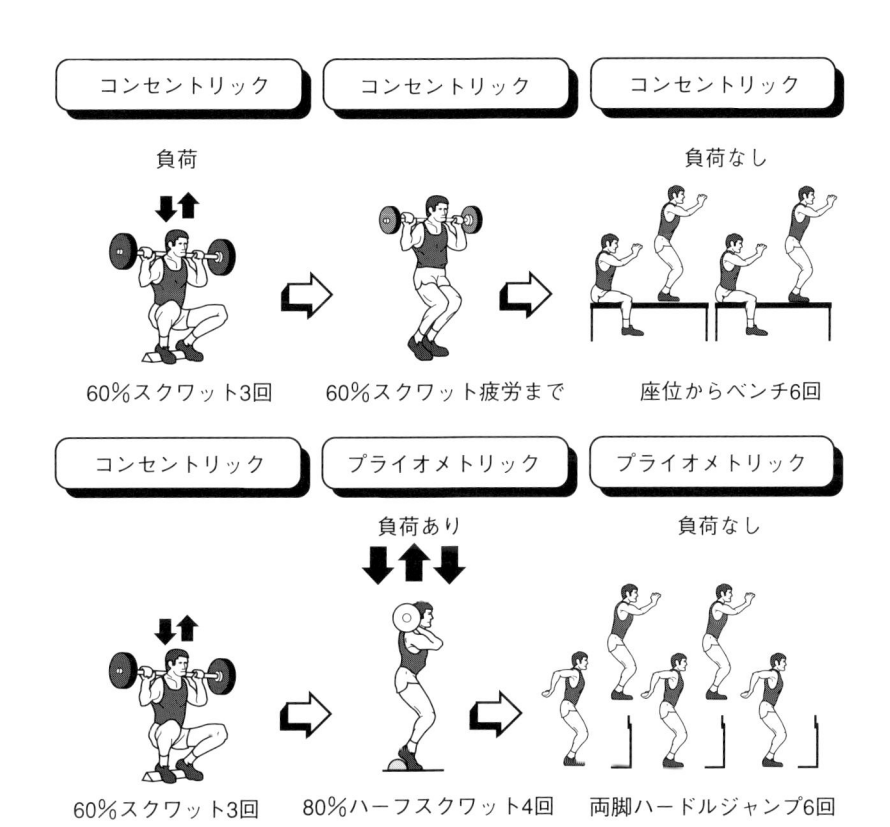

図124. 3エレメントの組み合わせ2例。

この考え方は，2種類4エレメントに適用することもできる（図125）。

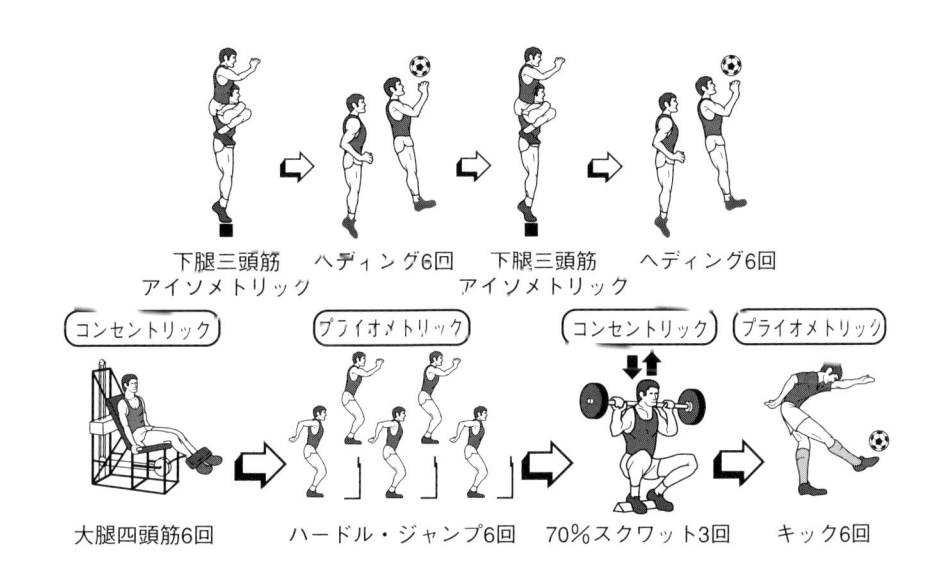

図125. サッカーのための三頭筋強化のためのコンセントリック-プライオメトリックの組み合わせ2例。

第3章／筋力強化の方法

アイソメトリック	プライオメトリック	アイソメトリック	プライオメトリック
疲労まで	サークルジャンプ8回	ハーフスクワット アイソメトリック	キック6回

図126． サッカーのためのアイソメトリック-プライオメトリックの組み合わせ例。

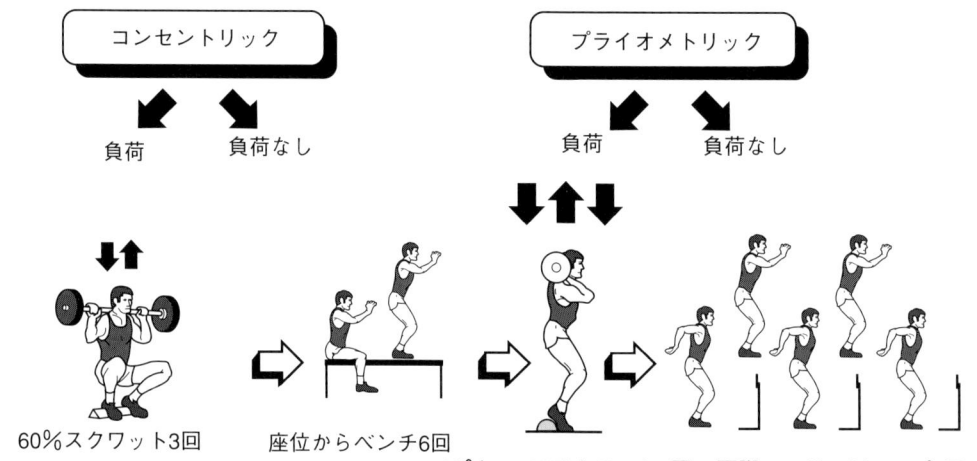

コンセントリック → 負荷 / 負荷なし

プライオメトリック → 負荷 / 負荷なし

60％スクワット3回	座位からベンチ6回	80％ハーフスクワット4回	両脚ハードルジャンプ6回

図127． 4エレメントのコンセントリック-プライオメトリックの組み合わせ例。

2.2 ── 3種類の組み合わせ

3種類の組み合わせも同様に適用可能である。図128のような構成が考えられる。

強度高	動的	強度高	動的
エキセントリック	コンセントリック	エキセントリック	コンセントリック
アイソメトリック	プライオメトリック	アイソメトリック	プライオメトリック
電気刺激		電気刺激	

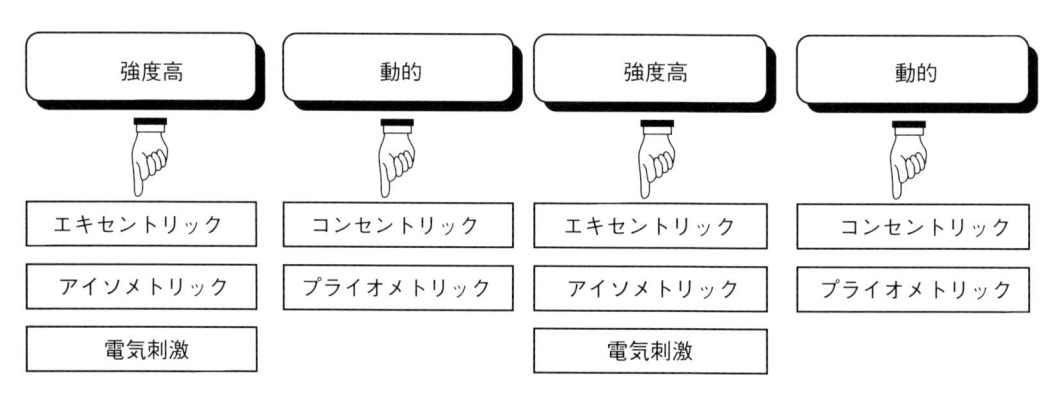

図128． 4エレメントの組み合わせ構成モデル。

図129. サッカーにおける筋力強化3種類の活用例。

負荷を使った方法で最も効果的な方法は「プレトネフ」と呼ばれる。これは開発した研究者の名前からきている（図130）。

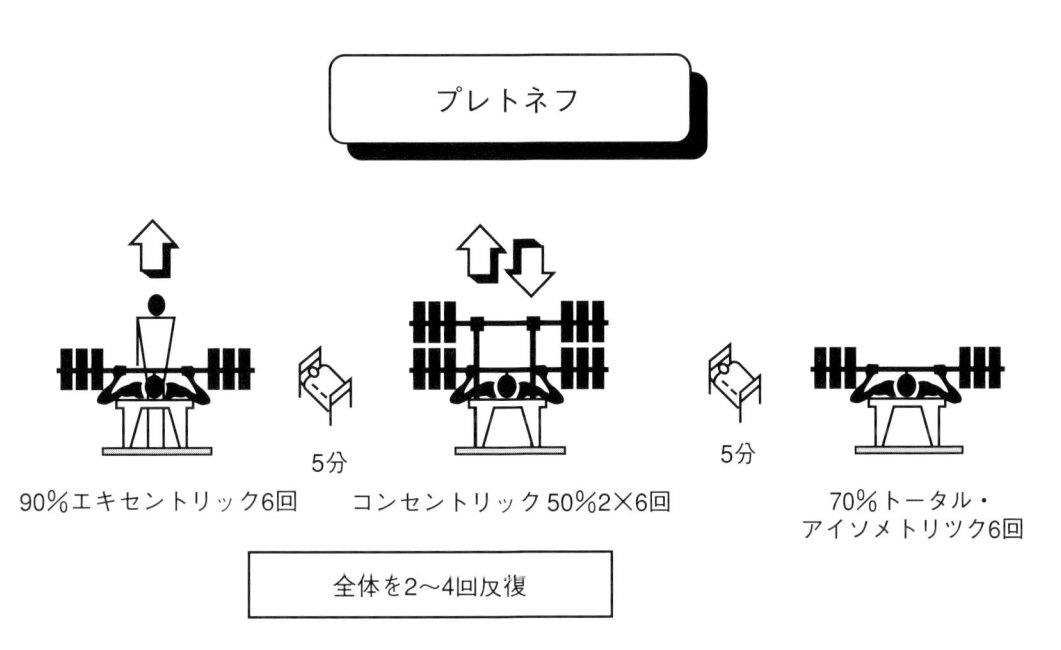

図130.「プレトネフ」でのベンチプレス。

2.3 ── 4種類の組み合わせ

当然，4種類の組み合わせも考えられる。この場合，この方法は「スーパープレトネフ」と呼ぶ。

スーパープレトネフ

エキセントリック	プライオメトリック	アイソメトリック	コンセントリック
90％エキセントリック 6回	60％プライオメトリック 6回	70％アイソメトリック 6回	50％コンセントリック 2×6回

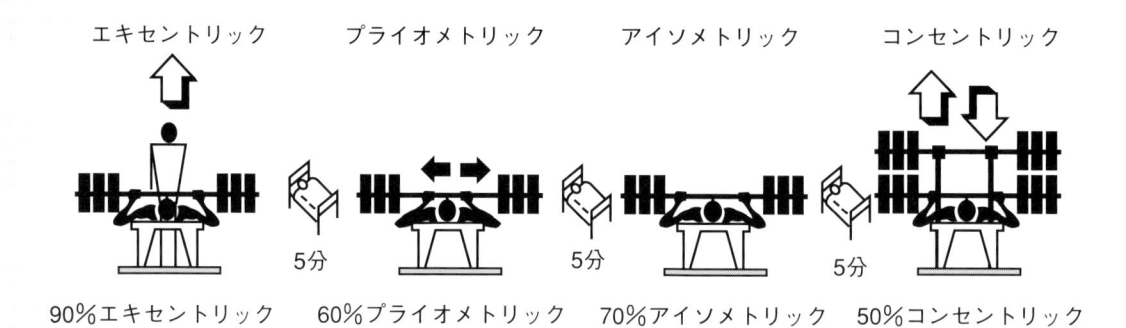

各種目間：5分

全体を1〜4回反復

図131.「スーパープレトネフ」：負荷を使った4種類の組み合わせ。

アイソメトリック → コンセントリック → エキセントリック → プライオメトリック

ハーフスクワット アイソメトリック / ヘディング6回 / 脚屈曲2回 / キック6回

図132. サッカーでの4エレメントの組み合わせ。

CHAPTER *4*

第4章／サッカーにおける筋力トレーニングのプランニング

この章および次の章では，実際にエクササイズを選択するうえでの問題点，セッションの構成，週間計画，サイクル，ブロック，目標への準備などを扱う。

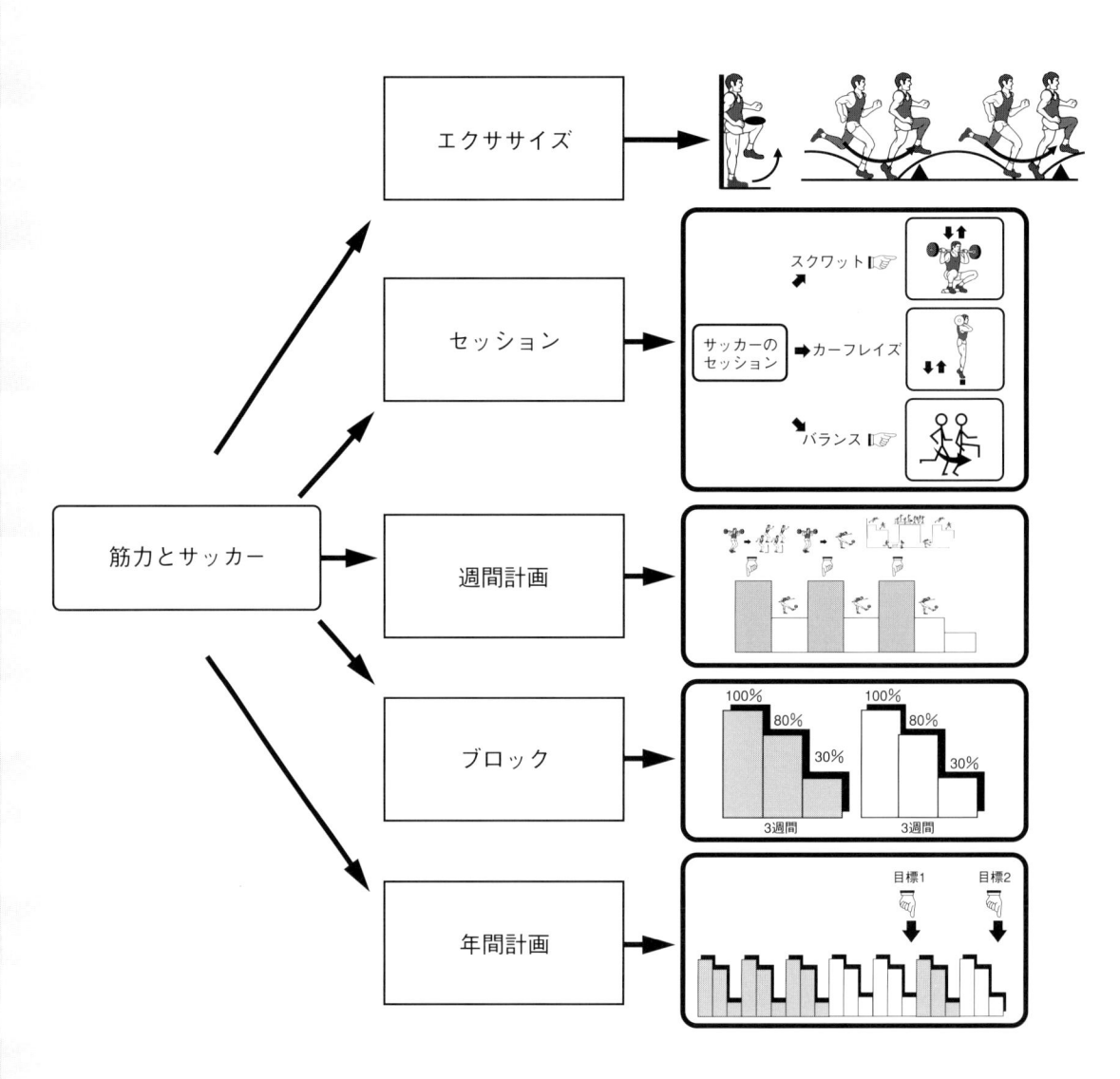

図133. プランニングの章の構成。

1. セッションの構成

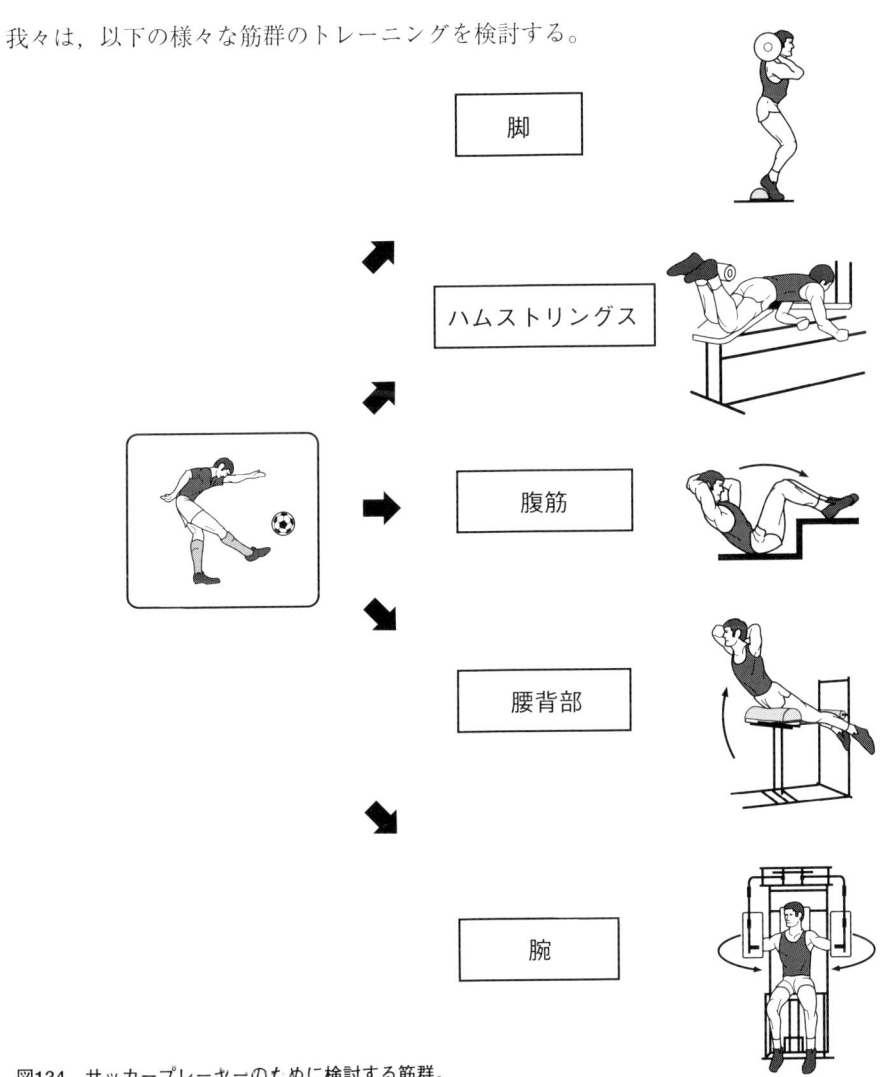

我々は，以下の様々な筋群のトレーニングを検討する。

図134. サッカープレーヤーのために検討する筋群。

サッカープレーヤーにとって，パフォーマンスに直接つながるのは脚である。したがって，下肢のトレーニングから始めることにする。

1.1 —— 脚の筋力強化

サッカープレーヤーは何よりもまずスプリンターでもある。したがって我々は，まず2つの主要なエクササイズを紹介する。スクワットと下腿三頭筋のトレーニングである。また，サッカープレーヤーは，ボールをキックしなくてはならない。そのために，我々が「バランス」と呼んでいるエクササイズを紹介する。

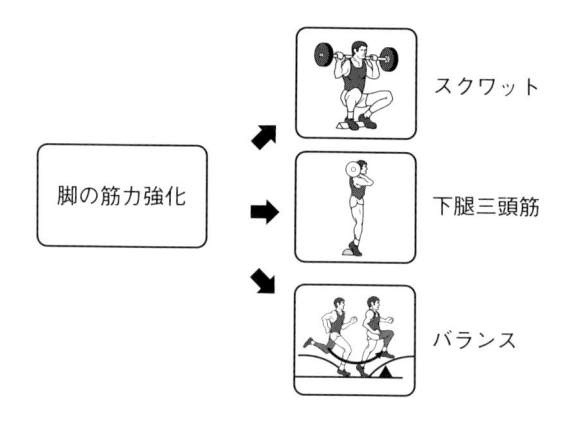

図135. サッカープレーヤーのための脚の筋力トレーニングのセッションの構成。

① 膝関節強化に重点を置いたエクササイズ

ほとんどのスポーツ種目と同様，爆発的な筋力発揮とジャンプが必要であるため，膝関節を中心としたエクササイズを紹介する。図136は，主なトレーニングをまとめたものである。

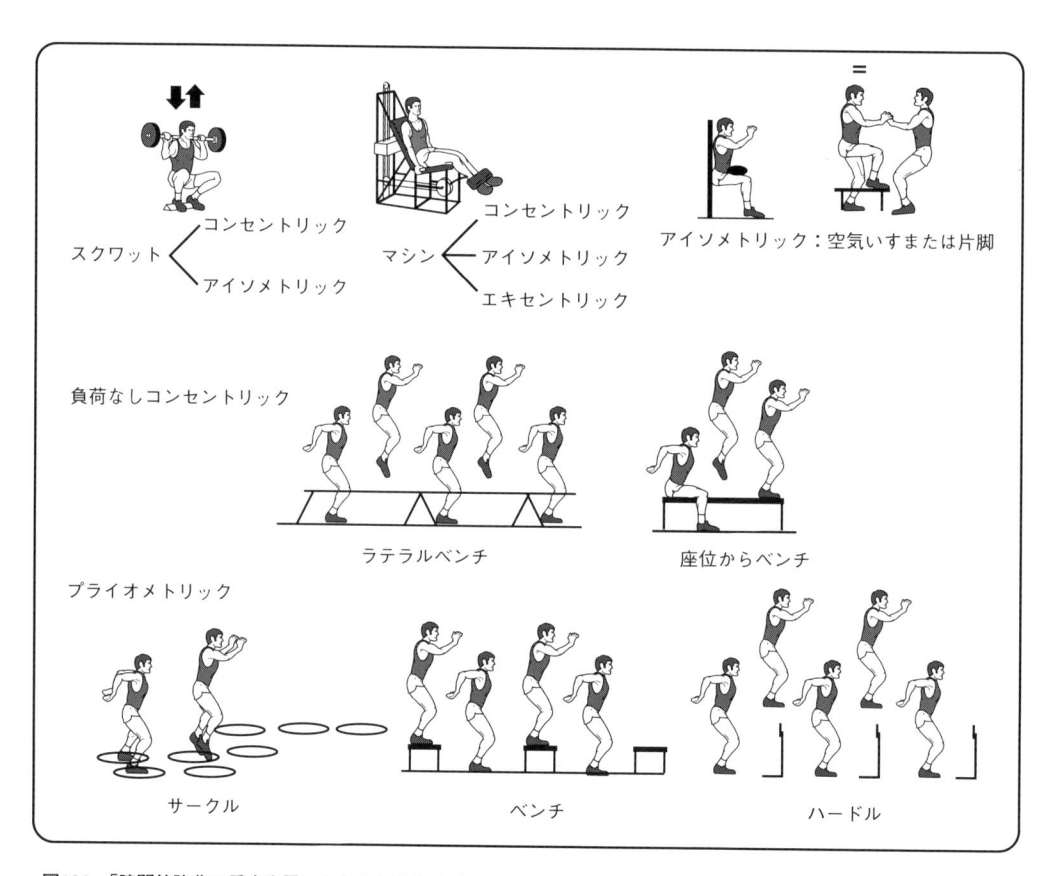

図136. 「膝関節強化に重点を置いた」エクササイズ。

② 足関節，下腿三頭筋のトレーニング

また，「フット」と呼ばれるエクササイズは，サッカープレーヤーにとって非常に重要である。足を交互に使ったエクササイズ（「スキップ」）あるいは両足揃えたエクササイズがある。これはテクニック的により難度が高い。

プライオメトリック　←　コンセントリック／アイソメトリック／エキセントリック

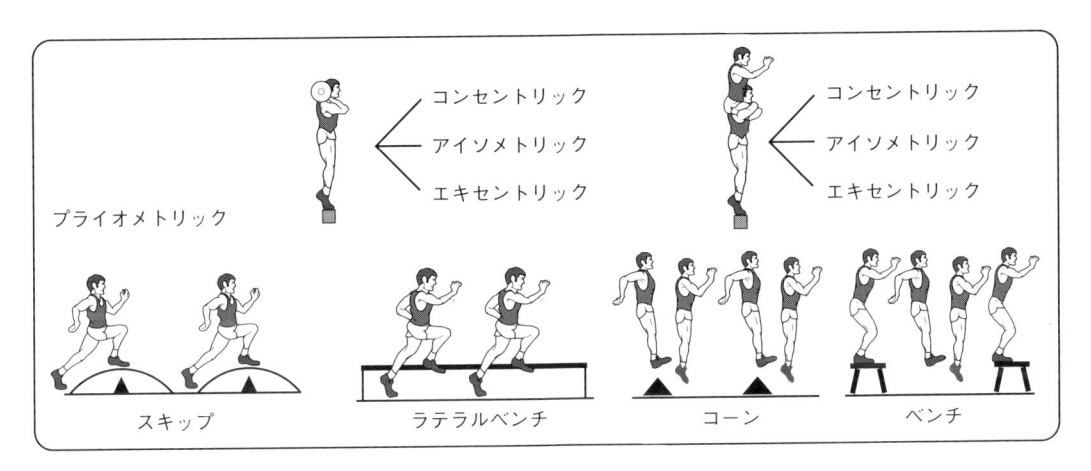

スキップ　ラテラルベンチ　コーン　ベンチ

図137．足関節強化のためのトレーニング例。

座位カーフレイズ　　　立位カーフレイズ マシン

図138．下腿三頭筋の筋力強化のためのマシン。

③ 股関節

図139に，主なトレーニングを紹介した。サッカープレーヤーのための特別なトレーニングで，ボールをキックするための筋力の強化を目的としたものである。

コンセントリック／アイソメトリック／エキセントリック　レッグスイング　バウンディング

図139．バランスのエクササイズ。

第4章／サッカーにおける筋力トレーニングのプランニング

1.2 ── ハムストリングスおよび臀筋のトレーニング

これらの筋群はサッカープレーヤーにとって非常に重要である。これらの筋群の強化は特別に行わなくてはならない。

• 臀部：

これは当然脚のトレーニングでもあるが，例えば，スクワットおよび下腿三頭筋のトレーニングでも明らかに大臀筋は刺激される。それを図140に示すようなエクササイズで補充する。

図140．臀筋の筋力強化のためのエクササイズ．

• ハムストリングス：

これは特別に必ず採り入れるべきトレーニングである。図141に一般的なマシンを使ったハムストリングスのトレーニングを示した。これらのマシンは有用であるが，用いる際には慎重にすべきである。

図141．ハムストリングスの筋力強化のための一般的なマシン．

ハムストリングスは，ストライドの際，そしてキックの際に重要な機能をもつ。脚を前に運ぶフェーズでは脚にブレーキをかけ，それ以上前に行くのを防ぐ。スプリンターを対象としたロシアの研究によると，ハムストリングスは100kgまで発達させることができる。サッカープレーヤーの場合，キックの際にはさらに激しい動きとなる。ハムストリングスは，ブレーキの役割で，エキセントリックに働く。この筋のコンディショニングは，コンセントリックになるマシンのみではいけない。スプリンターは，2人組みで徒手抵抗を用いてエキセントリックのトレーニングを十分に行う。

図142．ハムストリングスのエキセントリックのエクササイズ．

強調すべき2つ目のポイントは,ハムストリングスのトレーニングの振幅である。図143に示すような通常のマシンでは,ハムストリングスを振幅いっぱいにトレーニングすることができない。したがって,大きな振幅のエクササイズで補充することが必要である。例えば,図144に示すようなエクササイズである。このエクササイズでは臀筋も同時にトレーニングされる。

図143. 振幅いっぱいでのハムストリングスのトレーニング。
この動きは,負荷を用いるか,またはパートナーの抵抗を使って行う。

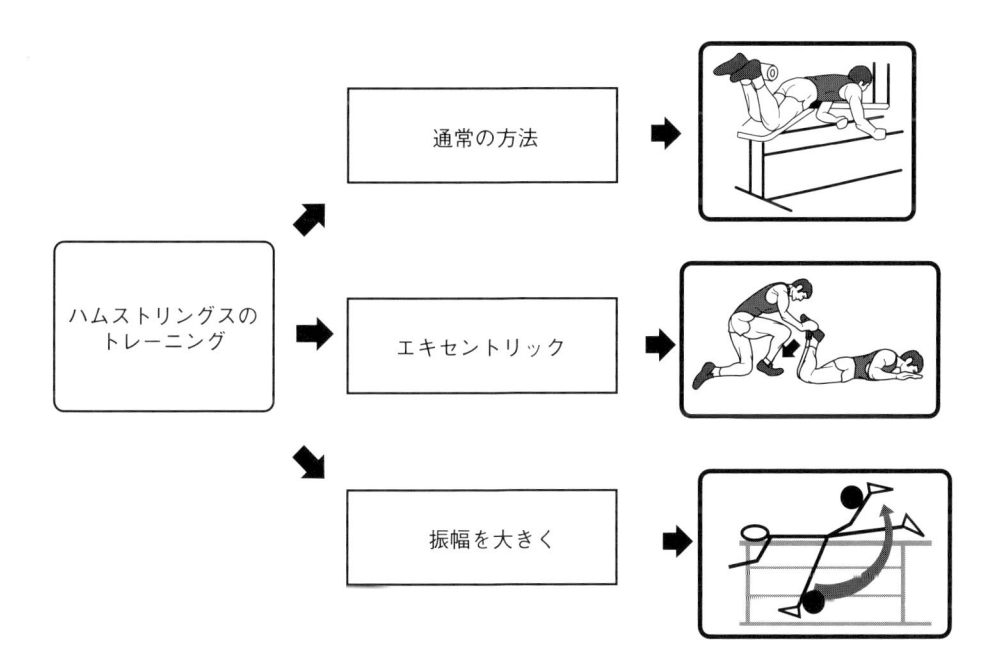

図144. ハムストリングスのトレーニングのまとめ。

ハムストリングスのトレーニングは,脚の筋力強化のセッションの中で行ってもよいし,翌日に行ってもよい。通常,他のテクニック等のエクササイズと組み合わせて行う。時間のことを考えると,ハムストリングスのトレーニングは筋力強化の時間とは別に行った方がよいと我々は考える。

1.3 腹筋のトレーニング

① エクササイズ

図145は，腹筋のエクササイズの構成を示したものである。エクササイズは3つのフォームに分けることができる。

- 中心軸
- 回旋
- 側筋

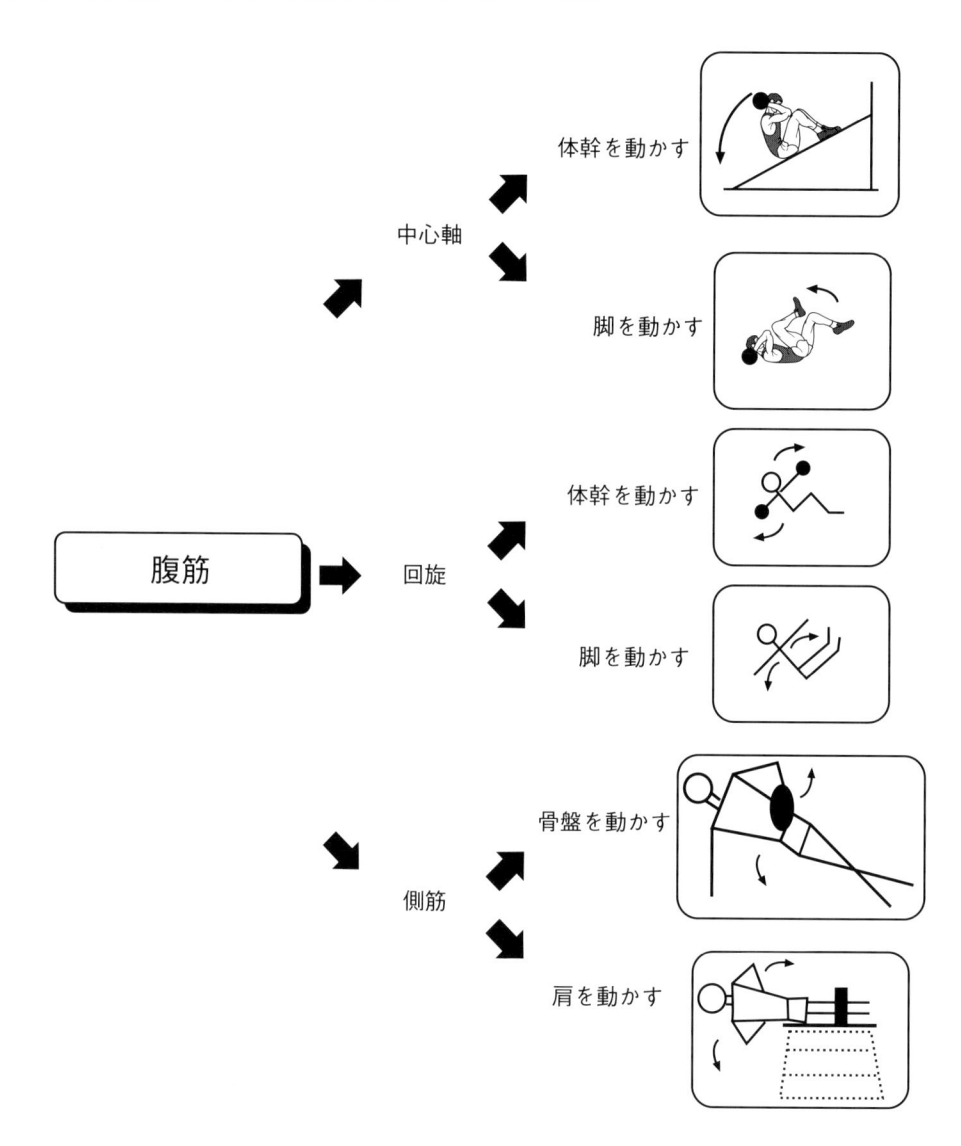

中心軸
- 体幹を動かす
- 脚を動かす

回旋
- 体幹を動かす
- 脚を動かす

側筋
- 骨盤を動かす
- 肩を動かす

図145．腹筋のエクササイズの構成。

② 腹筋と収縮の方法

　腹筋の場合は，いろいろな種類の収縮でエクササイズを行うことはあまり意味のないことのように思われる。プライオメトリックとエキセントリックは単独ではあまり勧めない。腹筋の場合は，エクササイズの間により複合的でより実際のテクニックに近い形で刺激するのが好ましいと考える。プルオーバーは典型的な例である。腹筋は相当に刺激される（「Méthode modernes de musculation」第1巻P 142を参照）。アスリートがエキセントリックのプルオーバーを行うと，腹筋も関与する。メディシンボールを用いたエクササイズでは，腹筋がプライオメトリックの刺激を受ける。まとめると，腹筋のシンプルなエクササイズは，アイソメトリック，コンセントリック，あるいは電気刺激によって行う。その他の種類の収縮は，より複合的な動きの中で起こる。

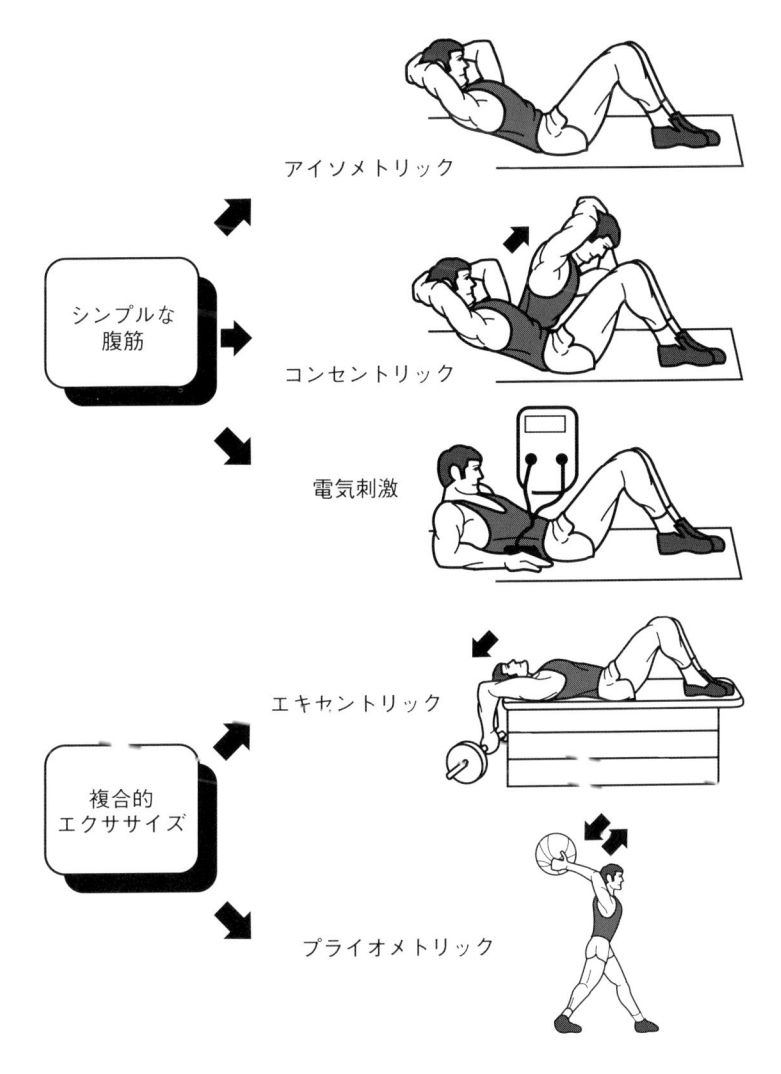

図146. 腹筋と様々な種類の収縮。

アスリートがエクササイズに慣れたら，それをそれ以上進めるのは難しくなる。そのような場合は，いくつかの補足のエクササイズを連続して行うことを勧める（図147）。

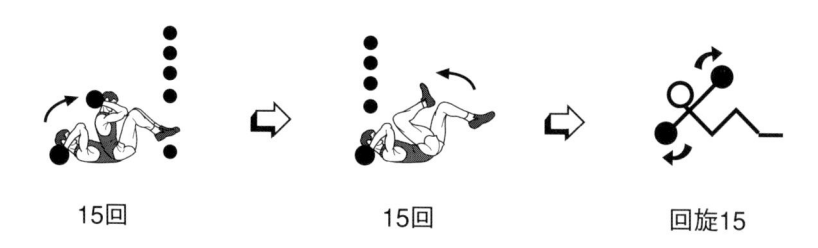

15回　　　　15回　　　　回旋15

図147. 腹筋のエクササイズの連続。

1.4 —— 背筋のトレーニング

背筋のトレーニングは，一般的に，腹筋のトレーニングと組み合わせて行われる。そのため，ここで扱うことにする。

ここでは最も一般的な状況を選択するにとどめる。スクワットのトレーニング前に，背筋の準備として行えば十分であるように思われる（4～6セット）。

疲労するまでアイソメトリック

ゆっくりとコンセントリック

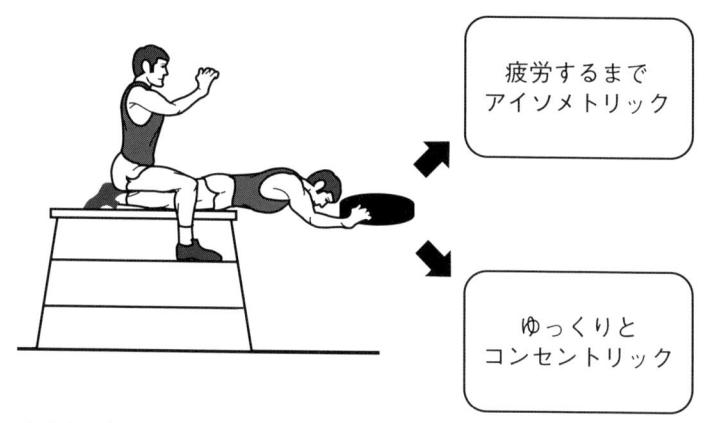

図148. 背筋のエクササイズ

1.5 —— 上体のトレーニング

上体をバランスよく発達させるためには，図149に示す3種類のエクササイズを行うことを勧める。

上体の筋量を向上させたい場合に，これら3種類のエクササイズを1セット8～10回で行う。

セット数は6～10セットである。

筋力トレーニング・マシンがある場合には，図150に示すセッションを勧める。

上体の
トレーニング
→ プルアップ
→ ベンチプレス
→ プルオーバー

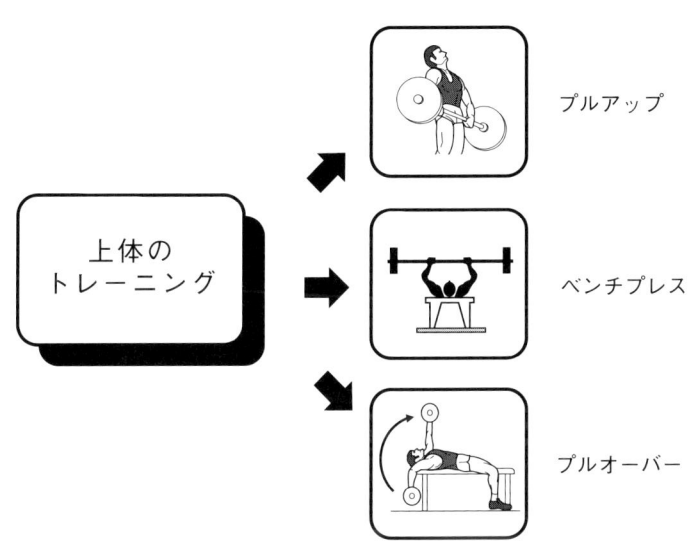

図149．上体のためのセッションの構成。

	プルアップ	4×6		ベンチプレス	6×6
	大胸筋	6×6		僧帽筋	4×6
	三角筋	4×6		プル	6×6
	ハイプーリー	4×6		背筋	4×6

図150．マシンを使った上体のトレーニング・セッション。
　　　　回数は平均的な筋力の場合である（筋量はあまり重視しない）。

第4章／サッカーにおける筋力トレーニングのプランニング

2. 脚筋力強化のための様々なセッション

我々は，3つのタイプのセッションを考える。

- 「最大筋力」のセッション。プレーヤーの筋力の指標の向上を目的としたものである。サッカーの場合は，種目特有の要求に近づけるため，我々は常にプライオメトリックのエクササイズを導入している。

- 「専門的筋力」の発達を目的としたセッション。様々なテクニック的な動作を使って，重い負荷を用いたエクササイズと専門的な動作のエクササイズを交互に行う。2つのタイプに区別する。：
  - 「専門的テクニック」：テクニックに関わる動作を狙いとする。
  - 「専門的連続」：試合で起こる仕事を再現することを目的とする。

- 「間欠的筋力」のセッション。筋力強化のエクササイズに付け加える持久力強化のセッション。これらのセッションは，15秒-15秒のタイプを6～15分間の休みの間に入れるものである。これらのセッションは，試合での負荷に最も近いものである。

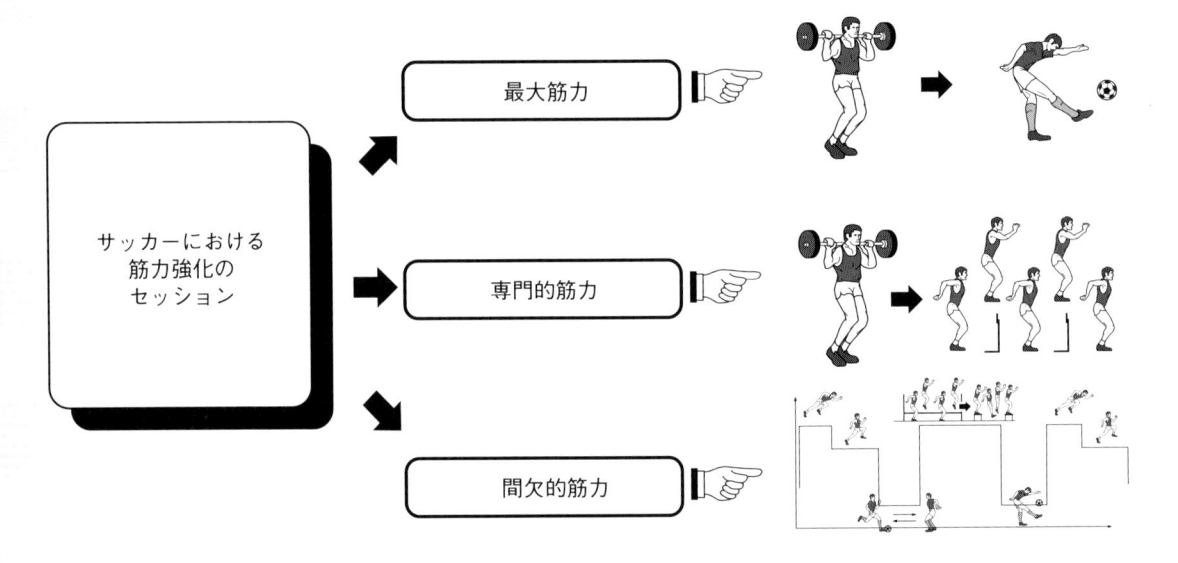

図151．サッカーにおける筋力強化のセッションの様々なタイプ。

3. 「最大筋力」のセッション

図152は，サッカープレーヤーのための最大筋力強化のセッションの構成のタイプを示したものである。まず負荷を使ってトレーニングをし，次に動的なエクササイズを行う。

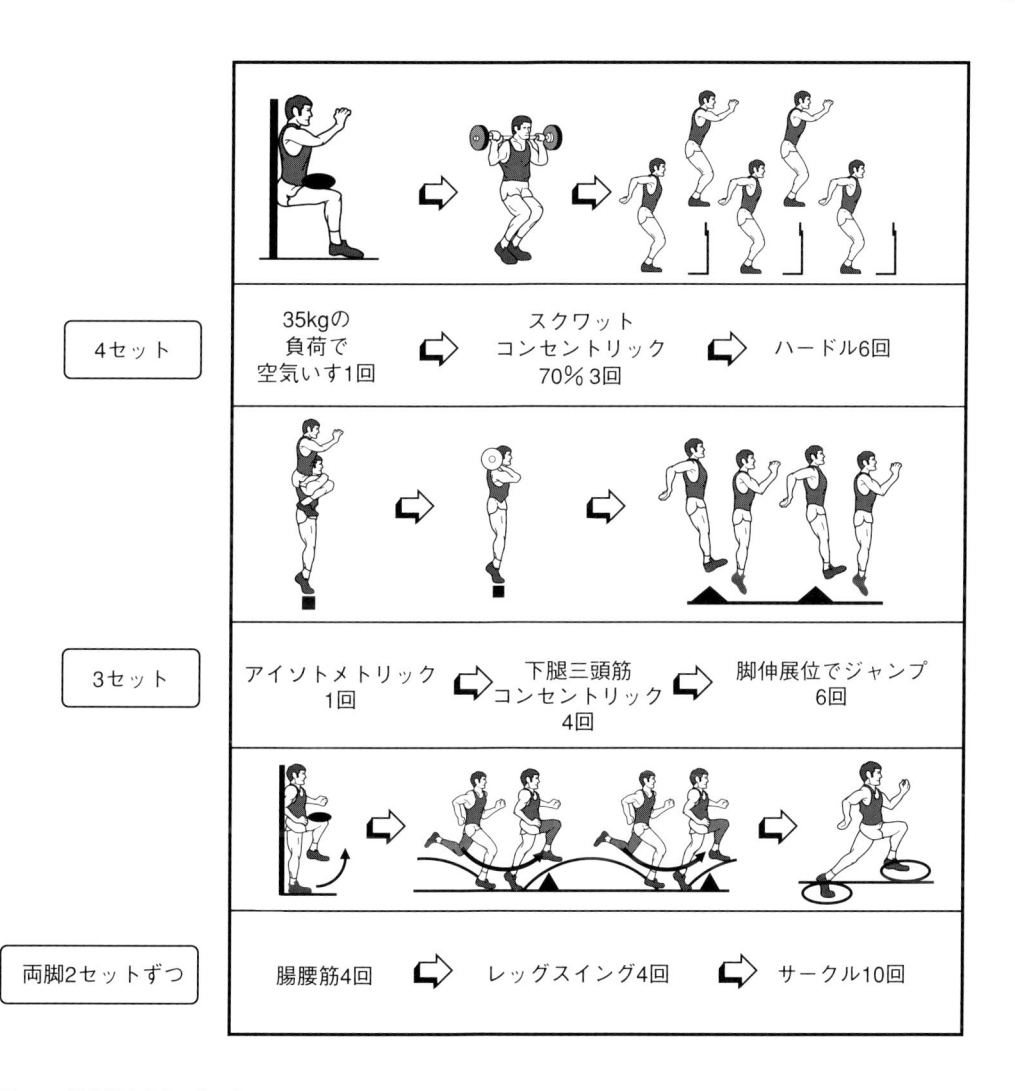

図152. 最大筋力のセッション。

3.1——最大筋力の様々なセッション

考えられるいくつかのセッションを紹介し，それらの様々な活用を提案する。脚筋力強化のための3つの主要なエクササイズを考えた場合，以下の方法が考えられる。

セッションの構成の可能性：

2，3，4エレメントの連続または1つのエレメントのみが考えられる（図153）。

最大筋力強化を狙いとしたものであることから，少なくとも1つのエクササイズは負荷を用いるものをシステマティックに導入することが必要である。

我々は例として膝関節の強化のためのエクササイズを中心に述べるが，他の状況でも考え方は同様である（三頭筋，バランス）。

考えられる様々な組み合わせに入っていく前に，ここでこれらの組み合わせを考えるうえで活用できる状況を特定しておきたい。

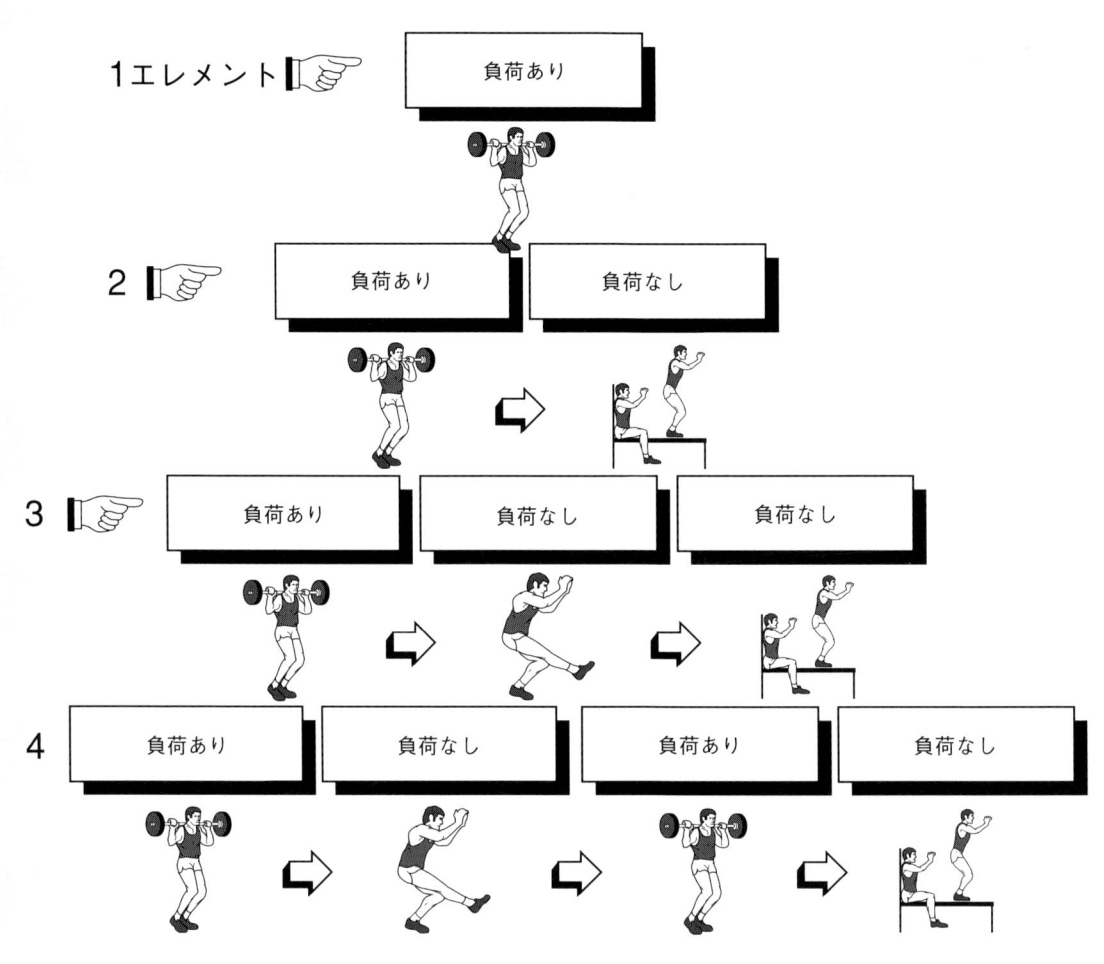

図153. 負荷あり／なしのエクササイズで考えられる様々な組み合わせ。
（1，2，3，4エレメント）。

膝関節の強化：

ベースとなるエクササイズはスクワットである。スクワットは，できるようになった時点ですぐに活用することを推奨する。負荷なしのエクササイズとしては，基本的にコンセントリックまたはプライオメトリックを使う。

簡単な用具（ゴム，ハードル，ベンチ等）を使ったプライオメトリックのエクササイズを適切に実行するために，いくつかのポイントを確認しておこう。

ハードルに関しては，難度の加減は，以下のように行う（図154）。ハードルの間で2回ジャンプをする，または膝の屈曲角度を増す（90°）。

ベンチに関しては（図155）は調節が少し難しい。エクササイズをやりやすくするには，ベンチの上に足をつく。

ゴムも同様にトレーニングに活用することができる。エクササイズには様々な方法があり，難度を下げてやりやすくするには，それぞれのサイドで2回ジャンプをする。

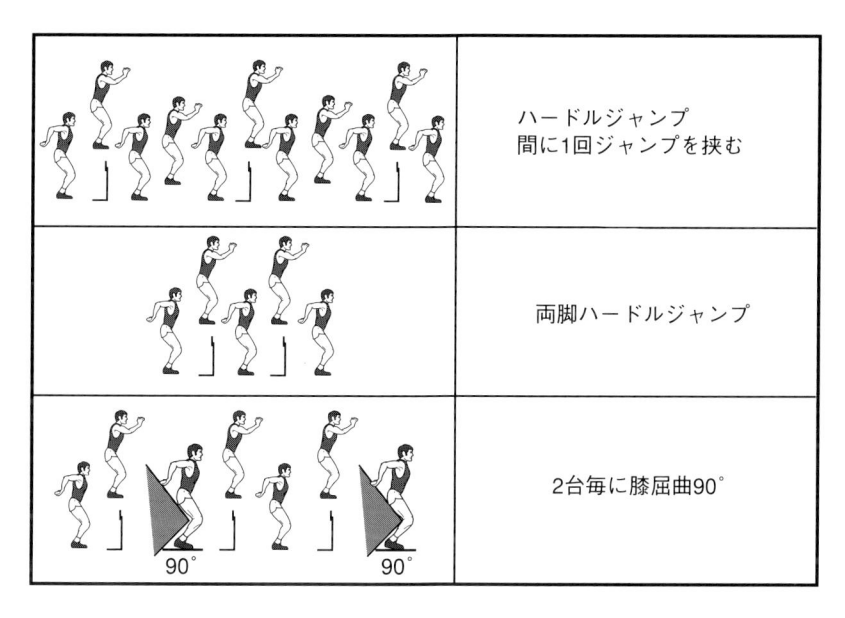

(図)	ハードルジャンプ 間に1回ジャンプを挟む
(図)	両脚ハードルジャンプ
(図) 90° 90°	2台毎に膝屈曲90°

図154. ハードルを使ったプライオメトリックの3つの方法（簡単なものから難しいものへ）。

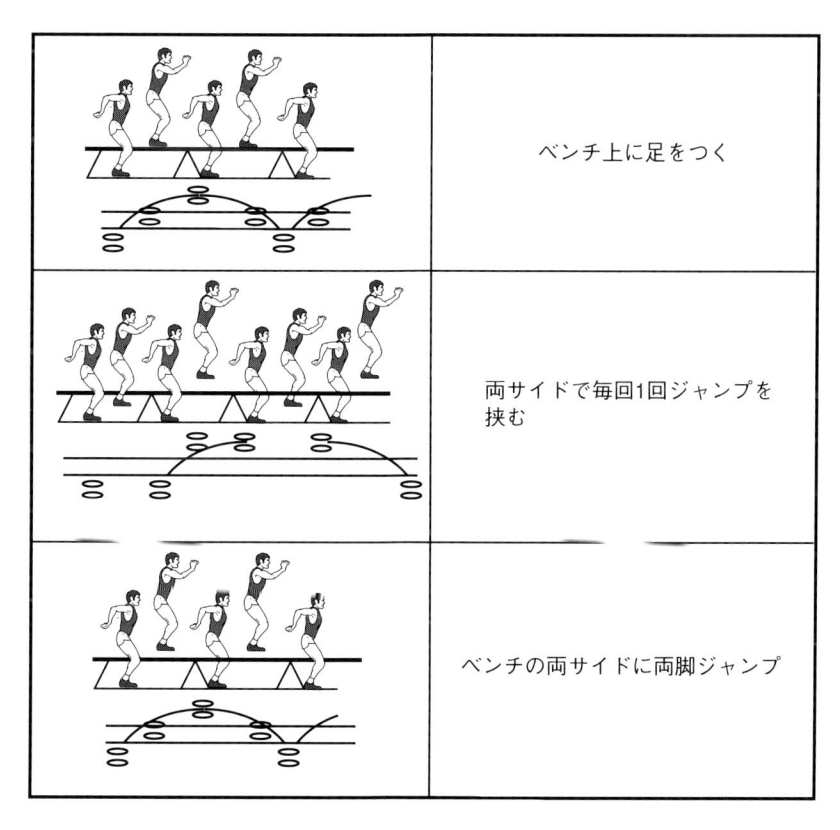

(図)	ベンチ上に足をつく
(図)	両サイドで毎回1回ジャンプを挟む
(図)	ベンチの両サイドに両脚ジャンプ

図155. ベンチを1列に並べて使ったプライオメトリックの3つの方法（簡単なものから難しいものへ）。

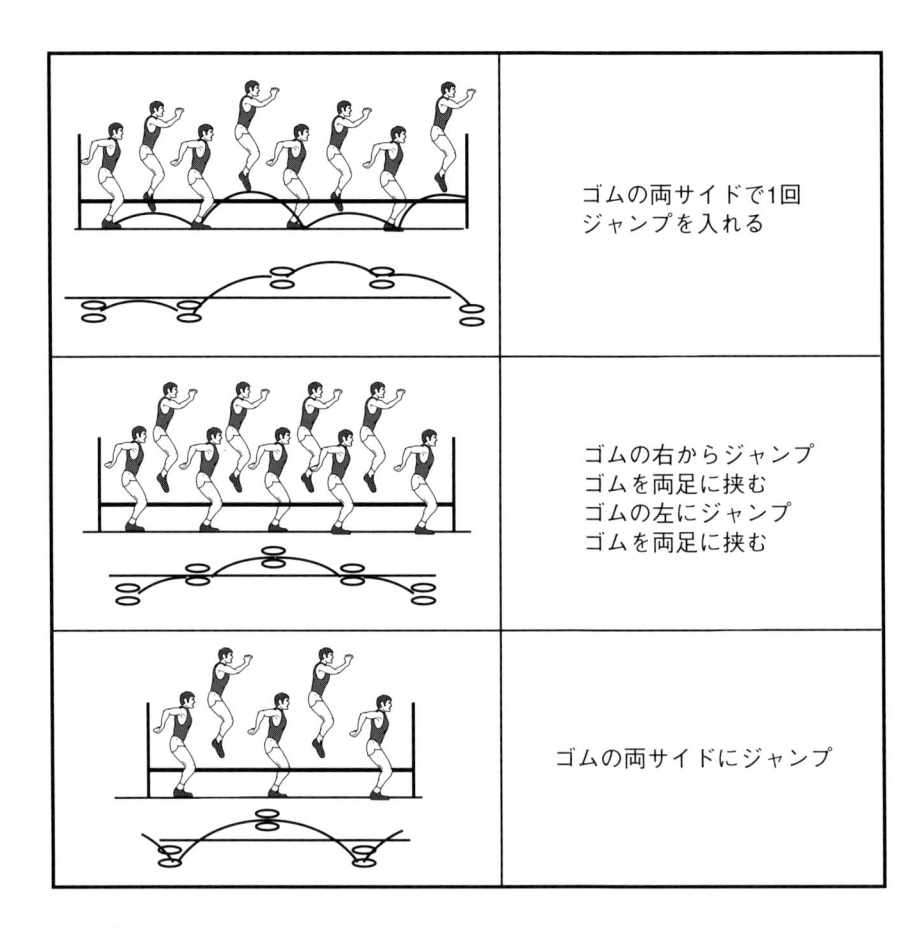

(illustration)	ゴムの両サイドで1回ジャンプを入れる
(illustration)	ゴムの右からジャンプ ゴムを両足に挟む ゴムの左にジャンプ ゴムを両足に挟む
(illustration)	ゴムの両サイドにジャンプ

図156. ゴムを使ったプライオメトリック。

3.2 — 2エレメントの組み合わせ

この場合，負荷を用いたエクササイズは，先に持ってくることも後に持ってくることも考えられる。

① 膝関節の強化

図158に，エクササイズの構成の様々な選択肢の例を挙げた。

図157. 膝関節の強化のための2つのエレメントの組み合わせ例。

| 負荷あり | 負荷なし |

負荷あり（上から下へ、難度順）:
- 空気いす
- 負荷を使った空気いす
- 片脚アイソメトリック
- 負荷を使った片脚アイソメトリック
- スクワットアイソメトリック
- スタティック-ダイナミック2回
- スタティック-ダイナミック1回
- コンセントリック

負荷なし:
- コンセントリック
- プライオメトリック
  - ベンチ
  - ハードル
  - ゴム

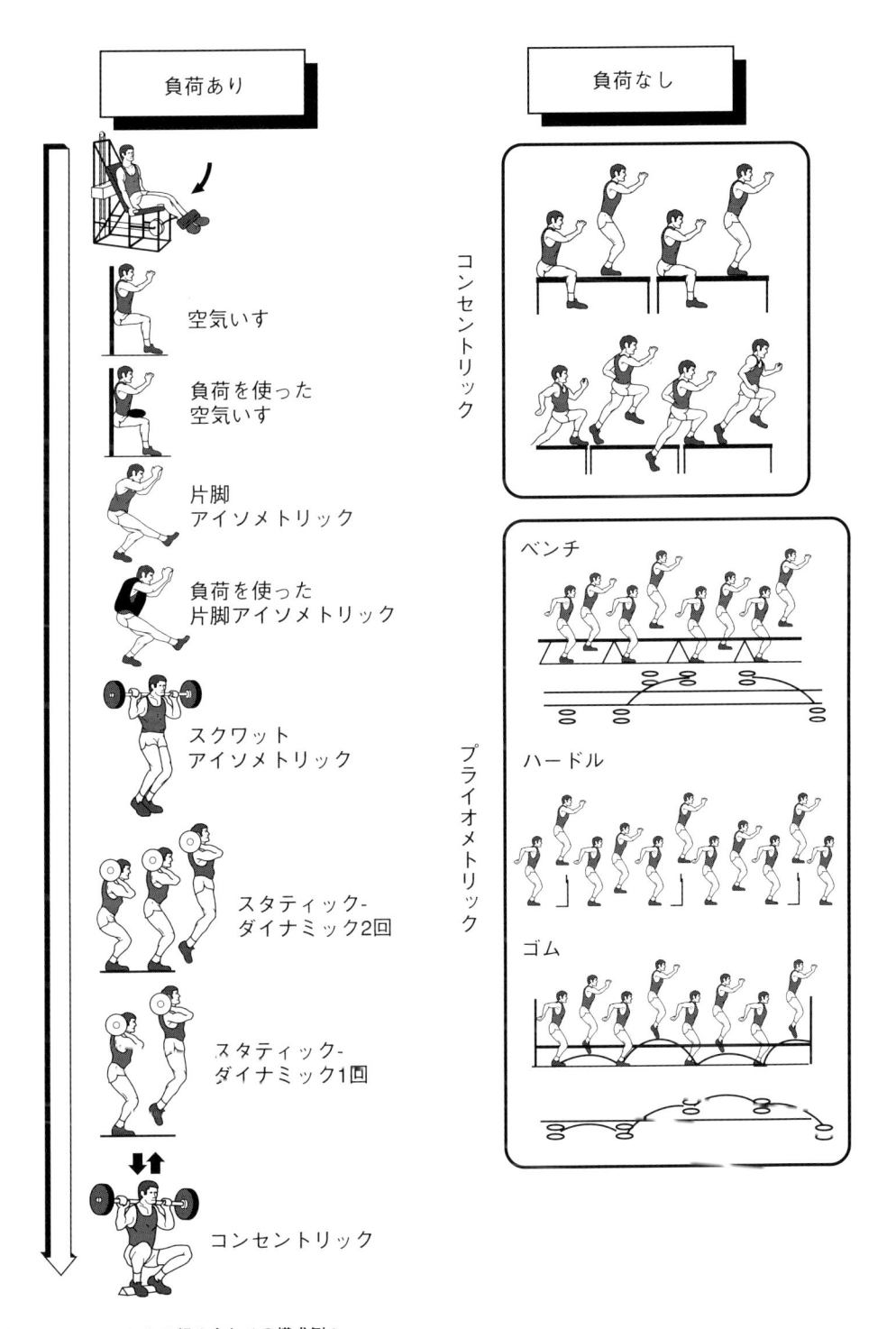

図158．2エレメントの組み合わせの構成例：
負荷を用いたエクササイズは，難度順に整理した。
負荷なしのエクササイズは，コンセントリックとプライオメトリックを分けて整理した（難度は関係なし）。

② 下腿三頭筋の強化

図159に，考えられるさまざま選択肢を難度順に整理した。

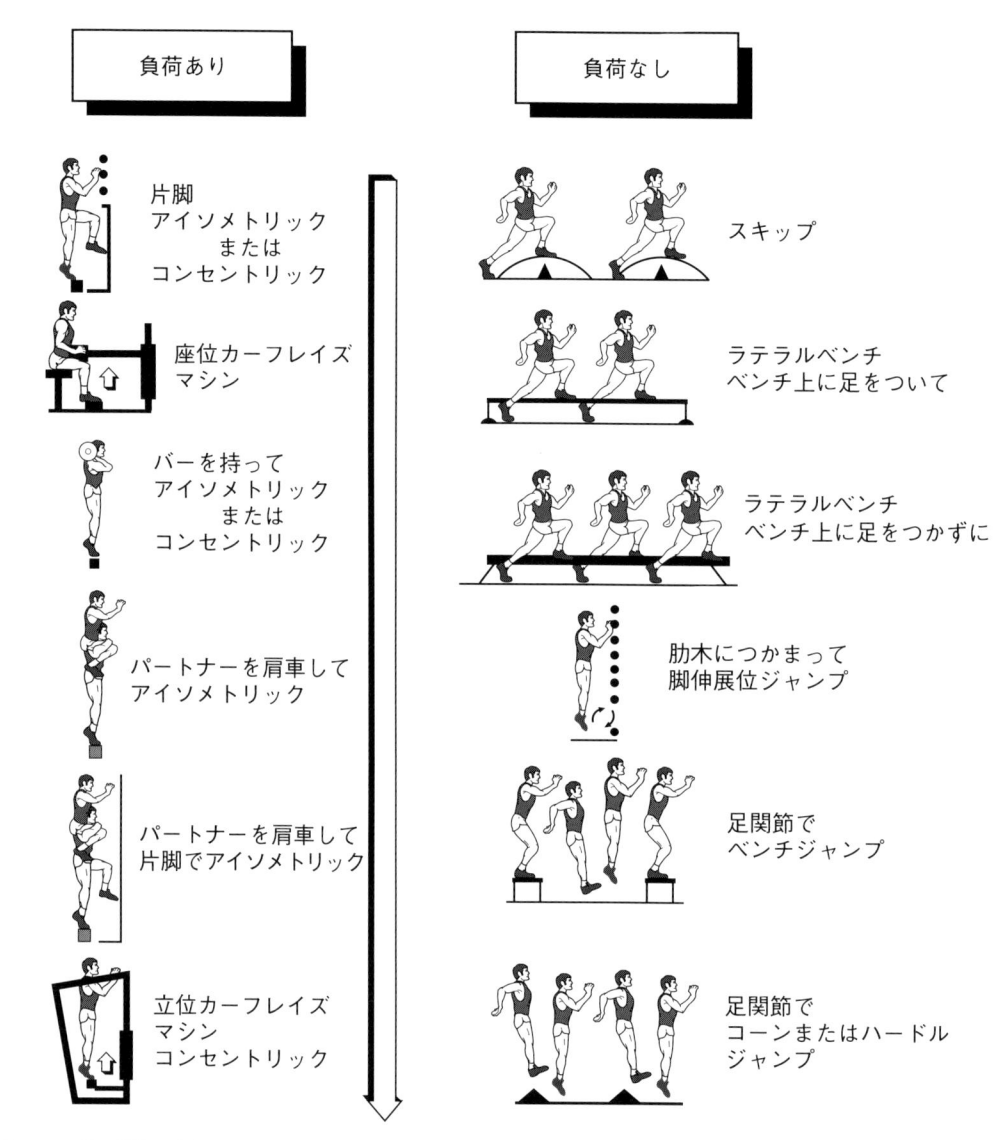

負荷あり	負荷なし
片脚 アイソメトリック または コンセントリック	スキップ
座位カーフレイズ マシン	ラテラルベンチ ベンチ上に足をついて
バーを持って アイソメトリック または コンセントリック	ラテラルベンチ ベンチ上に足をつかずに
パートナーを肩車して アイソメトリック	肋木につかまって 脚伸展位ジャンプ
パートナーを肩車して 片脚でアイソメトリック	足関節で ベンチジャンプ
立位カーフレイズ マシン コンセントリック	足関節で コーンまたはハードル ジャンプ

図159．下腿三頭筋の強化のための2エレメントの選択肢例。負荷あり／なしとも，難度の順に整理した。

図160．下腿三頭筋強化2エレメントの組み合わせの例。

③ 脚のバランスの強化

負荷を用いたエクササイズ：

このエクササイズは，前面，後面とも行うことが考えられる。ここでは，臀部のエクササイズを考える

図161．負荷を用いたバランスのトレーニング：a）前面（腸腰筋），b）後面（臀筋）。

これらのエクササイズは，単に負荷を追加して行うこともできる。腸腰筋のトレーニングの場合は，壁を背にして骨盤の位置をコントロールし，腰部が前弯しすぎないようにして行った方がよい（図162）。

図162．負荷を使った腸腰筋のトレーニング。

負荷なしのエクササイズ：

フリーレッグのトレーニングの場合は，筋力よりも弛緩およびコーディネーションの方に重点が置かれる。ここでは2つのグループのエクササイズを扱う。

- シンプルなジャンプ（サークル，ロープ等）。
- フリーレッグに重点を置いたジャンプ（片脚，左右交互）。

シンプルなジャンプ：

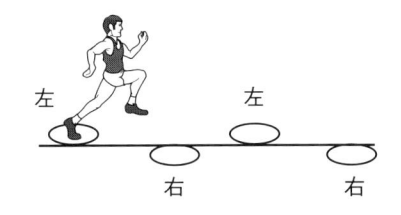

図163．サークルを使ったジャンプ（オープンステップとクロスステップ）。

サークルを使った最もシンプルなトレーニング例を挙げる。規則的にトレーニングを続けると，よい弛緩が得られ，それによってフリーレッグのバランスも向上する。ジャンプに期待される効果は2つある。
- ステップの強化。
- 弛緩を高め，それによってフリーレッグのバランスを向上させる。

図164．片脚ずつのオープン・ステップとクロス・ステップ。

片脚ジャンプの場合，特にステップの力が強化され，フリーレッグの弛緩は得にくい。したがって，例えば図164に挙げるように，脚を頻繁に入れ替えて行うことが必要である。

図165．左右交互と両脚ジャンプの組み合わせ。

両脚ジャンプを組み合わせることで，バランスの要素が入り，フリーレッグでのステップが強調される（図165）。台を用いるバリエーションもある（図166）。

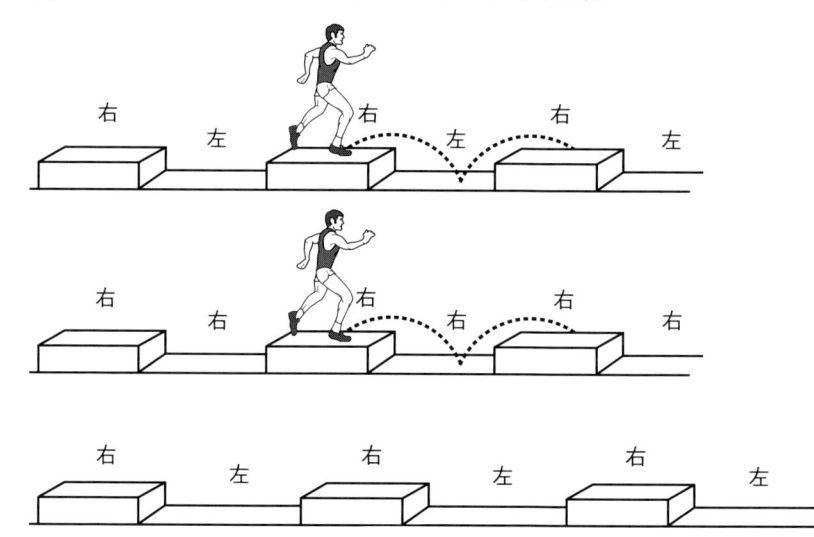

図166．台を使ったジャンプ。

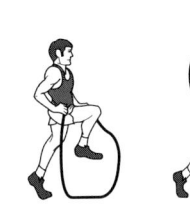

図167．ロープを使ったジャンプ（各ステップ毎にロープ1周）。

縄跳びを使ったストライド・ジャンプも，コーディネーションと弛緩の向上のためのトレーニングとなる。テストとして，このような方法が考えられる。10回縄跳びでステップしながら進み，距離を測定する。

「バランス」の項で述べたエクササイズはすべて，縄跳びで行うことも考えられる。

フリーレッグに重点を置いたジャンプ：

このケースでは，フリーレッグのトレーニングがエクササイズの第一の目的となる。2種類を採り上げる。
- 片脚ずつ
- 左右交互

図168．フリーレッグの片脚ジャンプのトレーニング。

プレーヤーはフリーレッグのバランスをとり，それによって得られる弾みを利用して障害を跳び越え，同じ脚で着地する（図168）。

図169．フリーレッグの動きを使ったストライドジャンプ。

このエクササイズでは，フリーレッグの方で着地し，新たなフリーレッグで再びバランスをとり，前方への弾みをつけて障害を跳び越える（図169）。

2エレメントの組み合わせ：

最大筋力強化のセッションの場合，負荷を用いたエクササイズにジャンプのエクササイズ（図170），またはフリーレッグのエクササイズを組み合わせる（図171）。

第4章／サッカーにおける筋力トレーニングのプランニング 109

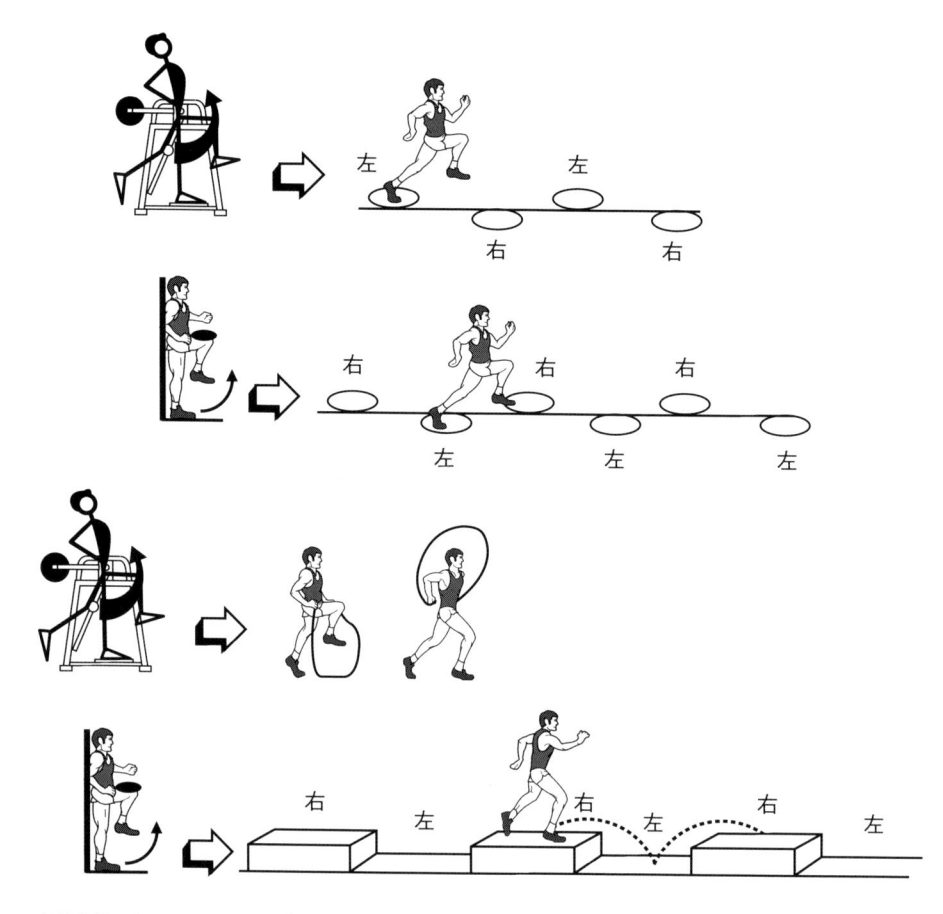

図170. 負荷を用いたエクササイズとジャンプ。

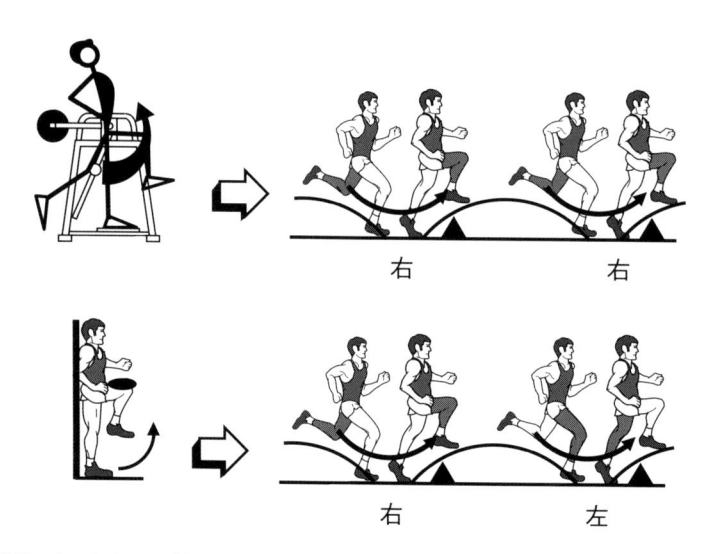

図171. 負荷を用いたエクササイズとフリーレッグのエクササイズ。

④ **負荷を用いたエクササイズを2番目に置く場合**

ほとんどの場合は負荷を用いたエクササイズが先に来るが，反対にすることも可能である。その場合は求める効果が異なる。プライオリティーは筋力の向上ではなく，負荷なしのエクササイズの実行のクオリティーとなる。その場合，エクササイズの反復回数を高めなくてはならない（図172）。最大の強度で実行しないと，期待した効果は得られない。

図173に示したのは，膝関節のトレーニング例である。図174は，下腿三頭筋のトレーニング例である。図175は，バランス・トレーニング例である。

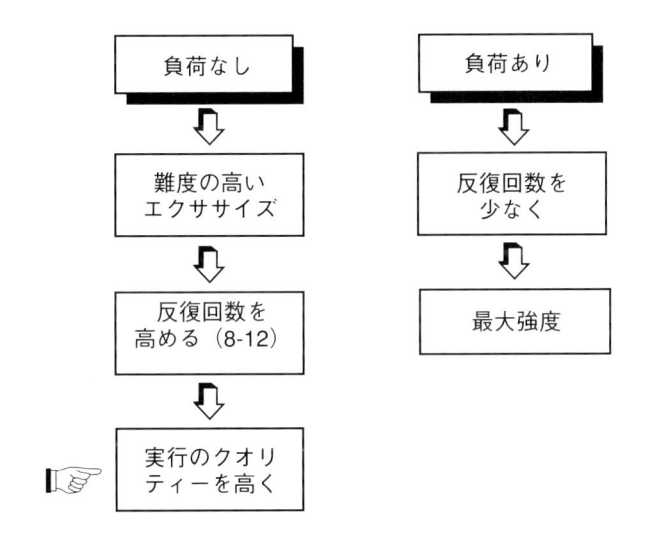

図172. 効果的な組み合わせ：負荷なし／負荷あり。

図173. 膝のためのトレーニング例。

10回バウンド　　　　　　　　　　　　　90％3回

10回ジャンプ　　　　　　　　　　　　　両脚3回ずつ

図174．下腿三頭筋のための組み合わせ例（負荷ありが2番目）。

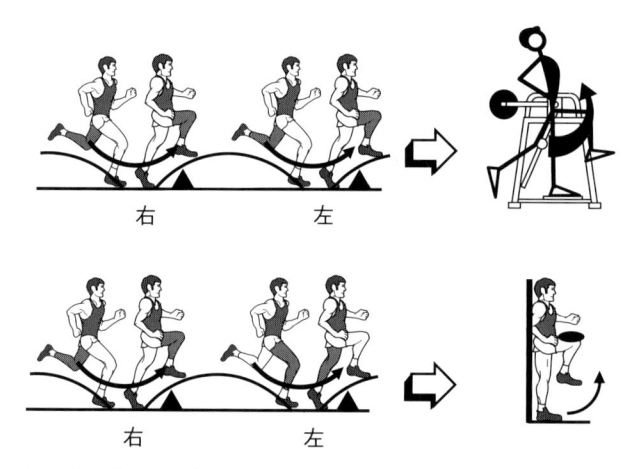

右　　左

右　　左

図175．バランスのための組み合わせ例（負荷ありが2番目）。

このタイプのトレーニングは，クオリティーにアクセントを置く目的の場合にのみ適していると言える。

3.3 ── 3エレメントの組み合わせ

3エレメントのうち，1種目か2種目は負荷を用いたエクササイズとなる。その場合，負荷を用いたエクササイズをどこに入れるかが問題となる。図176は負荷を用いたエクササイズが1種目の場合，図177は2種目の場合である。

この方法には，様々なバリエーションがあるが，持続時間がより重要となる。クオリティーを重視する場合と強度を重視する場合である。いずれにせよ，この組み合わせは，サッカーでの筋力発揮時間にかなり対応したものとなる。

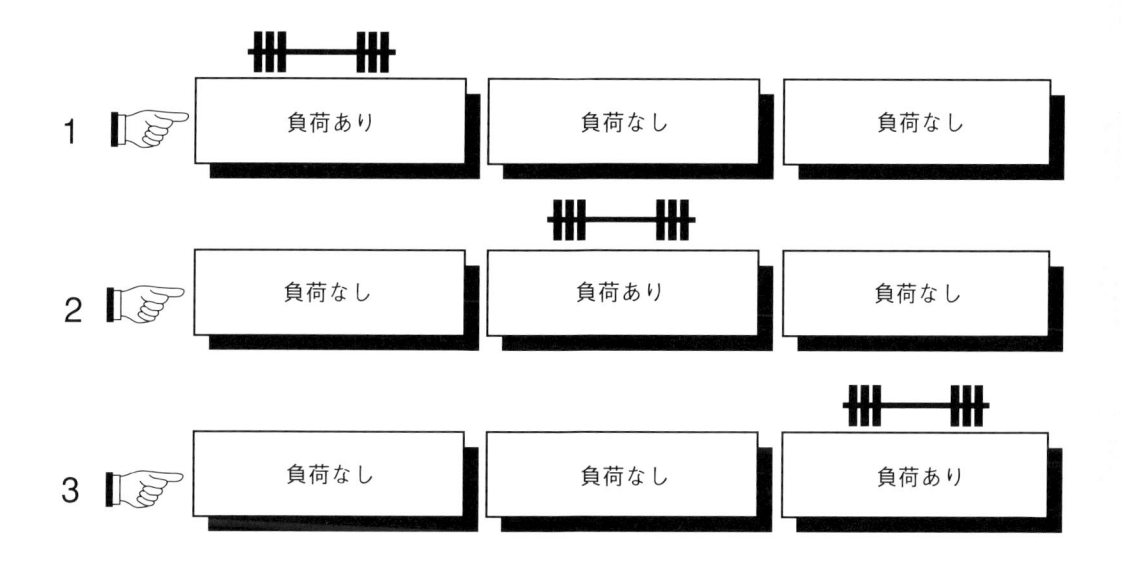

図176．負荷を用いたエクササイズが1種目の場合。

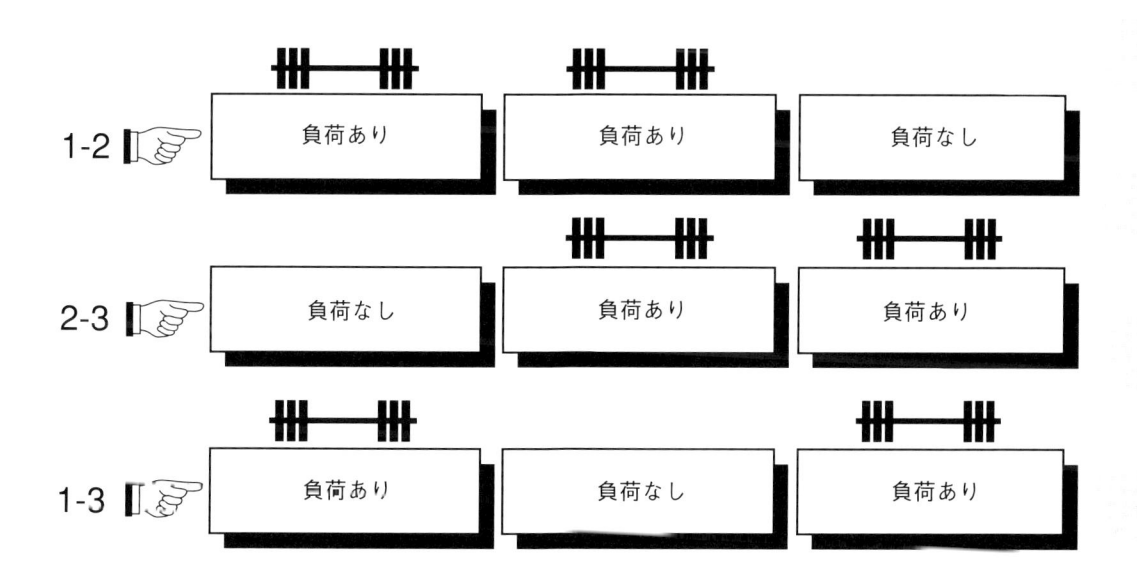

図177．負荷を用いたエクササイズが2種目の場合。

　いくつかの例を挙げる。負荷ありが1・3種目めに入る場合（図178）と1・2種目めに入る場合（図179）である。

第4章／サッカーにおける筋力トレーニングのプランニング

| 負荷あり | 負荷なし | 負荷あり |

コンセントリック

- 空気いす
- 負荷を使って空気いす
- 片脚アイソメトリック
- 負荷使って片脚アイソメトリック
- プレス
- ハックスクワット

プライオメトリック
- ベンチ
- ハードル
- ゴム

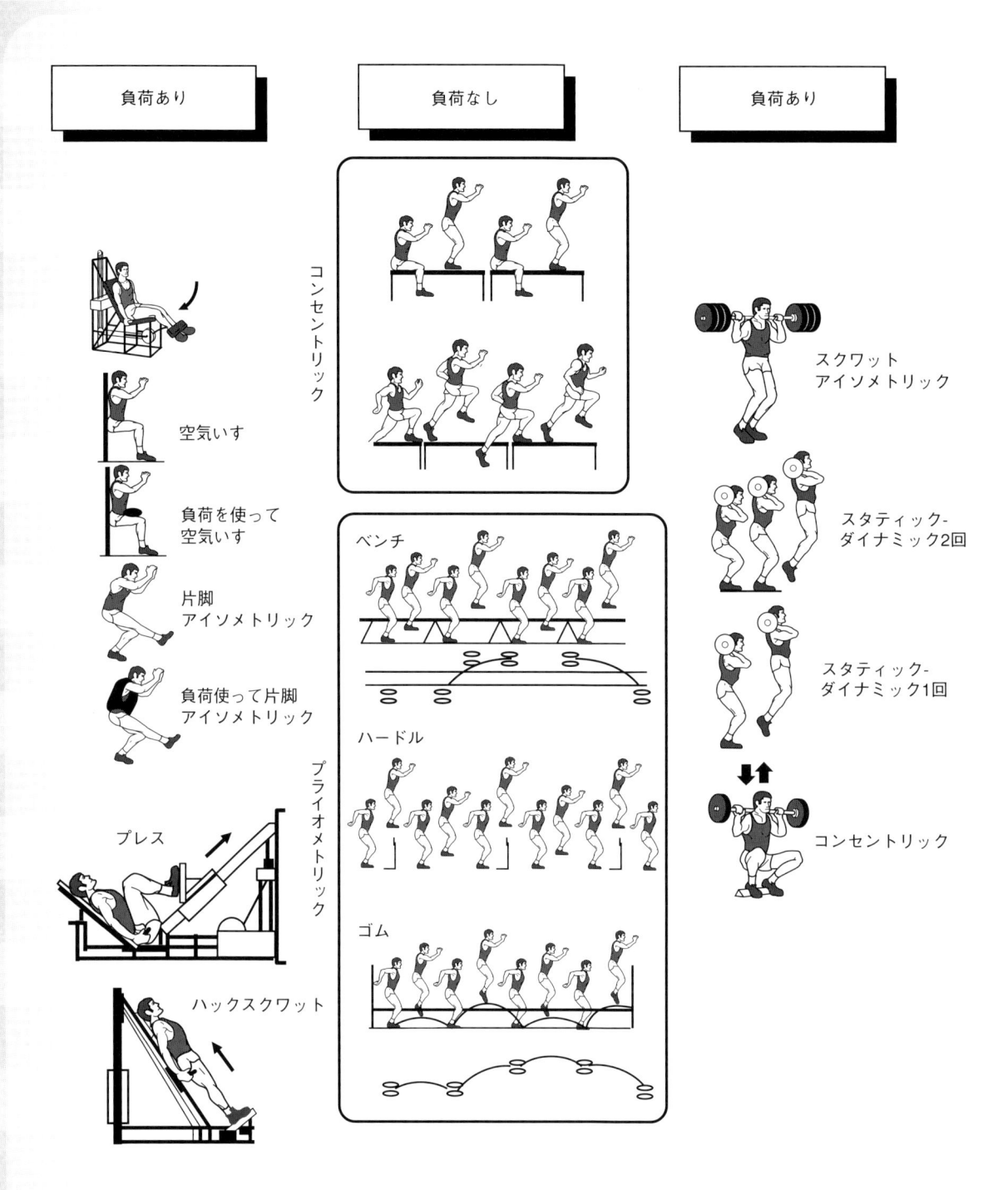

- スクワットアイソメトリック
- スタティック-ダイナミック2回
- スタティック-ダイナミック1回
- コンセントリック

図178. 負荷ありのエクササイズを1・3種目に入れた場合の3エレメントの組み合わせ例。

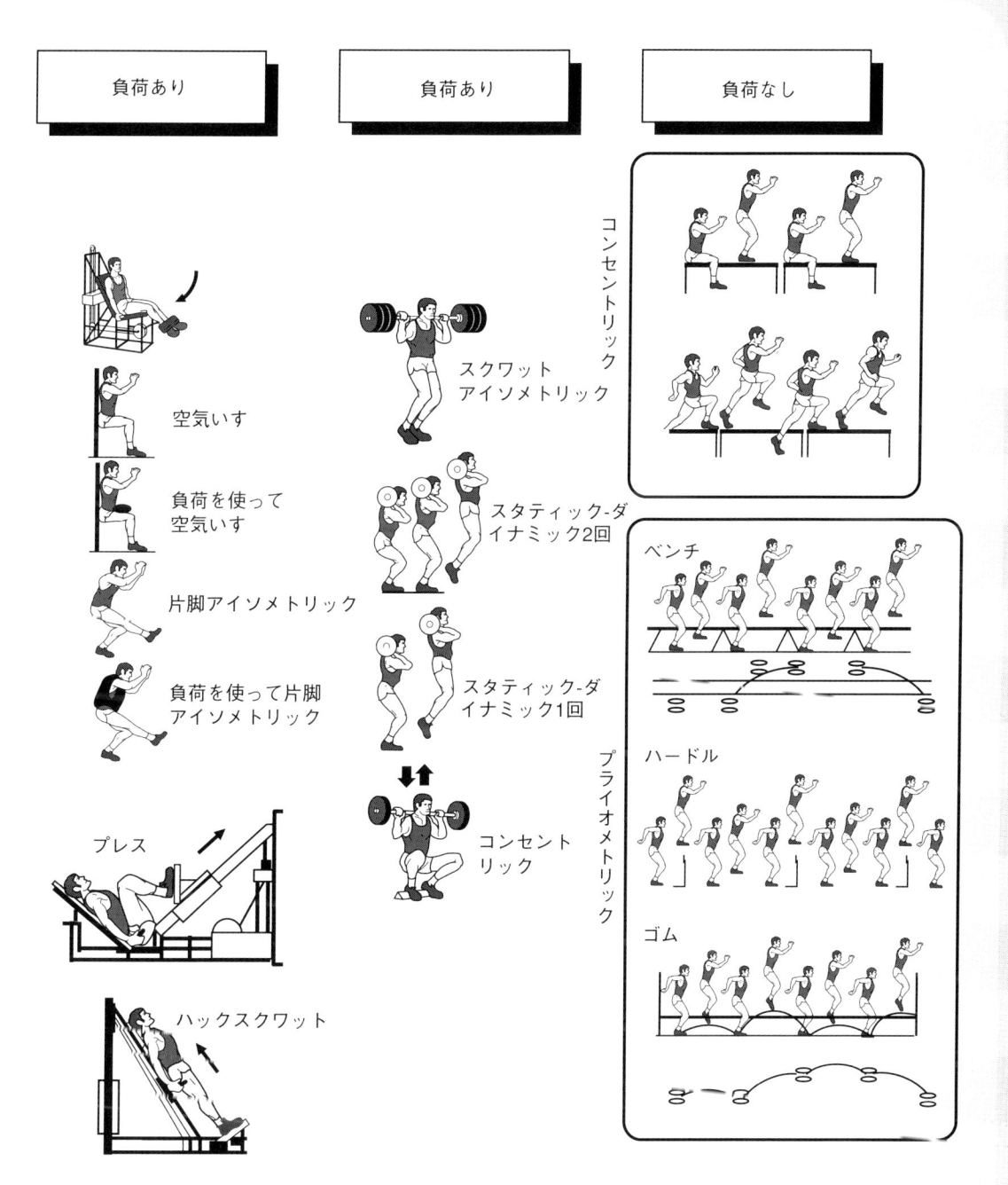

図179. 負荷ありのエクササイズを1・3種目に入れた場合の膝関節強化を
重点に置いたトレーニングの3エレメントの組み合わせ例。

　図179に示した例は最も興味深い。1種目のエクササイズは，負荷を用いた2種目のエクササイズのための前疲労の役割を果たし，3種目の動的な爆発的筋力発揮を要するエクササイズで，サッカーでの実際の要求に近い形で神経を刺激して締めくくる。

第4章／サッカーにおける筋力トレーニングのプランニング

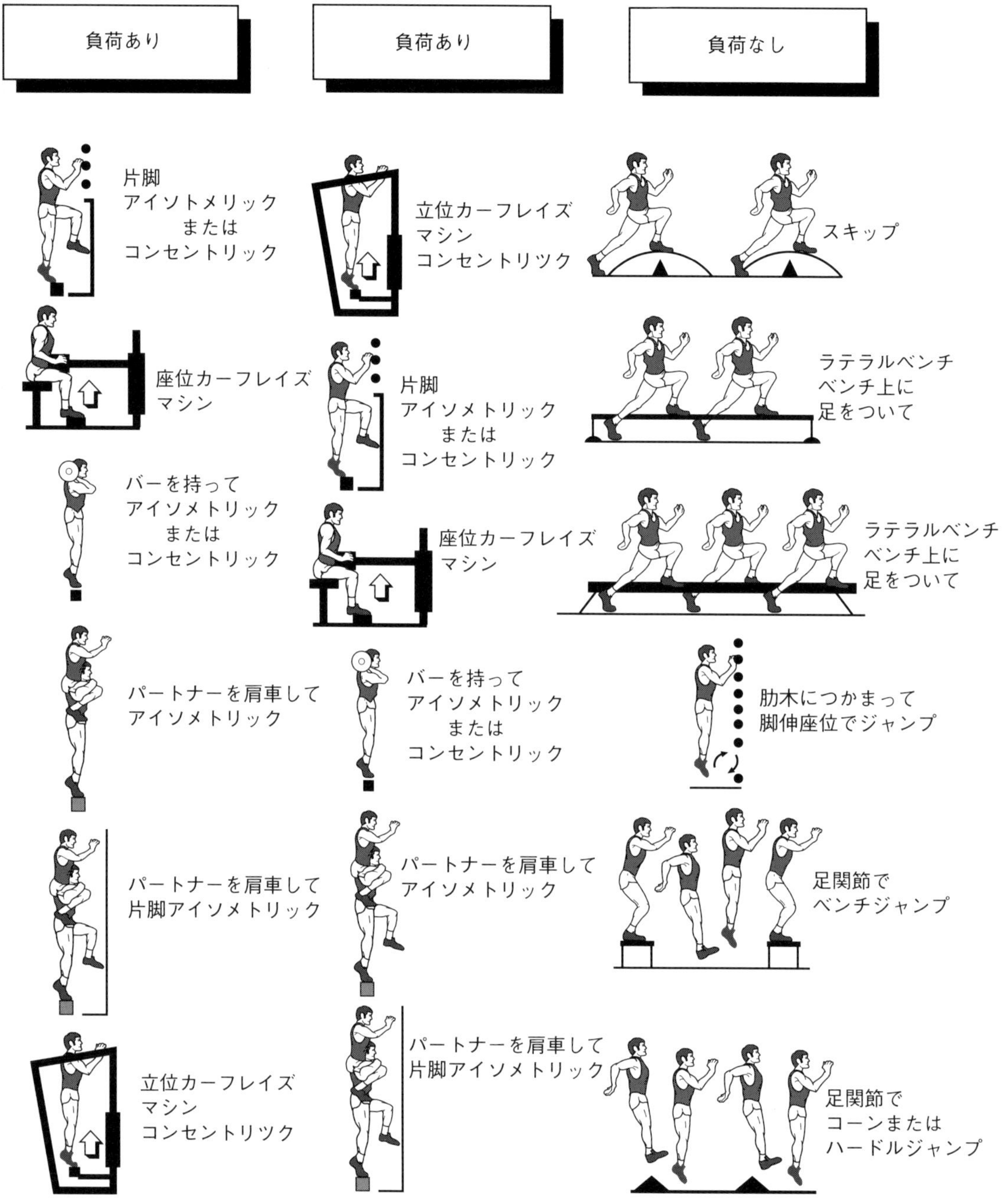

負荷あり	負荷あり	負荷なし
片脚 アイソメトリック または コンセントリック	立位カーフレイズ マシン コンセントリック	スキップ
座位カーフレイズ マシン	片脚 アイソメトリック または コンセントリック	ラテラルベンチ ベンチ上に 足をついて
バーを持って アイソメトリック または コンセントリック	座位カーフレイズ マシン	ラテラルベンチ ベンチ上に 足をついて
パートナーを肩車して アイソメトリック	バーを持って アイソメトリック または コンセントリック	肋木につかまって 脚伸座位でジャンプ
パートナーを肩車して 片脚アイソメトリック	パートナーを肩車して アイソメトリック	足関節で ベンチジャンプ
立位カーフレイズ マシン コンセントリック	パートナーを肩車して 片脚アイソメトリック	足関節で コーンまたは ハードルジャンプ

図180. 負荷ありのエクササイズを1・2種目めに入れた場合の下腿三頭筋強化を重点に置いたトレーニングの3エレメントの組み合わせ例。

下腿三頭筋に関しては，図180に例を挙げた。考え方はスクワットの場合と同様である。

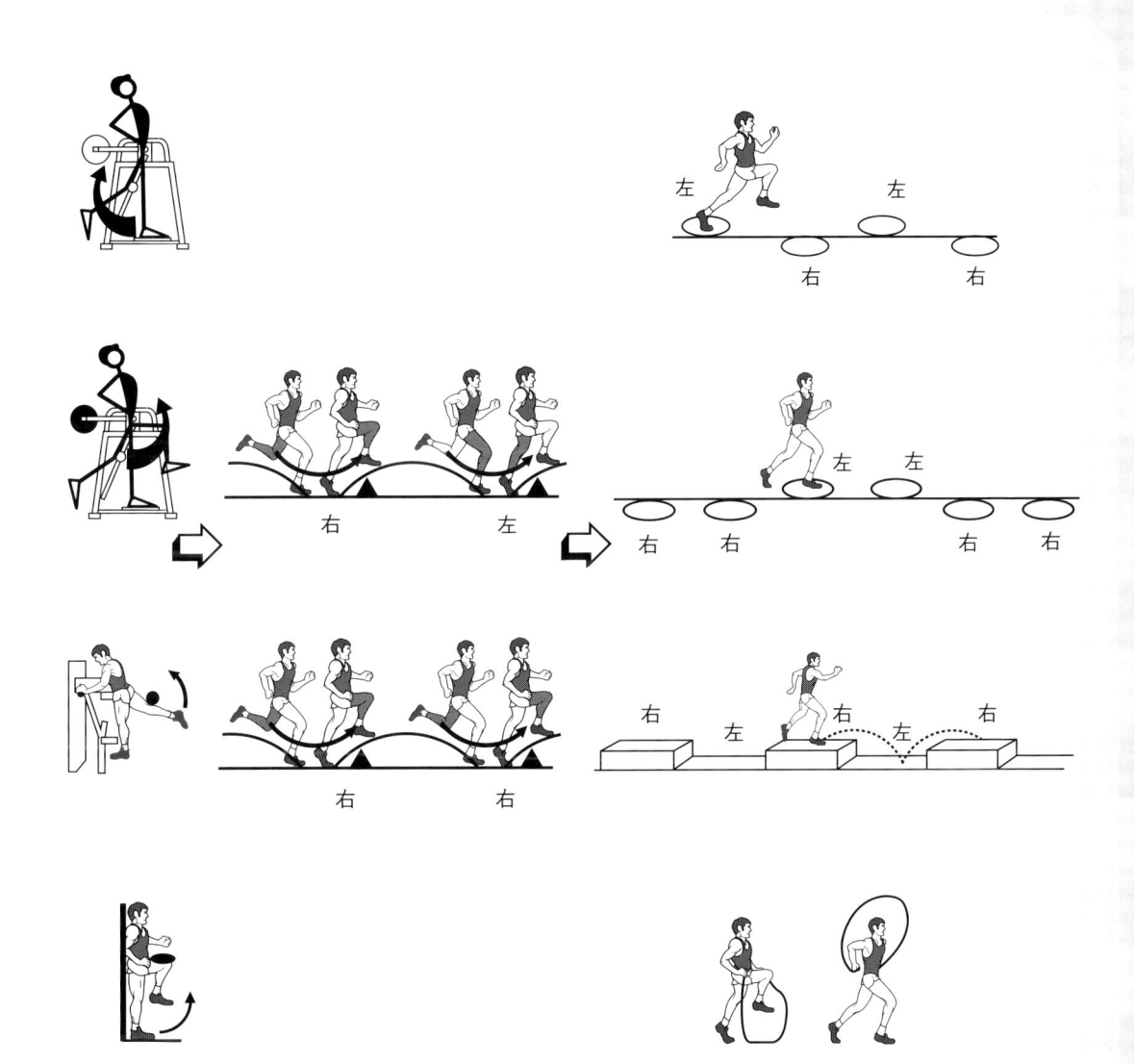

図181. 負荷ありのエクササイズを1種目に入れた場合のバランス強化を重点に置いた
トレーニングの3エレメントの組み合わせ例。

バランスに関して、いくつかの例を図181に挙げた。

3.4───4エレメントの組み合わせ

我々が検討するオプションの最後である。この場合は、バリエーション豊かでモチベーションを高めさせるようなコースを組みやすくなる。しかしながら、負荷の持続時間が問題となる。量的に多くなりすぎて爆発的筋力発揮に的が絞れなくなることのないように、各エクササイズの反復回数を少なくするようにする。サッカープレーヤーの短時間の筋力発揮を向上させるためには、必ずしも毎回4エレメントに固執する必要はなく、2エレメントを導入するようにする。図182は、最も有効と思われる3通りの組み合わせを示したものである。

第4章／サッカーにおける筋力トレーニングのプランニング　117

前疲労

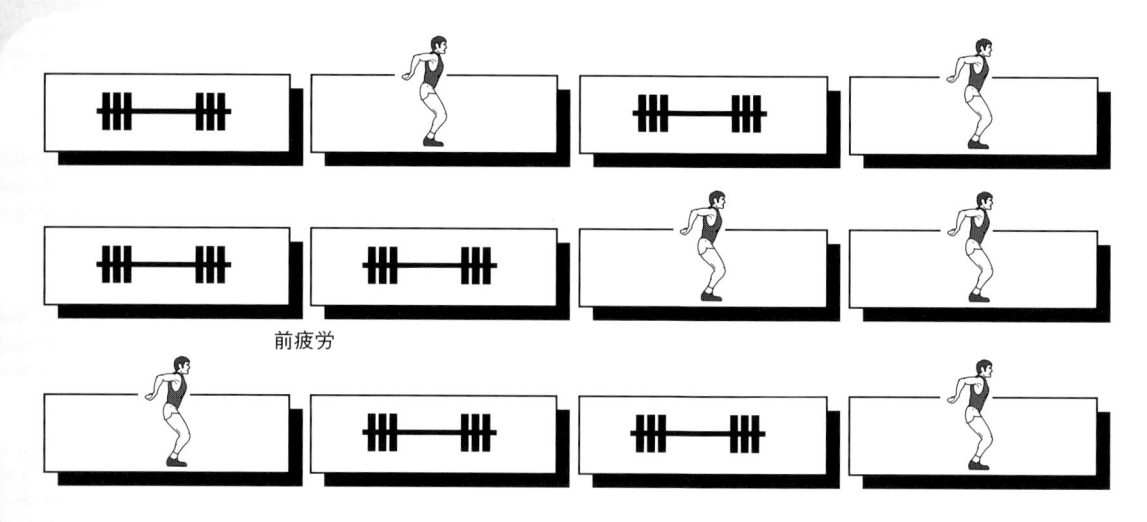

図182. 最も有効と思われる4エレメントの組み合わせ3例。

図183に，3種目のエクササイズの具体例を示した。

スクワット

下腿三頭筋

バランス　　　　　　　右　　　　左　　　　　　　　　　　　　　　右　　　右

図183. 4エレメントの組み合わせ3例。

次に，負荷を用いたエクササイズを1・3種目めに入れた場合の，膝関節（図184），下腿三頭筋（図185），バランス（図186）強化の具体例をそれぞれいくつか示す。

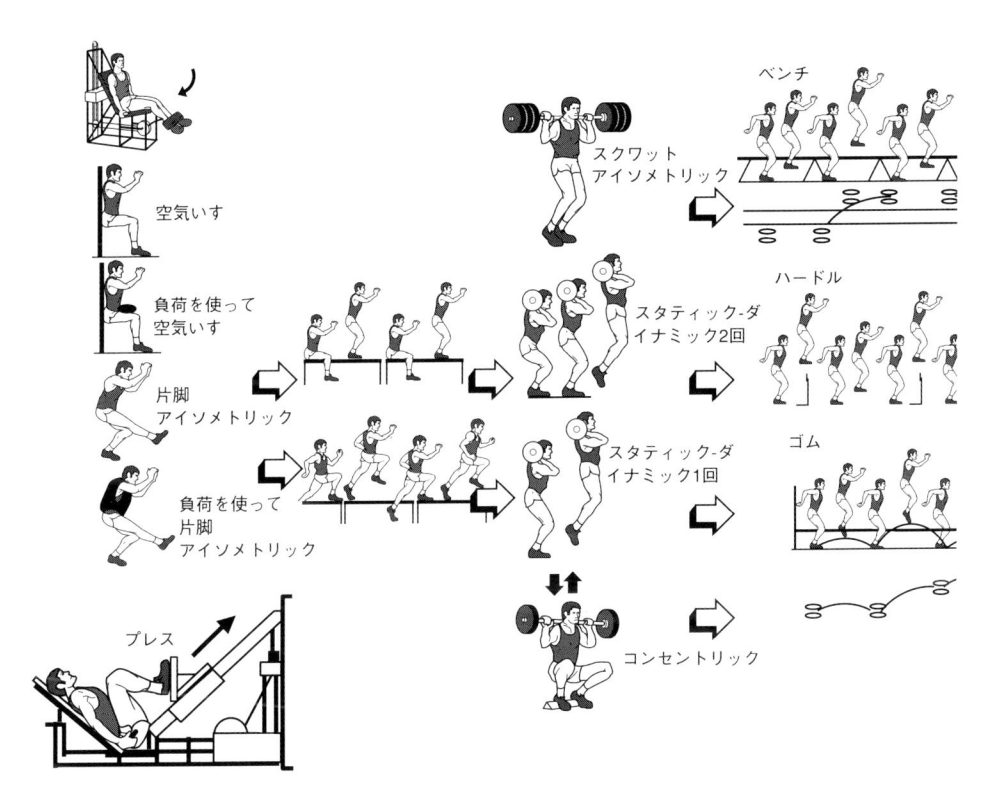

図184. 4エレメントの膝関節強化のトレーニング例。

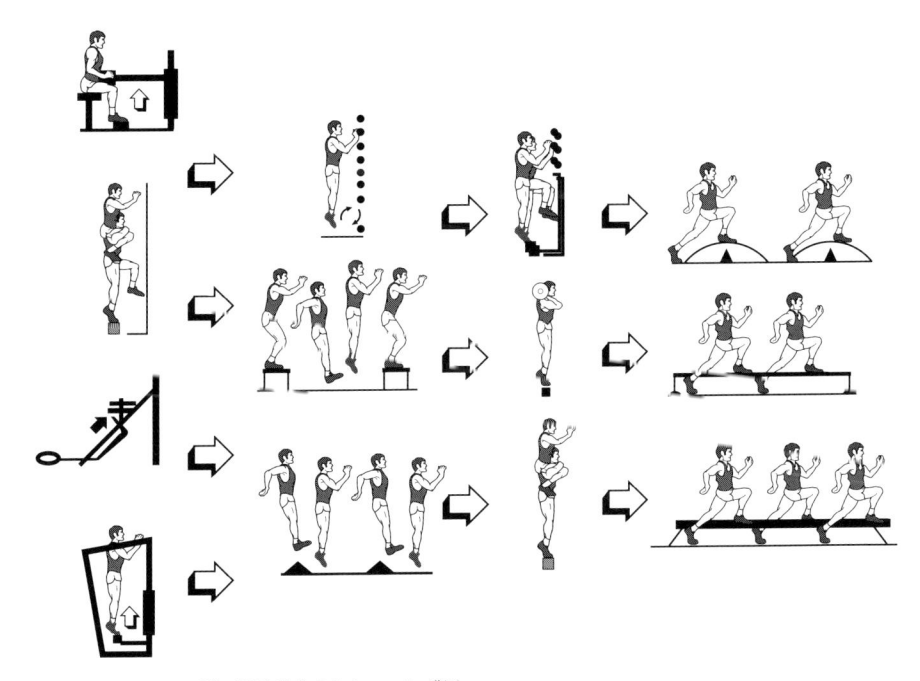

図185. 4エレメントの下腿三頭筋強化のトレーニング例。

第4章／サッカーにおける筋力トレーニングのプランニング

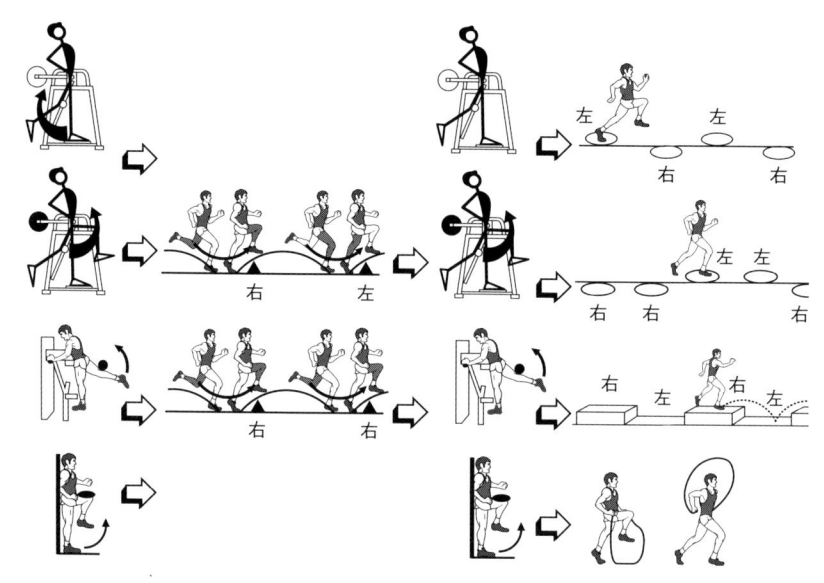

図186. 4エレメントのバランス強化のトレーニング例。

3.5 ── 年間計画の中での組み合わせの考え方

トレーニング計画においては，組み合わせの要素の数を減らして行くことを勧める。そして爆発的筋力発揮，重要な試合へのアプローチを決定づける内容へと重点を移していくようにする。

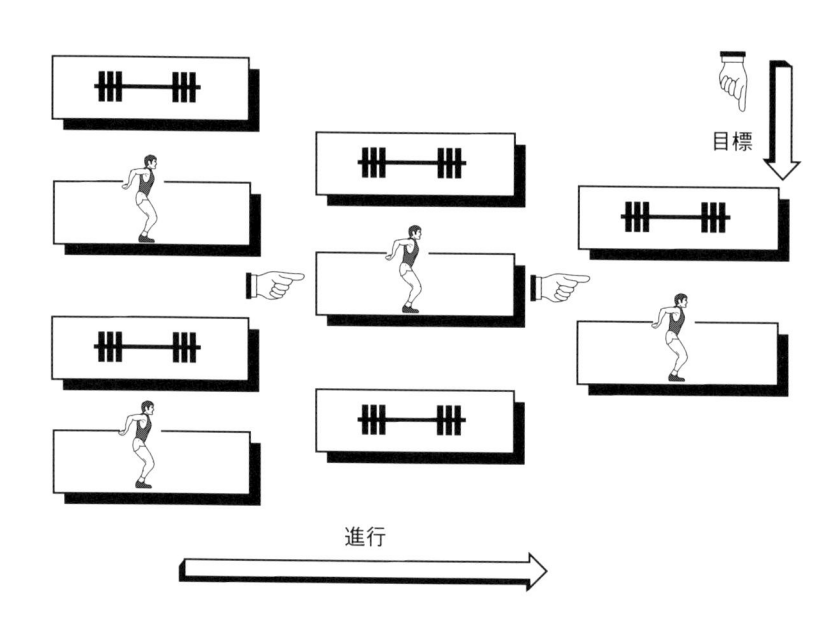

図187. 重要な目標へのアプローチとの関連での組み合わせの変更。

4. 「専門的筋力」のセッション

4.1 ── 専門的セッションの考え方

> この項では，サッカープレーヤーのために必要な筋力の向上という具体的な問題について考えていく。

図188．専門的筋力のセッションの目標。

そのためには，サッカーにおける筋力の2つの重要な要素について考えることが重要であろう。

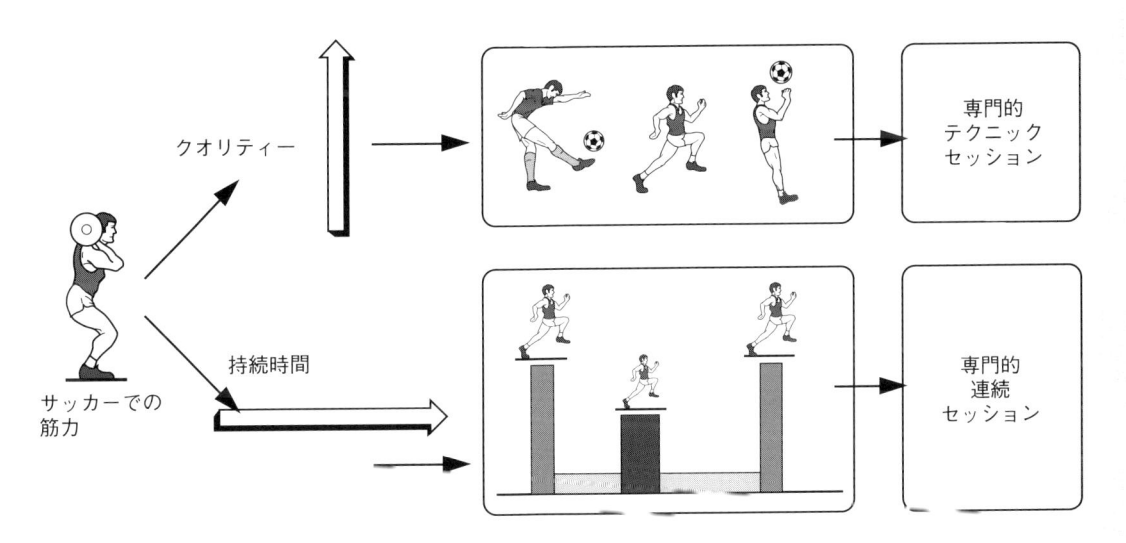

図189．サッカーの筋力を考えるうえで必要な2つの方向性。

- 筋力が向上すると，**サッカーのテクニック的な動作**（スタート，ダッシュ，キック，ヘディング等）の効率の改善に役立つ。

- しかし，サッカーの試合は，無数のアクションの反復によって構成されている。そのため，筋力を繰り返し発揮する能力を高めること，そして**持続時間**を考慮に入れることが重要である（図189）。

第4章／サッカーにおける筋力トレーニングのプランニング

したがって，我々は，専門的セッションを2つのタイプに分けて考える。
- 専門的「テクニック」のセッション
- 専門的「連続」のセッション

4.2 ── 専門的「テクニック」のセッション

構成は，最大筋力向上のためのセッションと同様である。異なる点は，サッカーのテクニックのエクササイズが入ることである（スプリント，シュート，ヘディング）。

これらのセッションの目的は，獲得した筋力を，爆発的筋力発揮を必要とするサッカープレーヤーの主要な動作に確実に移すことである（例：図190）。

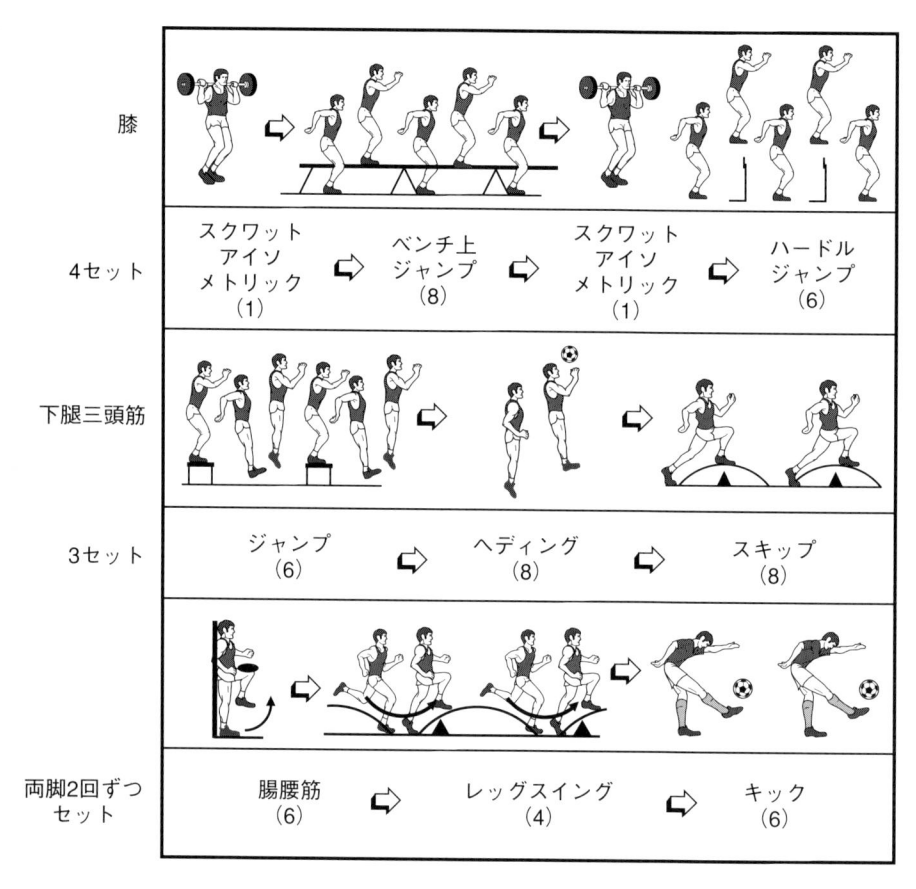

図190．専門的「テクニック」のためのセッション例．

我々は，この構成を，最大筋力のセッションと同様に考えている。主要な3種目のエクササイズは同様である。

- スクワット
- 下腿三頭筋
- バランス

両方の方向性に，3グループのエクササイズがある。
- 負荷を使った筋力強化のエクササイズ（例：スクワット）。
- 動的エクササイズ「マルチフォーム」（例：ジャンプ）。
- エクササイズ「サッカーのテクニック」。

専門的テクニック強化のためのセッション

負荷を使った　　動的エクササイズ　　テクニック
エクササイズ　　　　　　　　　　　　エクササイズ

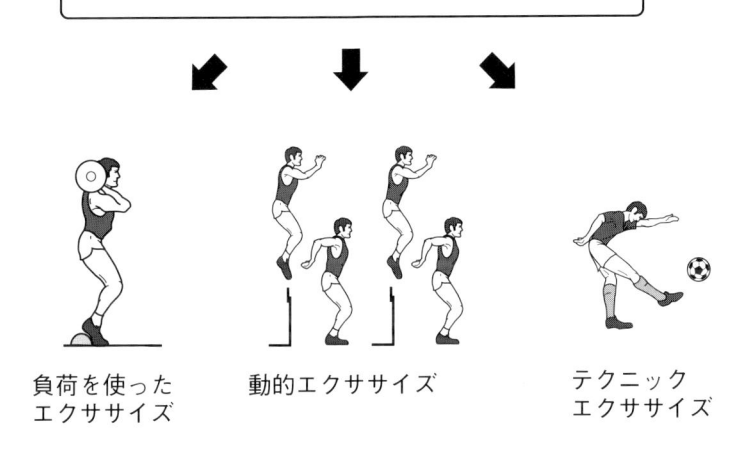

図191．専門的「テクニック」強化のセッションの3つの構成要素。

初心者あるいはユースの場合は，負荷を使ったエクササイズを省いて，他の2つのグループだけでセッションを構成してもよい。

初心者のためのセッション

図192．初心者のためのセッションの場合。

図193から195は，様々な動きのためのセッションの構成例である。
- スクワット（図193）
- 下腿三頭筋（図194）
- バランス（図195）

第4章／サッカーにおける筋力トレーニングのプランニング　123

| 負荷を使ったエクササイズ | 動的エクササイズ | テクニック |

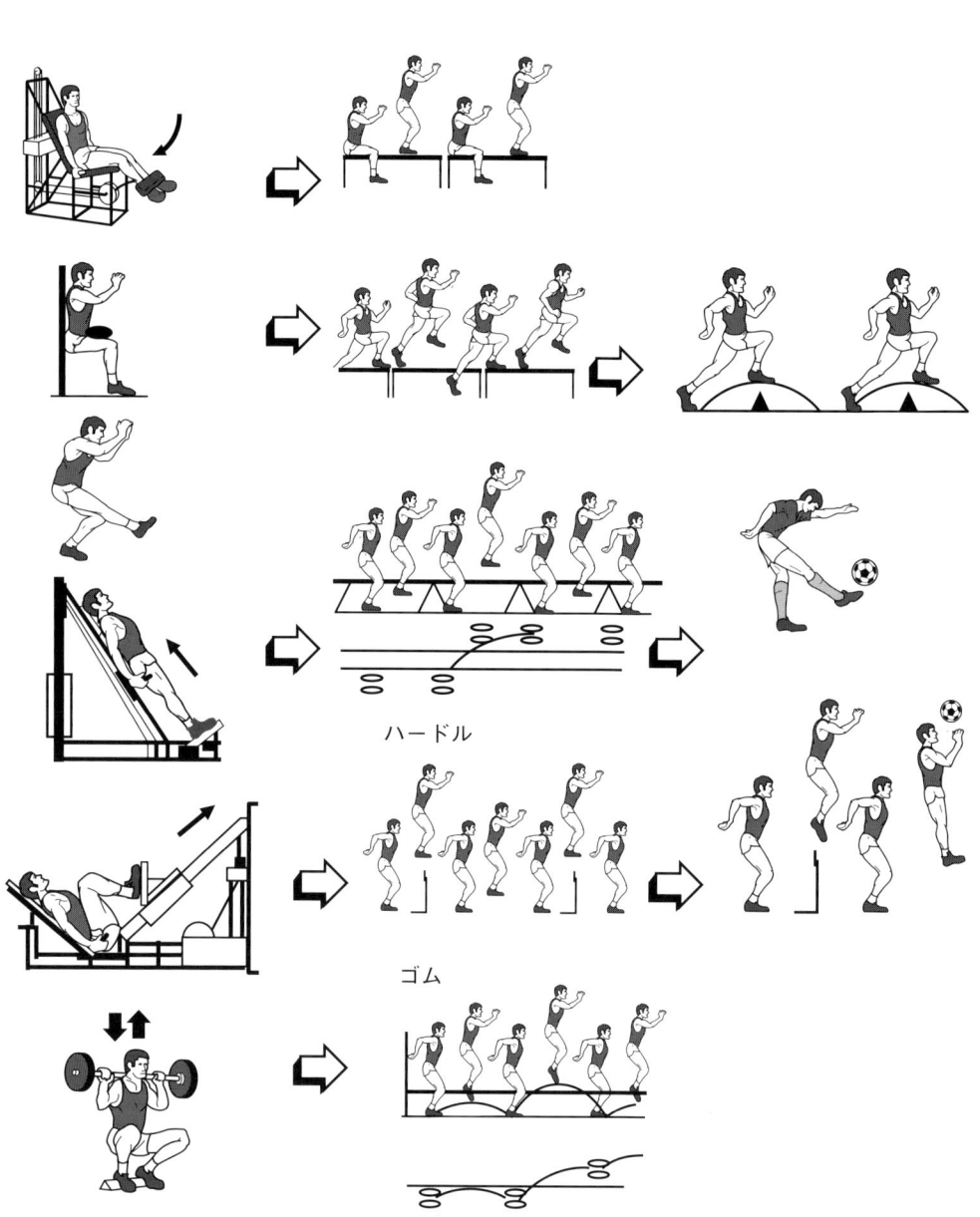

ハードル

ゴム

図193. 専門的テクニック強化のためのセッションの3エレメントでの組み立て（膝関節強化に重点を置いたエクササイズ）。

| 負荷を使ったエクササイズ | 動的エクササイズ | テクニック |

図194. 専門的テクニック強化のためのセッションの3エレメントでの組み立て（足関節強化に重点を置いたエクササイズ）。

負荷を使った
エクササイズ

動的
エクササイズ

テクニック

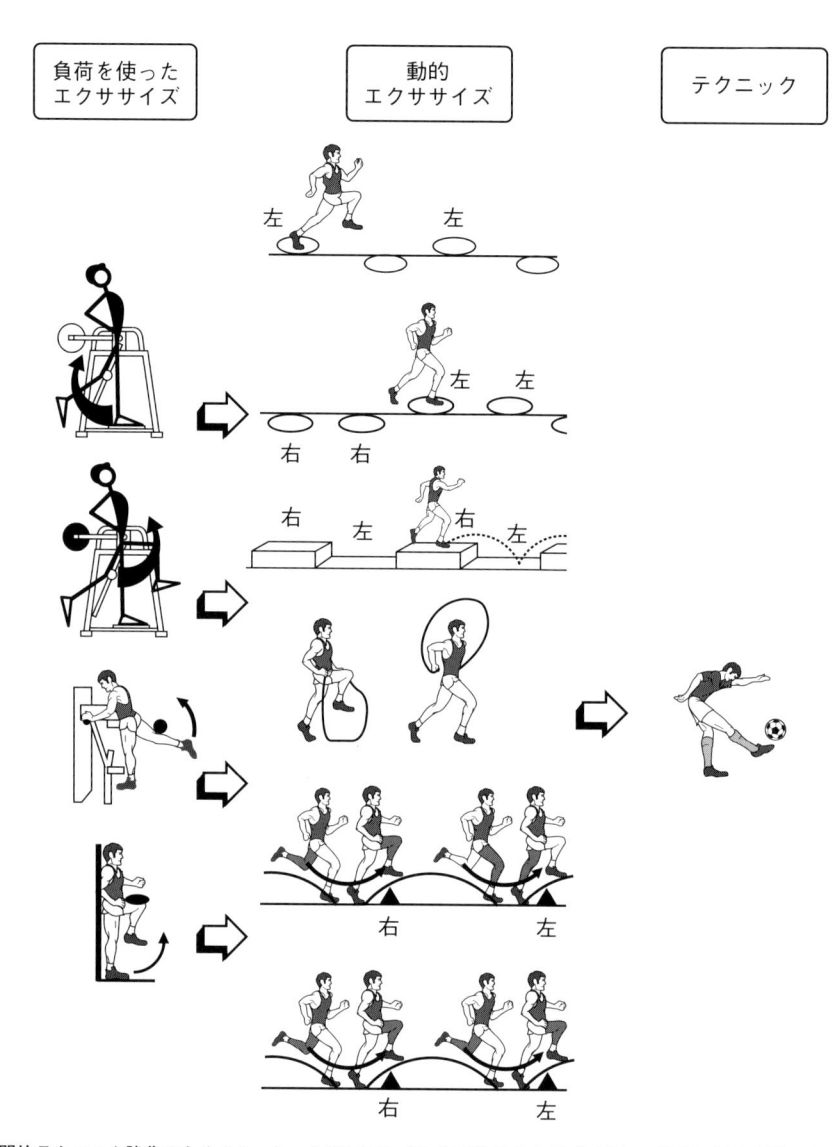

図195. 専門的テクニック強化のためのセッションの3エレメントでの組み立て（バランス強化に重点を置いたエクササイズ）。

4.3 ── 専門的テクニック強化の
セッションのバリエーション

　一般的に，トレーニングには4つ目の要素を付け加える。我々は2つの選択肢を考えている。初心者あるいはユース・プレーヤーのためのセッション，そしてもう一つは，筋力がすでにある程度向上しているシニアのプレーヤーのための負荷を用いたセッションである。

① 初心者のための4エレメントでのセッション

　この場合は，負荷を用いたエクササイズは避け，基本的に動的エクササイズ，負荷を使わないエクササイズおよびテクニック・エクササイズで構成する。図197から199は，主要な3つのベース（膝関節，足関節，バランス）強化のためのトレーニング例を示している。

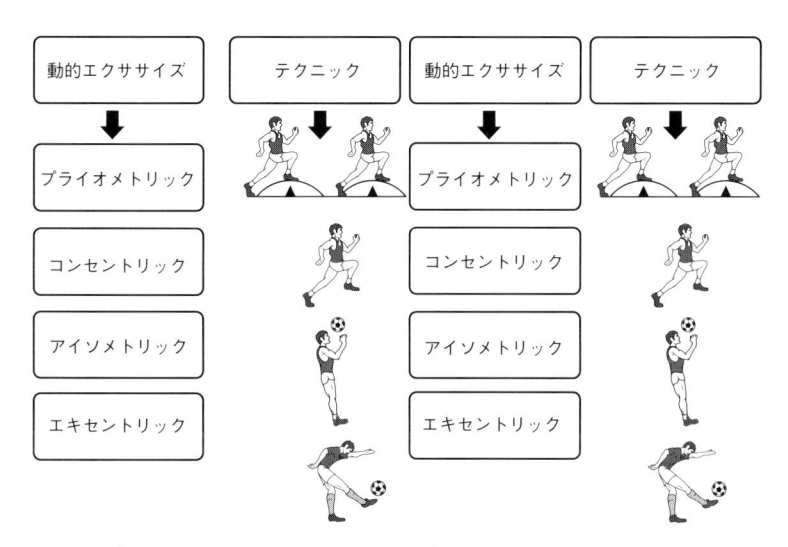

図196. 初心者のための専門的テクニック強化のセッションの構成の原則。

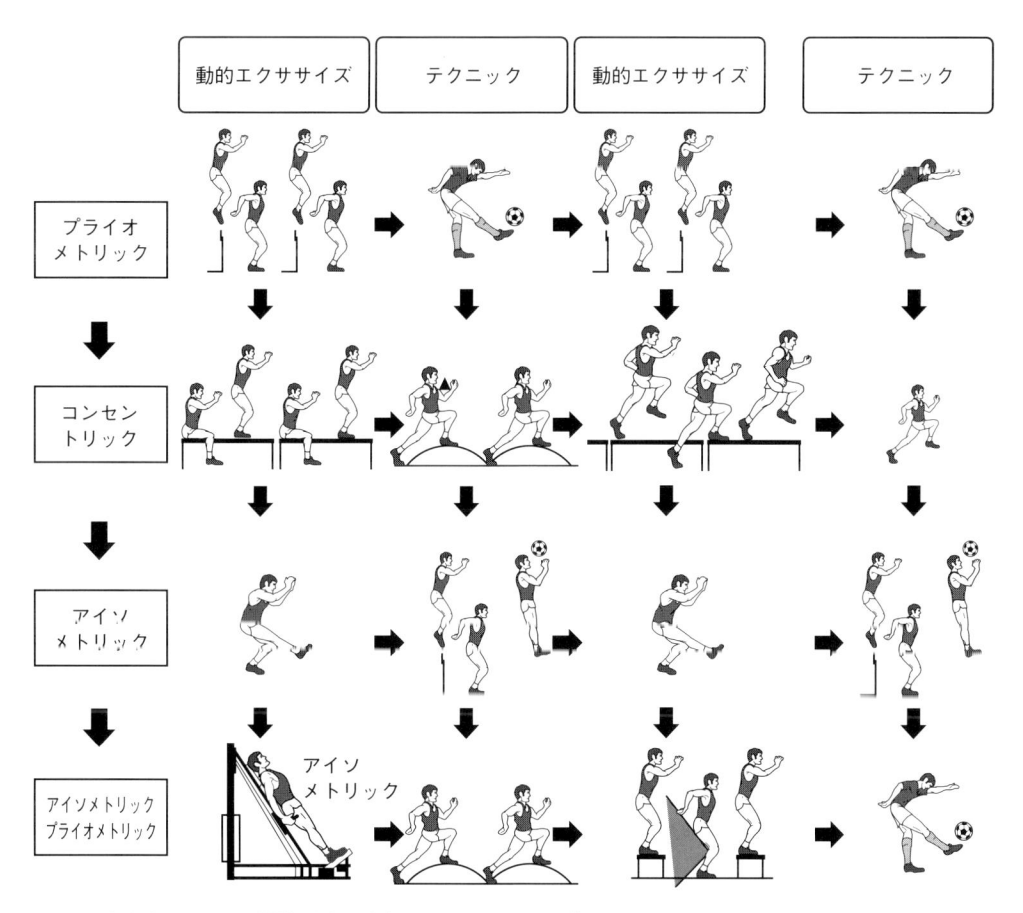

図197. 初心者のための，膝関節強化に重点をおいたトレーニング例。

第4章／サッカーにおける筋力トレーニングのプランニング

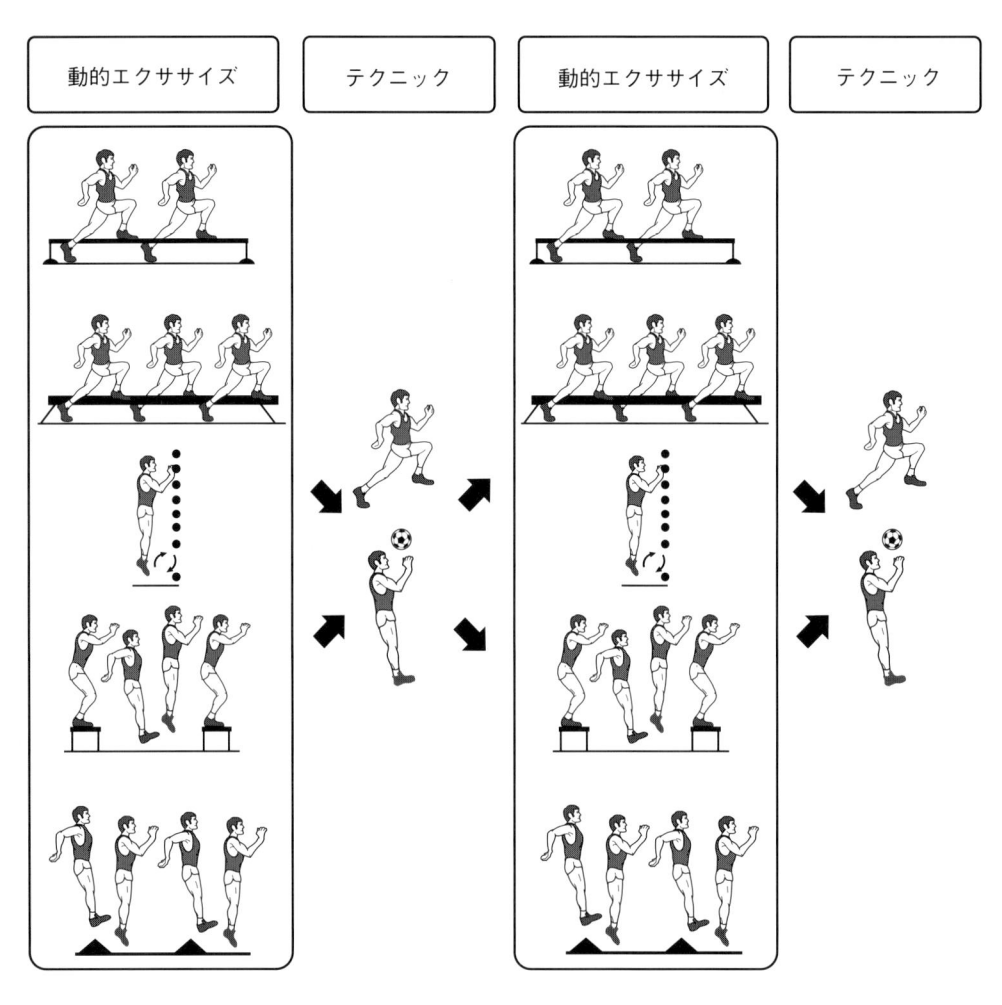

図198．初心者のための，足関節強化に重点をおいたトレーニング例。

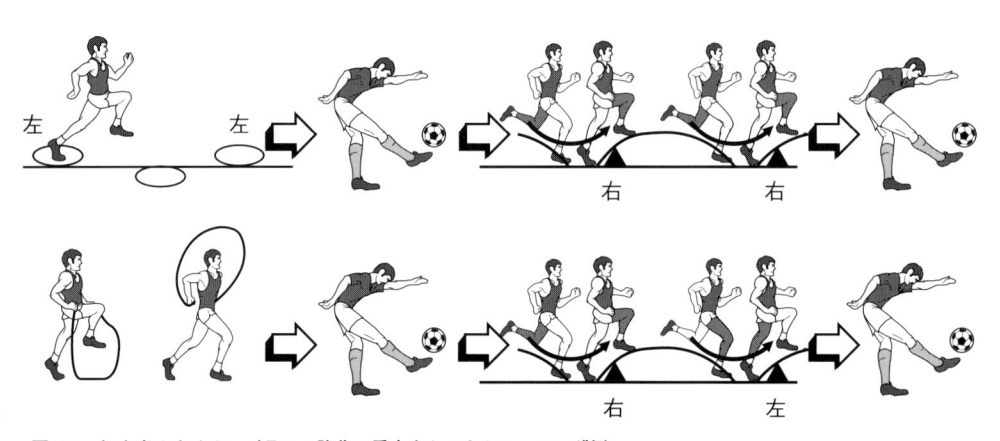

図199．初心者のための，バランス強化に重点をおいたトレーニング例。

② 筋力が十分に向上しているシニア・プレーヤーのための4エレメントでのセッション

　筋力向上という意味から言うと，負荷を使ったエクササイズは必要である。様々な構成例を図200に示した。

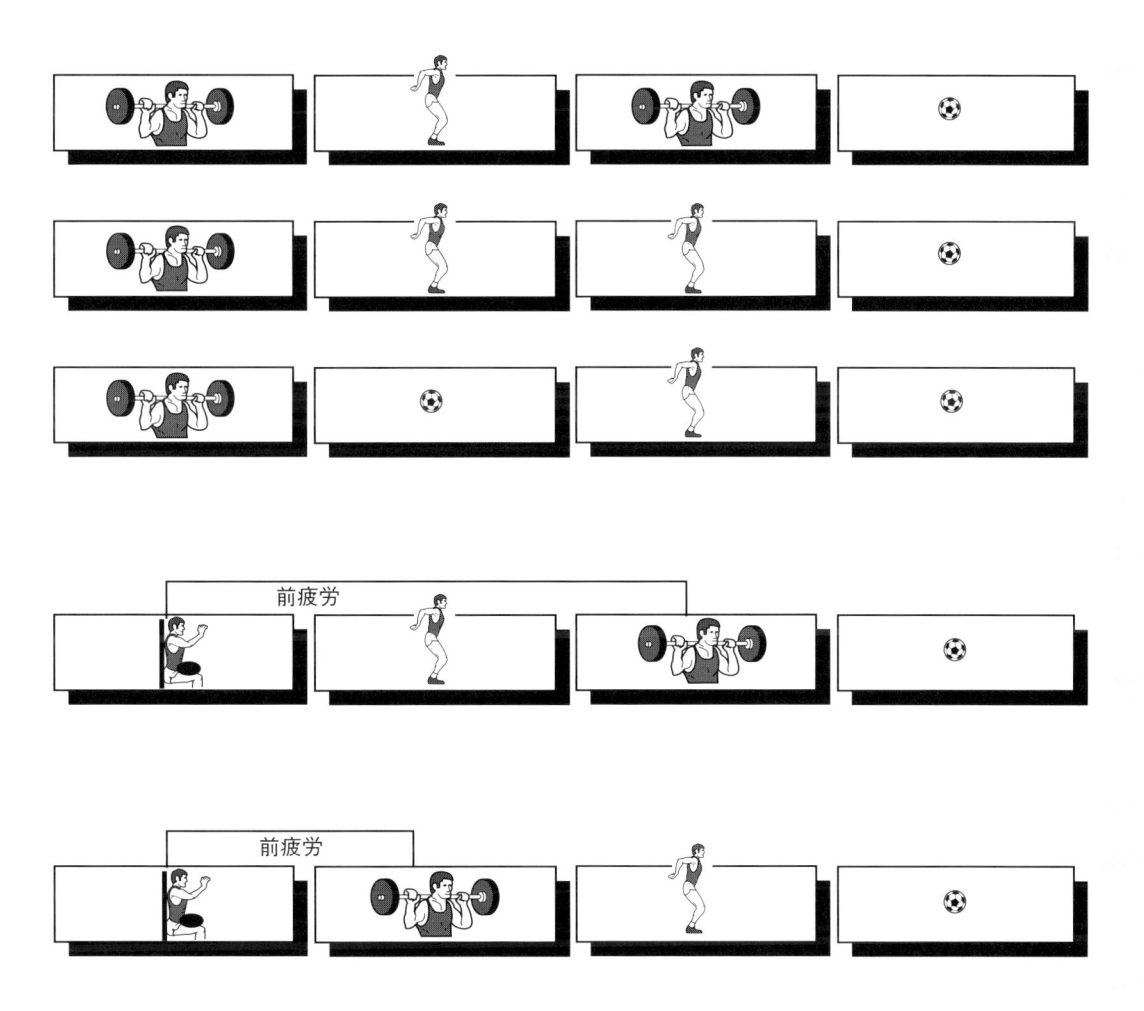

図200．筋力の向上したプレーヤーのためのセッションの構成。

　図201から203は，主要な３つのベース（膝関節，足関節，バランス）強化のためのトレーニング例を示したものである。

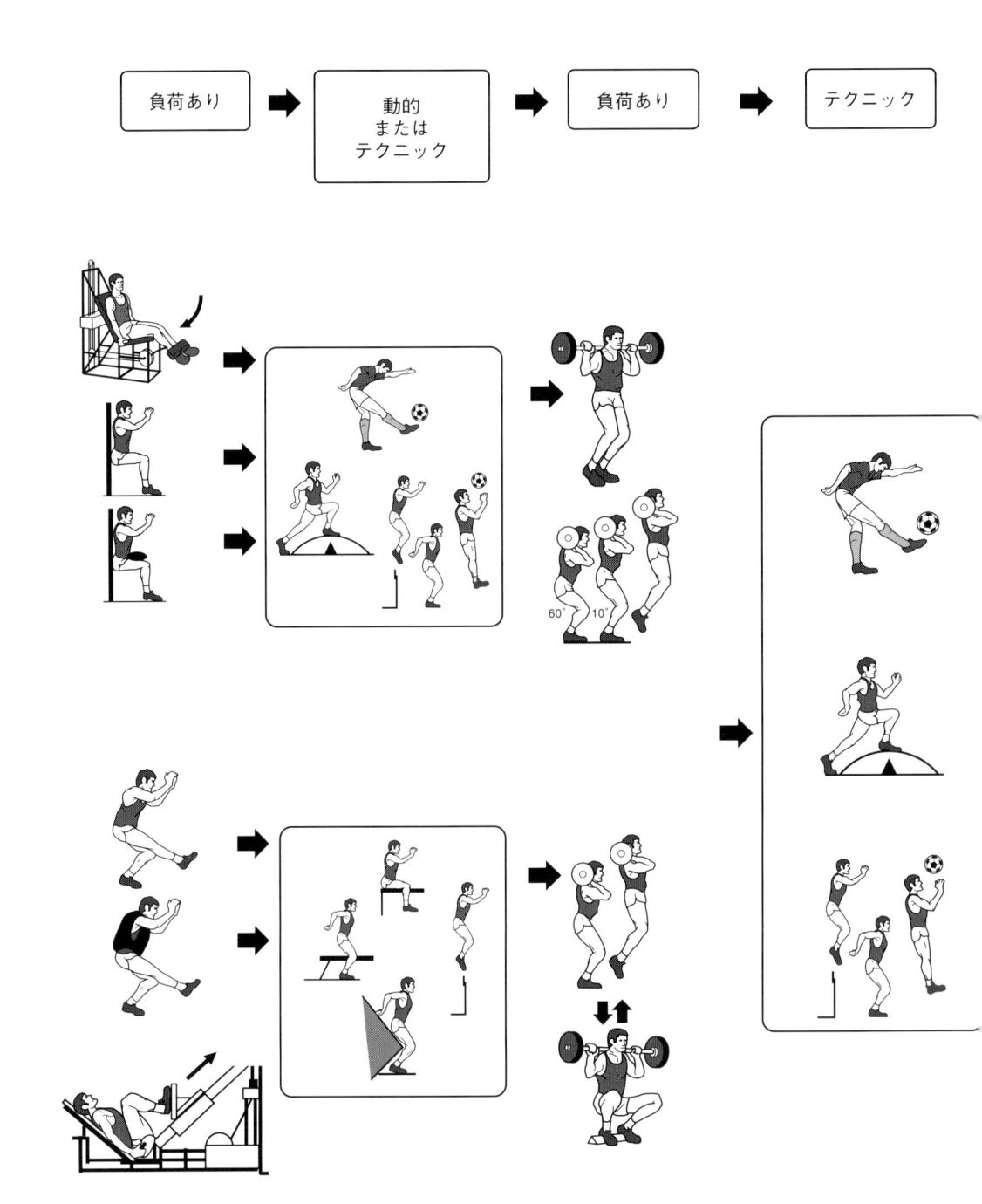

負荷あり → 動的またはテクニック → 負荷あり → テクニック

図201．膝関節強化に重点をおいた4エレメントでのセッション。

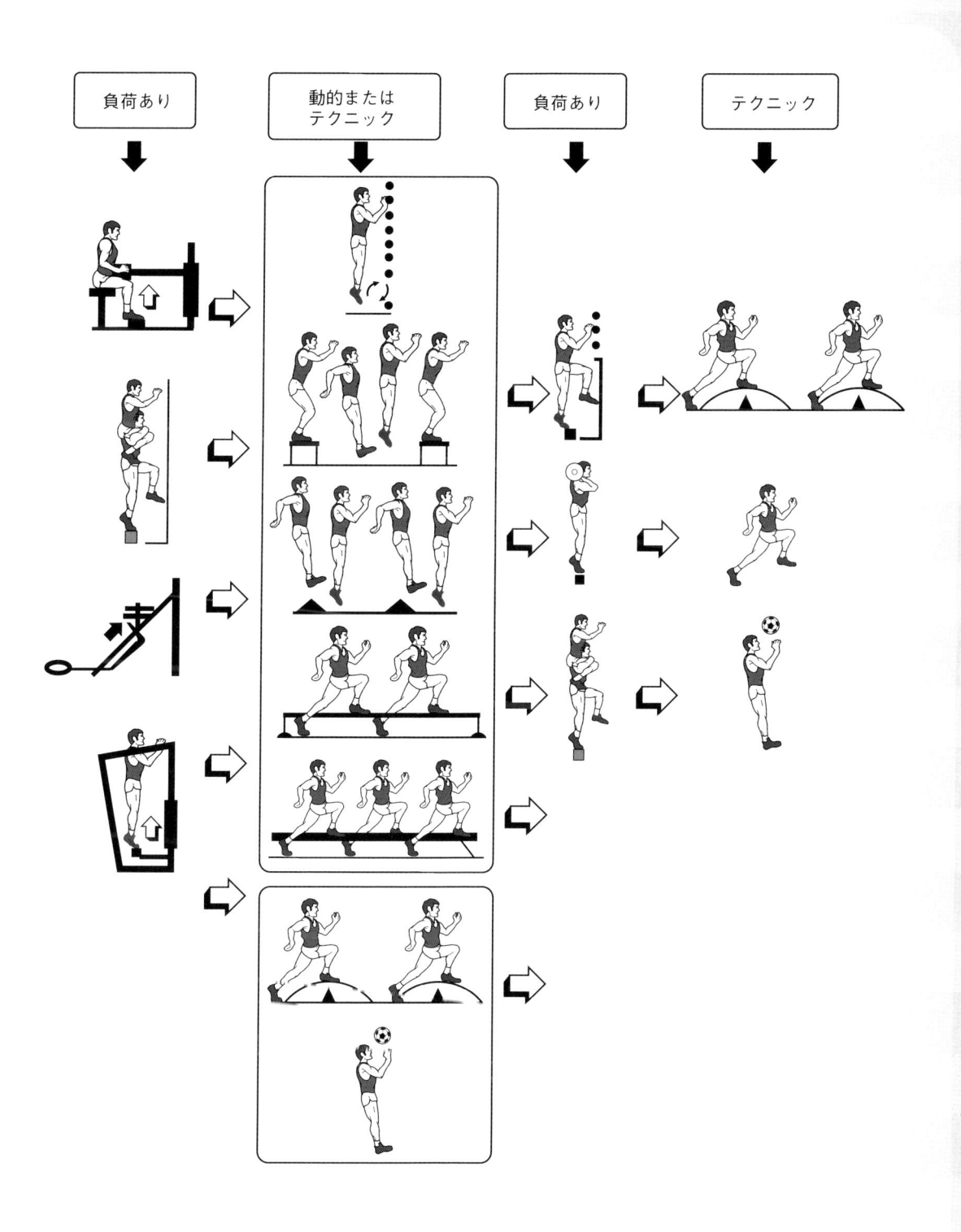

図202. 足関節強化に重点をおいた4エレメントでのセッション。

第4章／サッカーにおける筋力トレーニングのプランニング

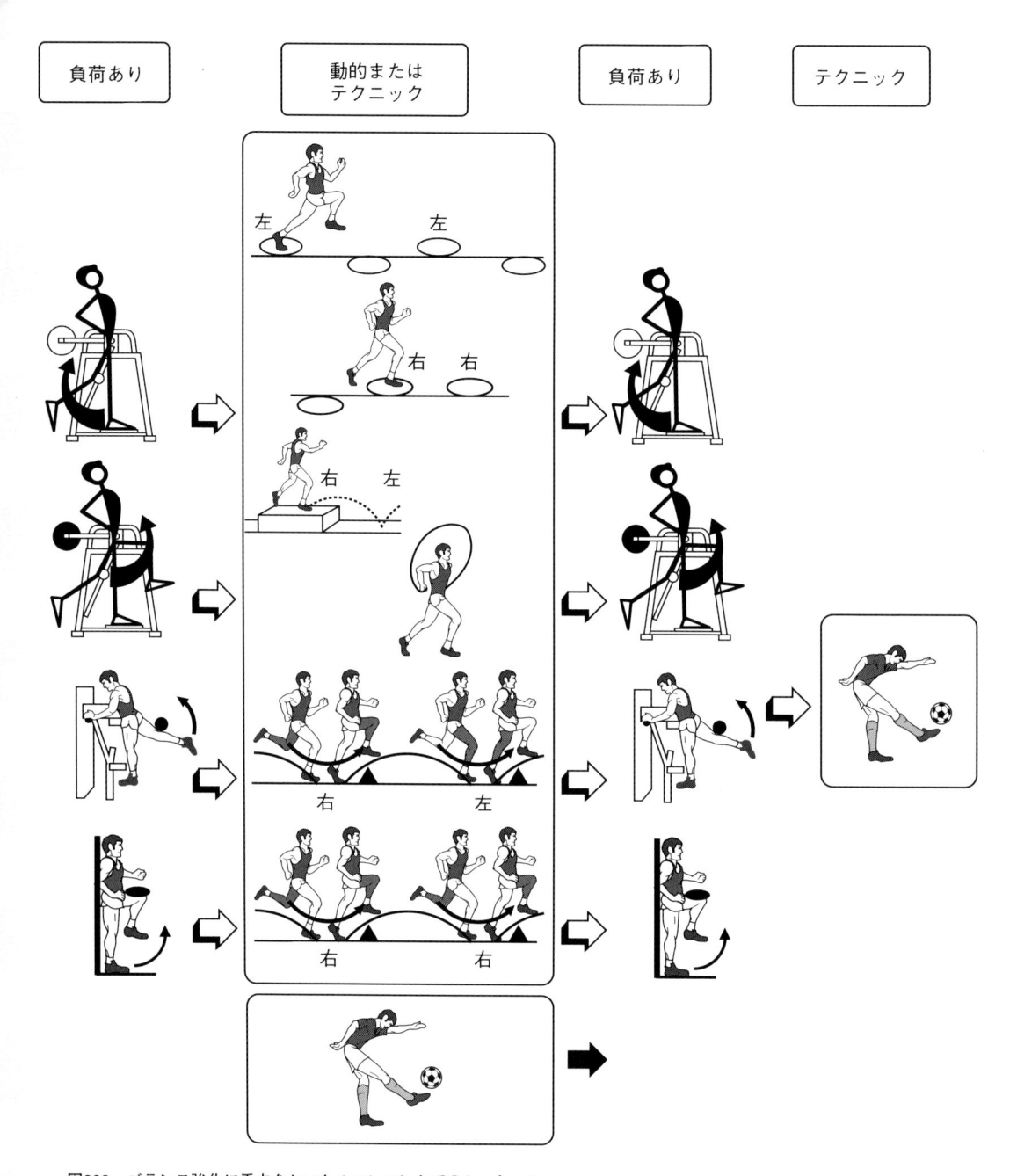

負荷あり　　　動的または　　　負荷あり　　　テクニック
　　　　　　　テクニック

図203．バランス強化に重点をおいた４エレメントでのセッション。

専門的テクニック強化のためのセッションのまとめ：

これらのセッションにはバリエーションが豊富にある。これらのセッションによって，向上した筋力を，テクニック動作の中に確実に反映させていくようにする。

4.4 ── 専門的テクニック連続セッション

> ここでは，サッカーでの負荷の持続時間を考慮に入れる。サッカープレーヤーは筋力を爆発的に発揮しなくてはならないが，その一方で，一連の負荷の連続を無数に繰り返さなくてはならない。

図204．試合におけるプレーヤーのアクションの連続の例。

我々は，筋力強化の連続性を構成するために，「コントラスト」を用いる。

図205は，セッション構成の考え方を示したものである。

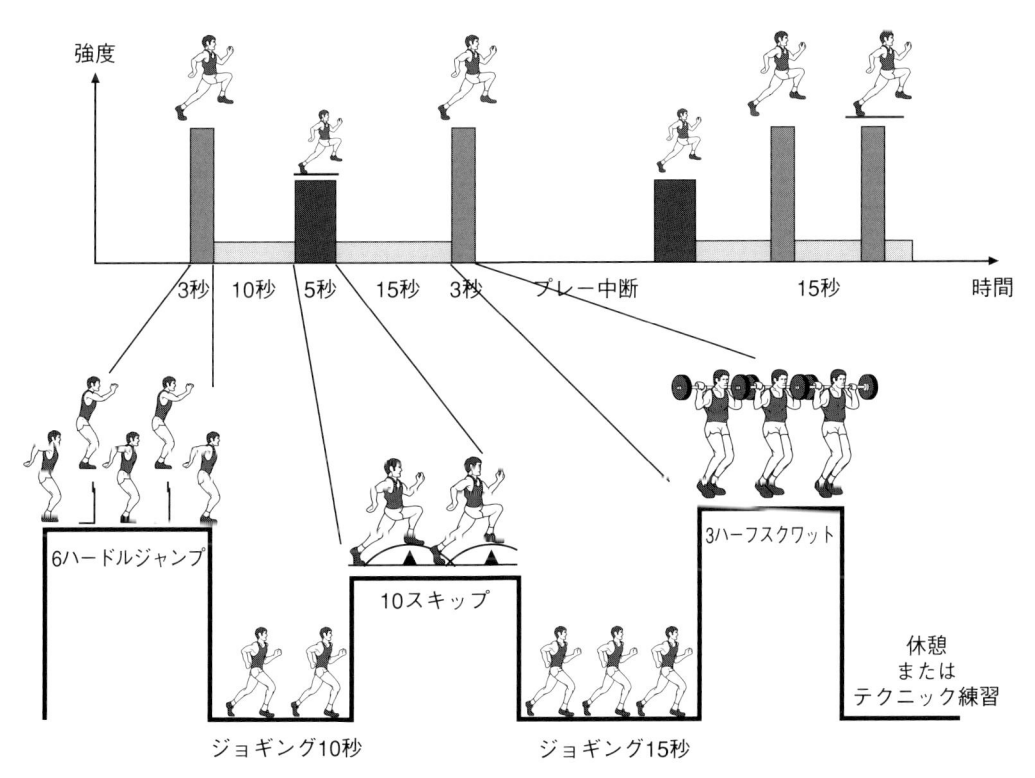

図205．専門的筋力「連続」のセッションの構成モデル。

第4章／サッカーにおける筋力トレーニングのプランニング

我々は，このタイプの連続を3〜4回，間に1〜3分間の完全休憩をはさんで繰り返し，次に7〜10分間の休憩を入れて，再び3〜6回の反復を開始する方法を提案する（図206）。

　セッションは，各シリーズ毎に異なる。これらの連続は，各プレーヤーのアクションの特徴から割り出して構成すべきである。このようなデータがない場合，調べることが重要である。各プレーヤーの特徴的な連続を知り，そのプレーヤーが最も頻繁に繰り返す連続の型を導き出すことが重要である。

> これらのセッションは，個別に考えることが重要である。

　それでも，各ポジション毎に，典型的な連続のセッションを考えることはできる。
- アタッカー
- ミッドフィールダー
- ディフェンダー
- ゴールキーパー

アタッカー

　アタッカーのためのセッションの特徴は以下の通りである（図206-208）。
- 短く強度の高い負荷（3〜5秒間）
- 回復重視
- セット毎の反復回数は少なめ（3回）
- セット間の回復重視

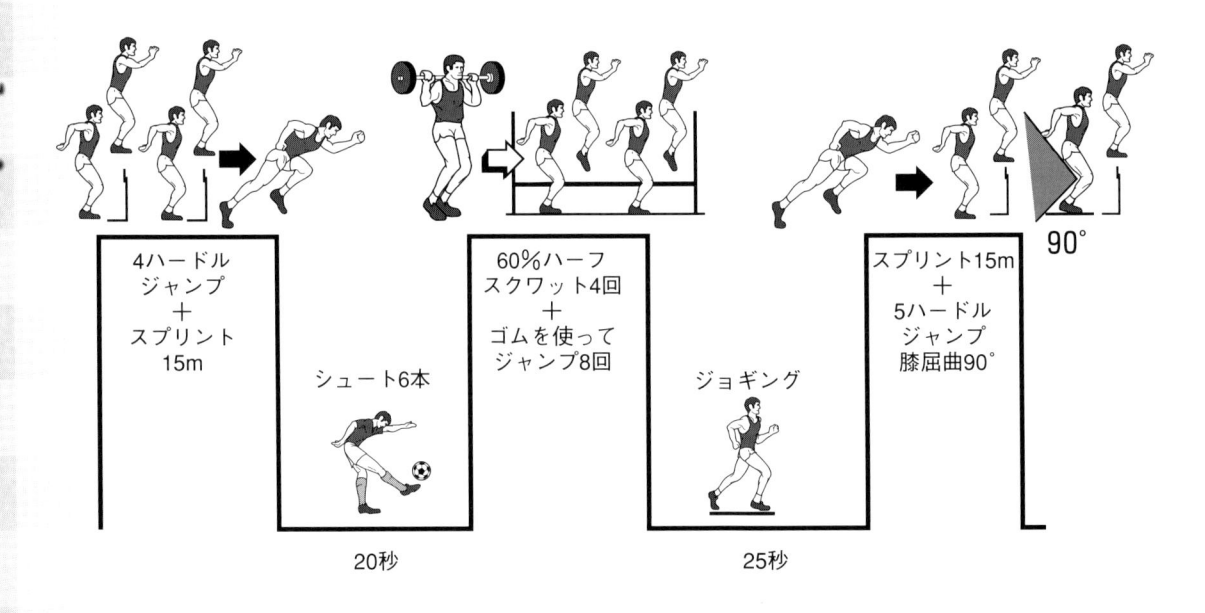

4ハードルジャンプ＋スプリント15m	シュート6本	60%ハーフスクワット4回＋ゴムを使ってジャンプ8回	ジョギング	スプリント15m＋5ハードルジャンプ膝屈曲90°
	20秒		25秒	90°

図206．アタッカーのための連続セッションのトレーニング・ユニット。

①

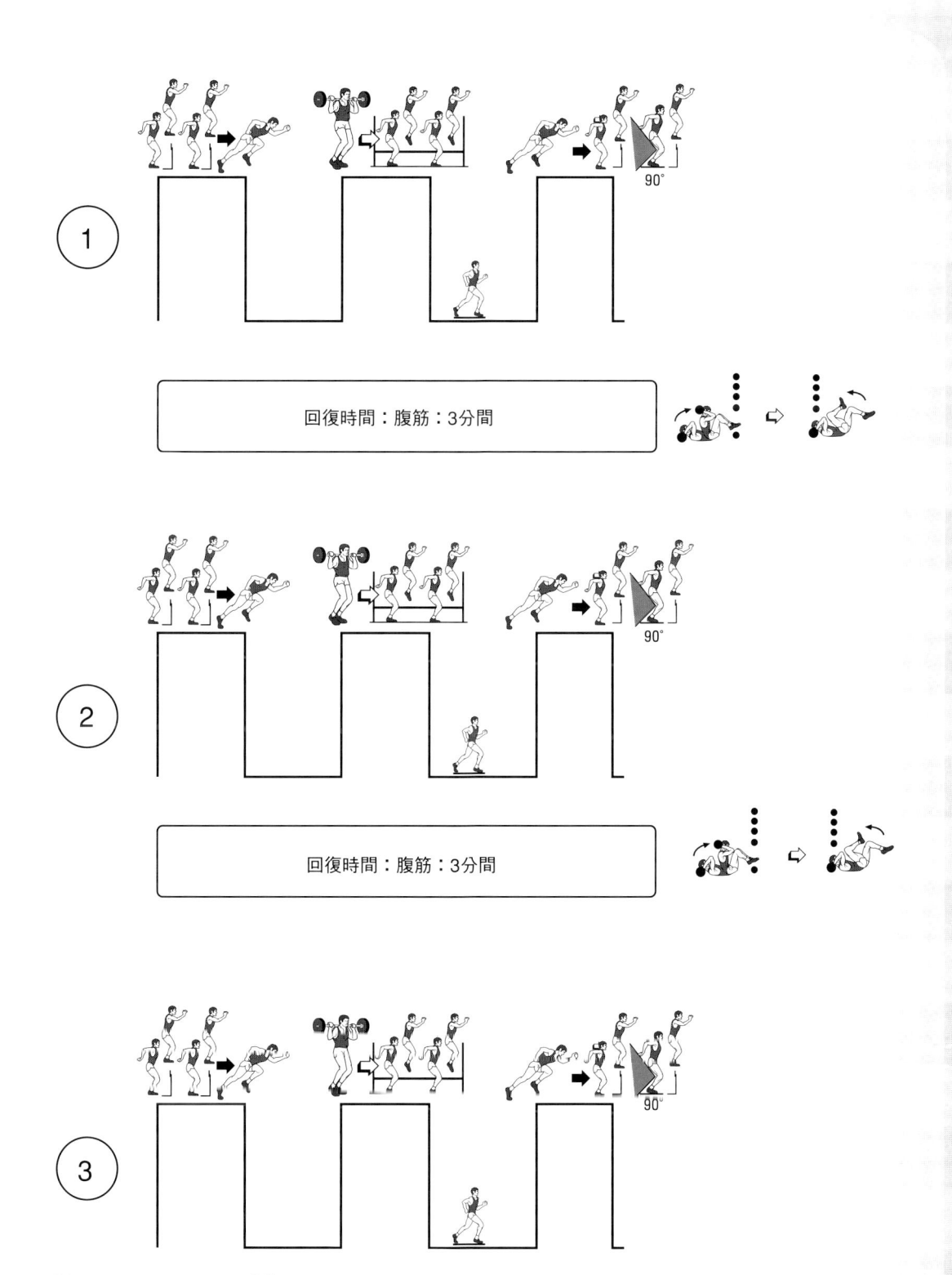

回復時間：腹筋：3分間

②

回復時間：腹筋：3分間

③

図207．アタッカーのための連続セッションのセット。

第4章／サッカーにおける筋力トレーニングのプランニング

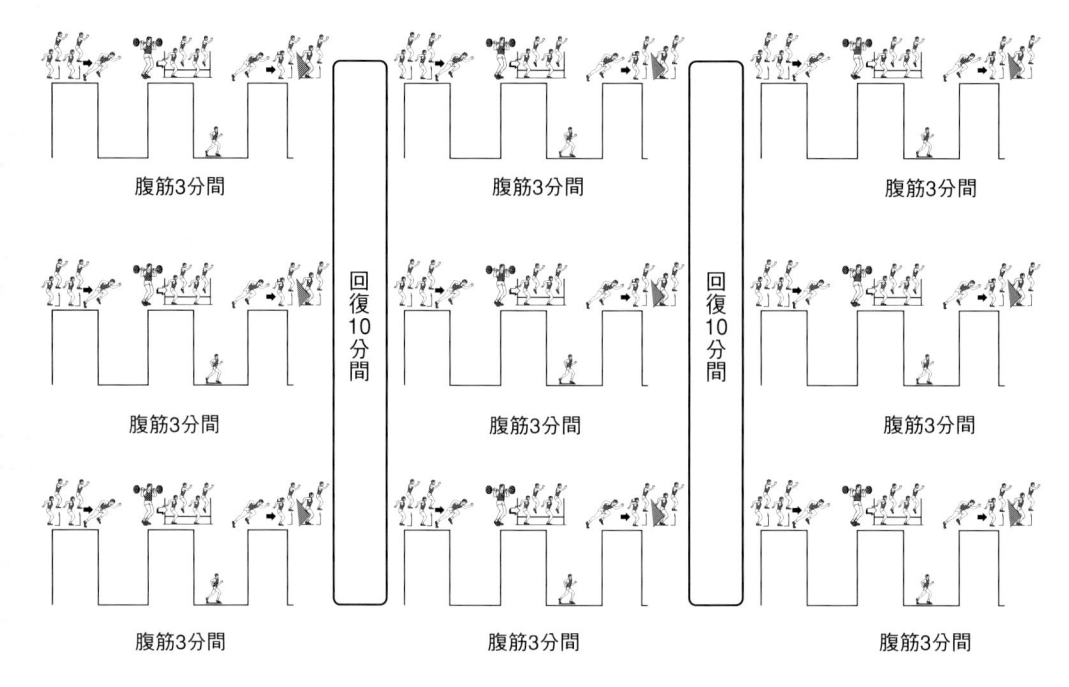

図208．アタッカーのための専門的連続強化のためのセッション。

ミッドフィールダー

アタッカーのためのセッションとの相違点は以下の通りである（図209-210）。

- 持続時間は短（3秒間）から中（10秒間）
- 強度の高い負荷と中度の負荷が交互
- 回復時間はより短い
- セット毎の反復回数はより多い
- セット数重視

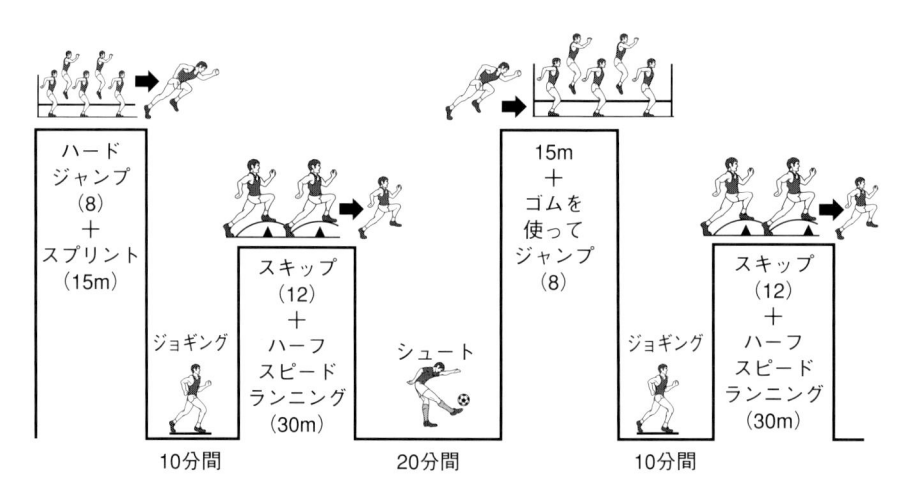

図209．ミッドフィールダーのための連続例。

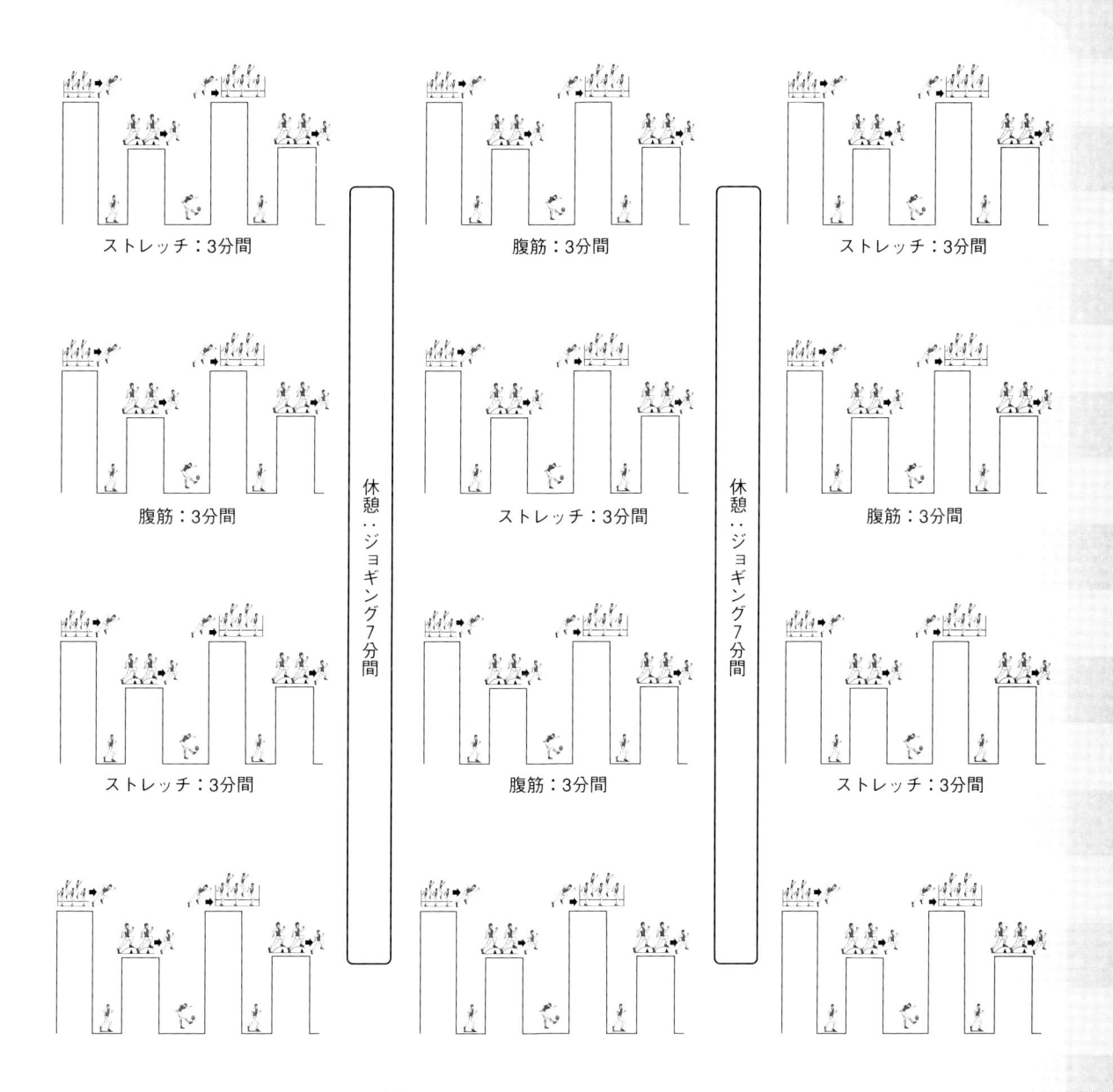

図210. ミッドフィールダーのための連続例。

（各セクションのラベル、左から右、上から下）：
ストレッチ：3分間／腹筋：3分間／ストレッチ：3分間
腹筋：3分間／休憩：ジョギング7分間／ストレッチ：3分間／休憩：ジョギング7分間／腹筋：3分間
ストレッチ：3分間／腹筋：3分間／ストレッチ：3分間

　かなりのトレーニング量を短時間でこなすのがおわかりだろうが、これは試合を「シミュレーション」することからきている。したがって、セッションは非常に厳しいものである。以下に挙げる表で、参考までに、今見てきた2つのポジションのための連続セッションの特徴を整理しておく。

第4章／サッカーにおける筋力トレーニングのプランニング

ポジションに応じた連続セッションの特徴

連続セッション	アタッカー	ミッドフィールダー
持続時間	3～6秒間	3～12秒間
セット毎の反復回数	3～4回	4～6回
負荷間の回復時間	長め：20秒間以上	短かめ：10～30秒間
セット間の回復時間	10分間	5～10分間
セット数	2～4セット	3～5セット

5. 間欠的筋力発揮のセッション

ここで筋力強化の原則から離れ，持久力の原則に移ろう。持久力を発達させるためには，大きく分けて2つの手段がある。連続したランニングと間欠的（インターミッテント）トレーニングである。間欠的トレーニングは，サッカーのプレーヤーの負荷により近いことから，我々はサッカーのためにはこのフォームを選択する。ランニングだけで考えると，トレーニングの原則は以下のようになる。

：15秒間ランニング，15秒間ジョギング，15秒間ランニング，15秒間ジョギング…で合計6～15分間行う。

5.1 ── 「間欠的運動」に関する生理学的データ

生理学的な原則は以下の通りである。ガコン（G. Gacon）の研究によると，運動の間には心拍数が上がり，休憩の間では下がりきらず，プラトーを形成する（図211）ことで，持久力の負荷となる。図212は，2つのタイプのトレーニングでの心拍数を示している。インターバルの間はっきりと振幅はあるが，プラトーが確認される。

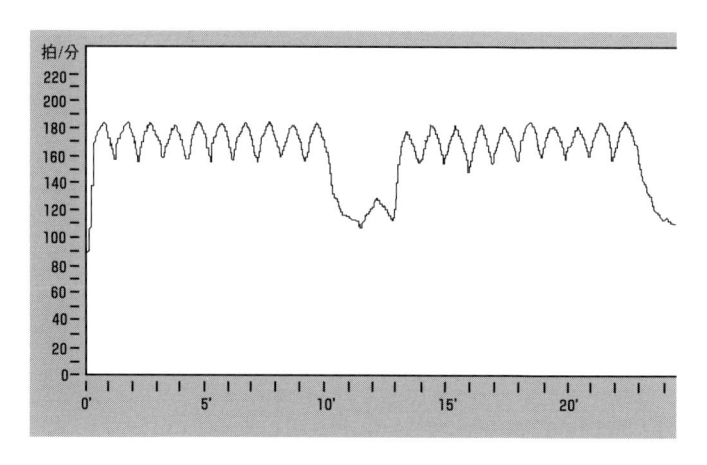

図211．30-30タイプのインターバルでの2回の負荷の際の心拍数（ガコン, Propulse 1.0）。

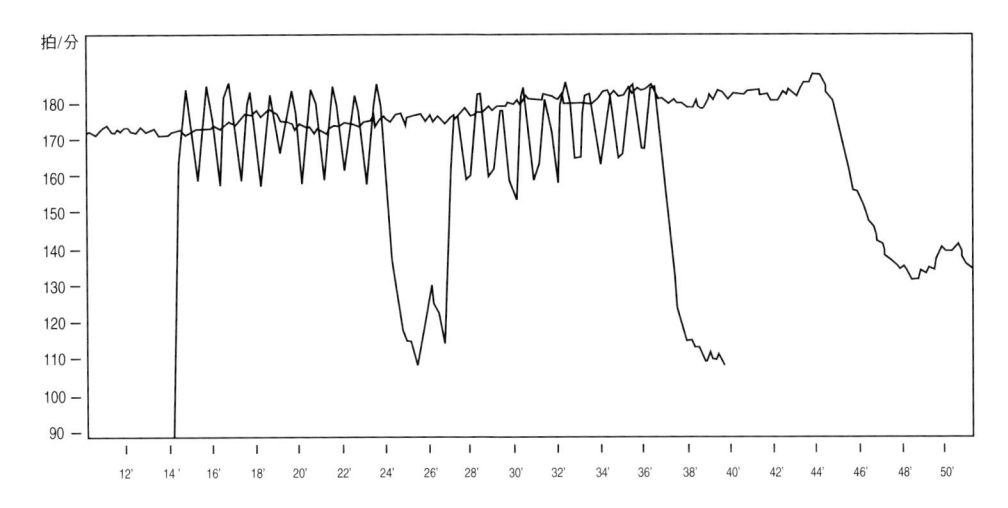

図212. 継続的な負荷の場合とインターバル負荷の場合での心拍数。
休憩の間には心拍数は下がるが，かなり高い位置までしか下がらず，持久力の負荷となる
（ガコン, Propulse 1,0）

さらに，局所的には，筋はジョギングの際に休憩し，それによって速筋線維が次の負荷の際に刺激され，よりクオリティーの高い仕事ができるようになる。つまり，インターバル負荷は持久力ならびに筋のクオリティーのためのトレーニングとなり，継続的な負荷の場合よりも，高い効果が得られる。最も一般的なインターバルのフォームは，15-15，30-30，10-20である。クオリティーを高めるための筋力強化エクササイズは，図222-232に紹介する。

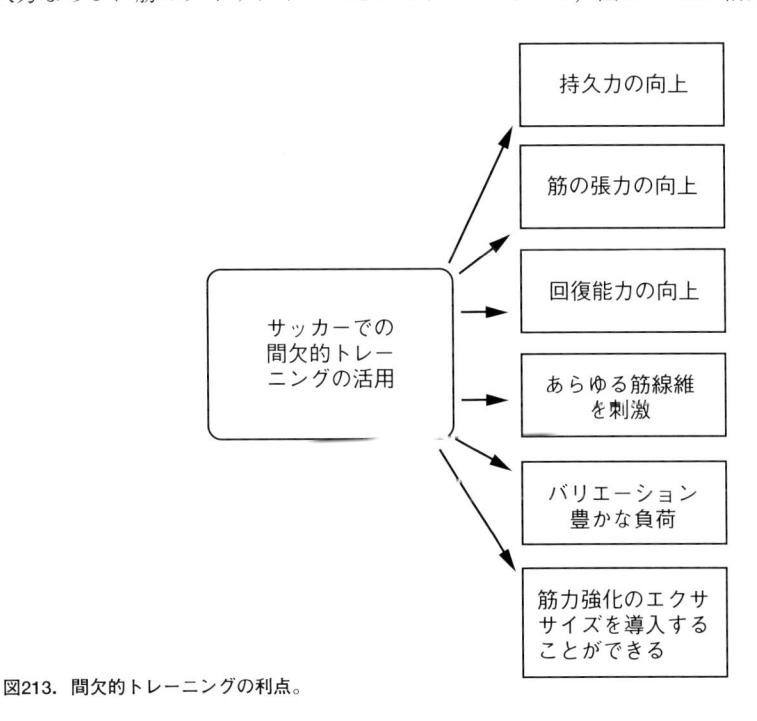

サッカーでの間欠的トレーニングの活用
→ 持久力の向上
→ 筋の張力の向上
→ 回復能力の向上
→ あらゆる筋線維を刺激
→ バリエーション豊かな負荷
→ 筋力強化のエクササイズを導入することができる

図213. 間欠的トレーニングの利点。

第4章／サッカーにおける筋力トレーニングのプランニング

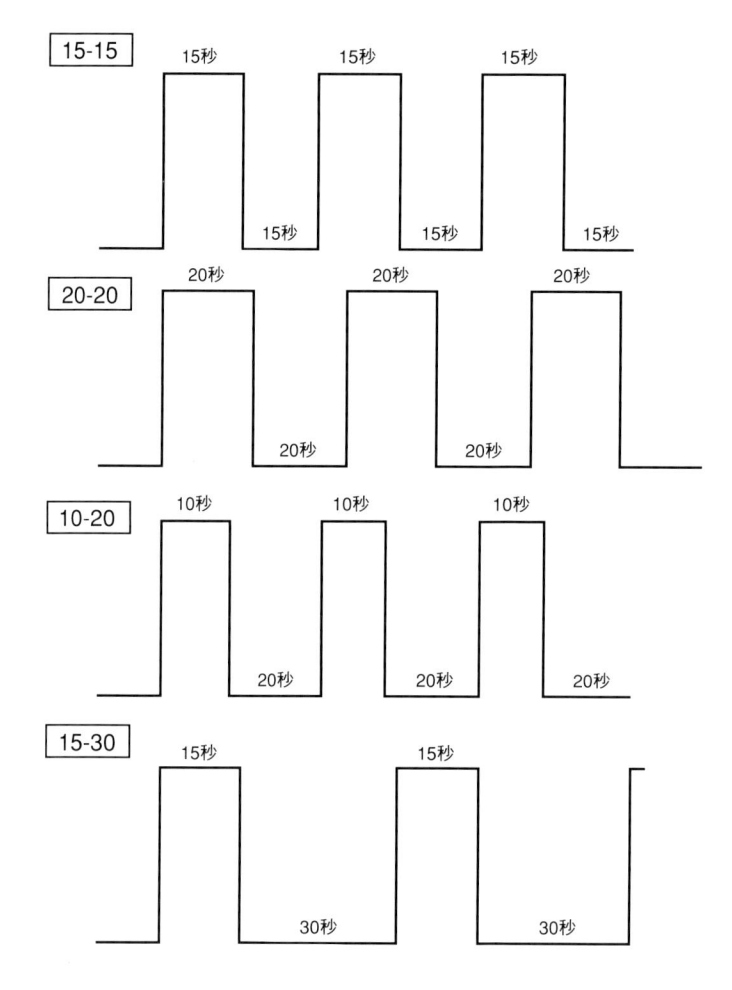

```
┌──────┐
│15-15 │      15秒          15秒          15秒
└──────┘    ┌────┐       ┌────┐       ┌────┐
            │    │       │    │       │    │
      ──────┘    │ 15秒  │    │ 15秒  │    │ 15秒
                 └───────┘    └───────┘    └──────

┌──────┐
│20-20 │      20秒          20秒          20秒
└──────┘
```

図214. サッカープレーヤーの間欠的トレーニングの主なフォーム。

　サッカープレーヤーの場合は，実際の試合に最も近い形として，以下に挙げるフォームを選択する。

- 15-15
- 20-20
- 10-20
- 15-30

5.2 ── 間欠的トレーニングのサッカーへの応用

① 相対的休息のフェーズ

　サッカーに近づけるために，まず，相対的休息のフェーズに図215に示すようなテクニックのエクササイズを組み込む。したがって，ジョギングのところに，ドリブル，軽く動きながらのパス，1人あるいは数人でのリフティング，何本かのシュートなどを入れることができる。

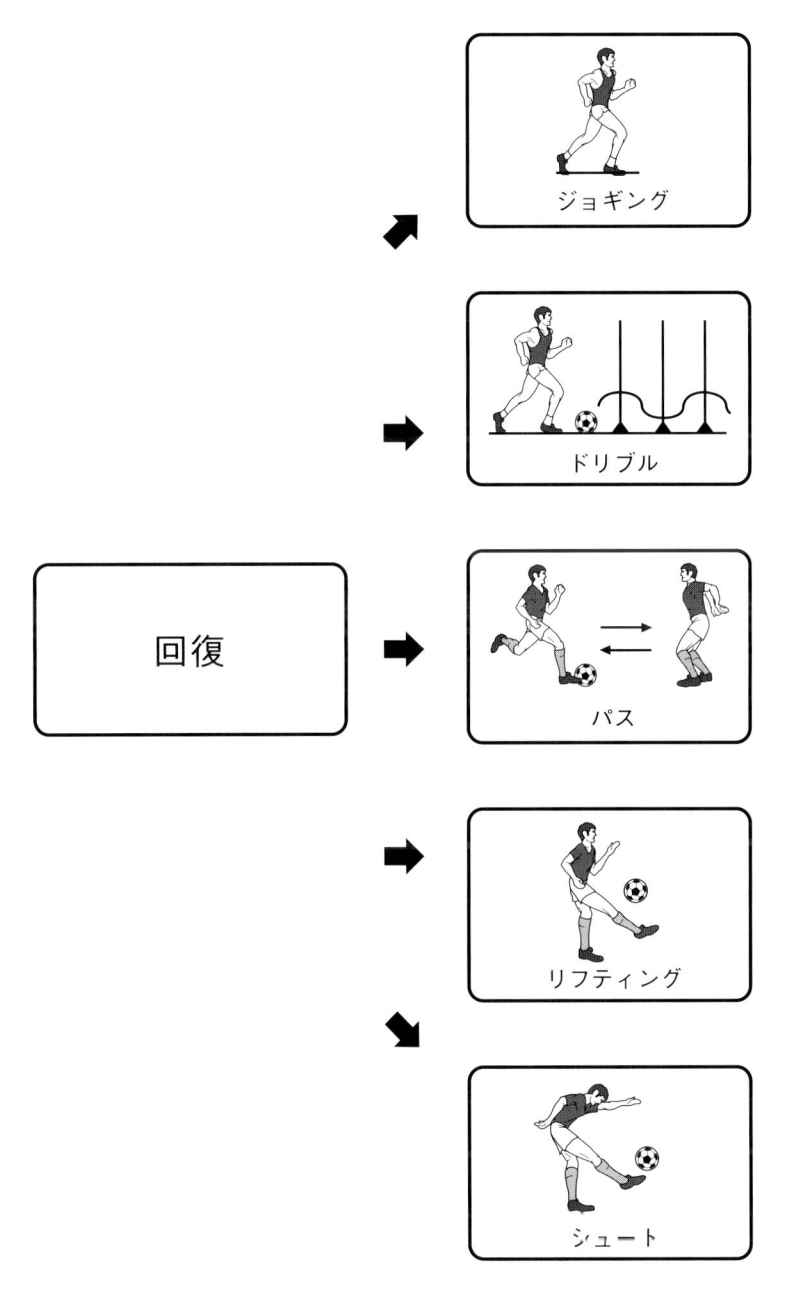

図215. サッカーに間欠的トレーニングを適用した場合の回復フェーズの様々な選択肢。

「間欠的トレーニング」のセッション構成の原則

　図216は，間欠的トレーニングのセッションの構成上の特徴をまとめたものである。

様々なタイプ
15-15, 20-20,
10-20, 15-30

1回の負荷の持続時間
6-15分

ランニングスピードは
有酸素最大スピードよりも
速く

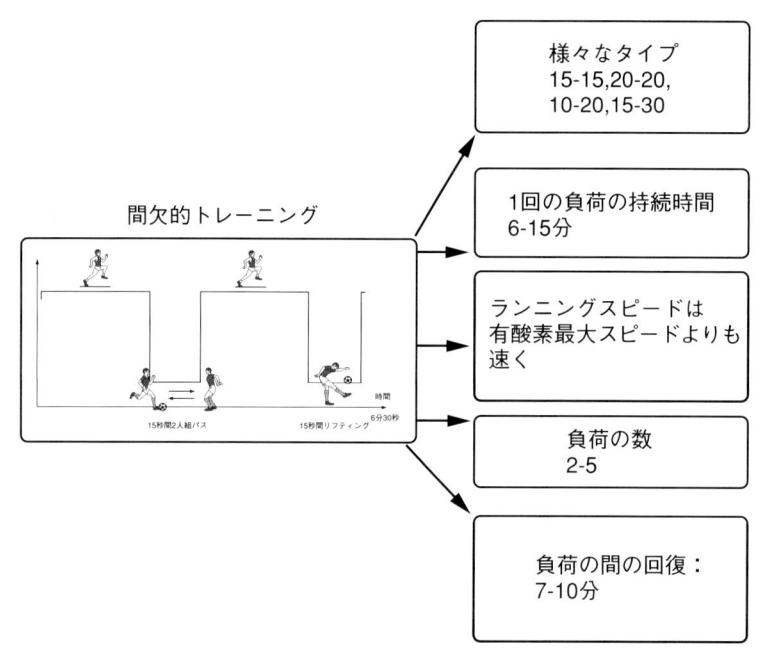

負荷の数
2-5

負荷の間の回復：
7-10分

図216. 間欠的トレーニングのセッションの特徴。

② 「ランニング」の間欠的トレーニング

　これは伝統的な間欠的トレーニングのフォームである。強度を上げる部分は基本的にランニングで，一般的に有酸素最大スピードよりも速いスピードで走る（図217）。

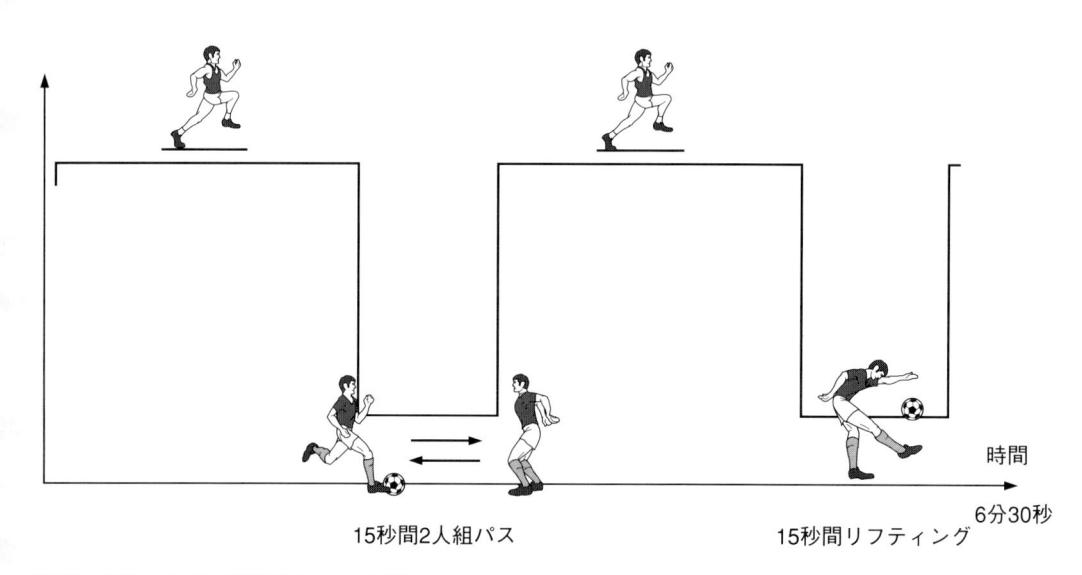

15秒間2人組パス　　15秒間リフティング　　6分30秒

図217. 「ランニング」の間欠的トレーニング。

ランニングの間欠的トレーニングのバリエーションとしては，ジャンプの障害物を導入する。ストライド・ジャンプ（可能であればサークルを使ってストライドの幅を具体的に示す。図218），スキップ（図219），台（図220）などである。

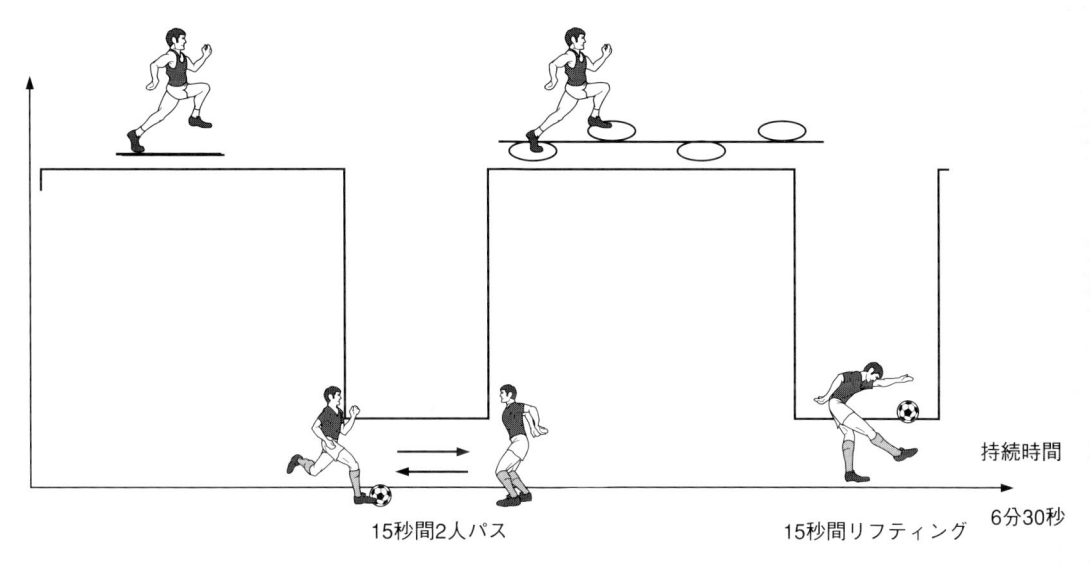

図218．間欠的トレーニング「ランニング＋ジャンプ」（サークルの場合）。

図219．間欠的トレーニング「ランニング＋ジャンプ」（スキップの場合）。

第4章／サッカーにおける筋力トレーニングのプランニング　143

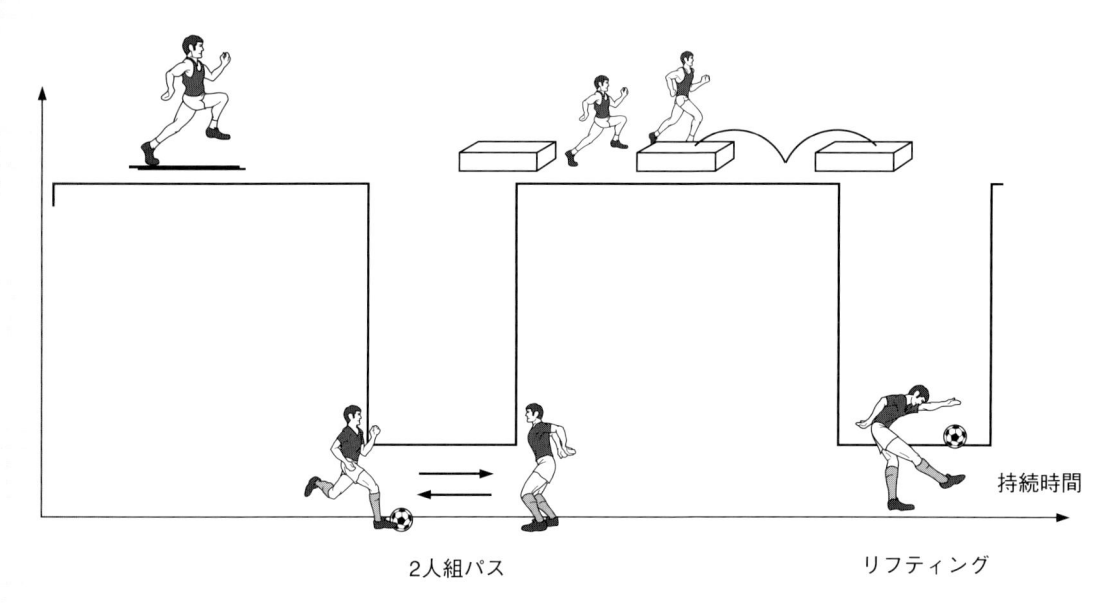

図220．間欠的トレーニング「ランニング＋ジャンプ」（台の場合）。

　サッカーで実際にプレーヤーにかかる負荷に近づけるように，別のバリエーションを導入することが可能である。プレーヤーは試合の間，特に短いが強度の高いスプリント（5〜15m）を実行する。したがって，ランニングのフェーズをさらに2つに分けることも考えられる（図221）。

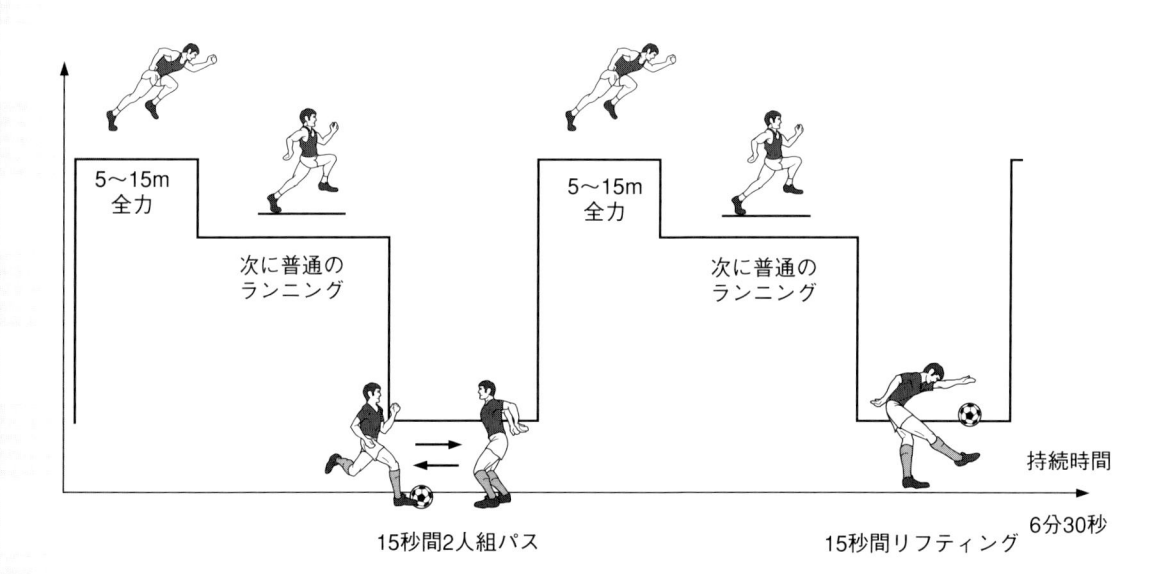

図221．「2種類のランニングスピード」での間欠的トレーニング。

③「筋力」の間欠的トレーニング

今度は，単に両足ジャンプの連続を導入する（ゴム，ベンチ，ハードル，台など）。それでも，脚の弛緩と振幅のトレーニングを行うためには，間にランニングのセッションを残しておくことが推奨される。

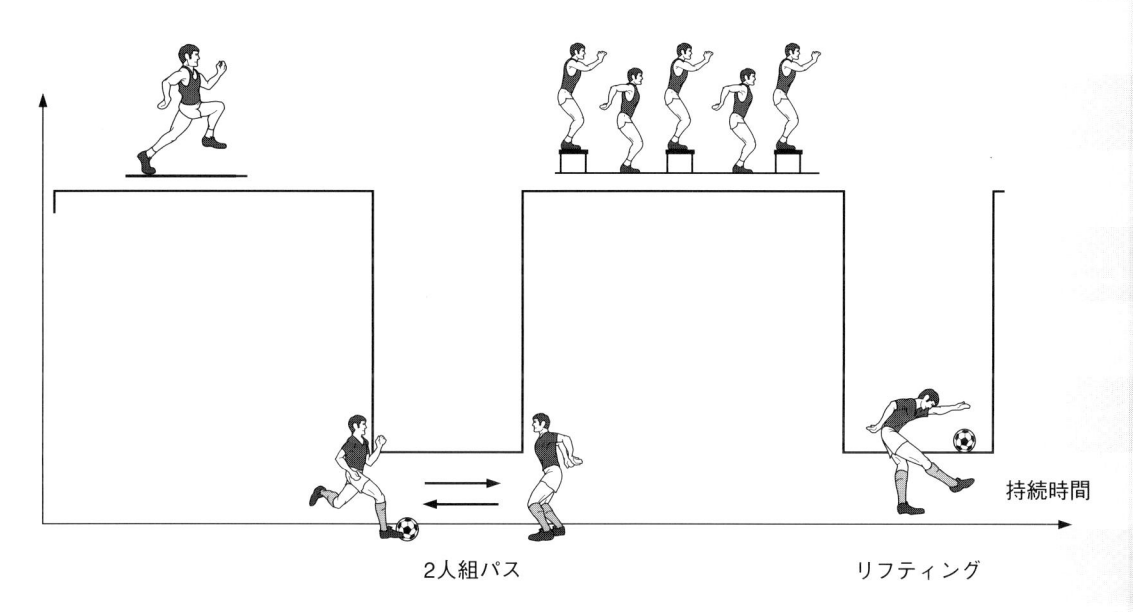

図222.「筋力」の間欠的トレーニング（ベンチでの膝関節を使ったジャンプの場合）。

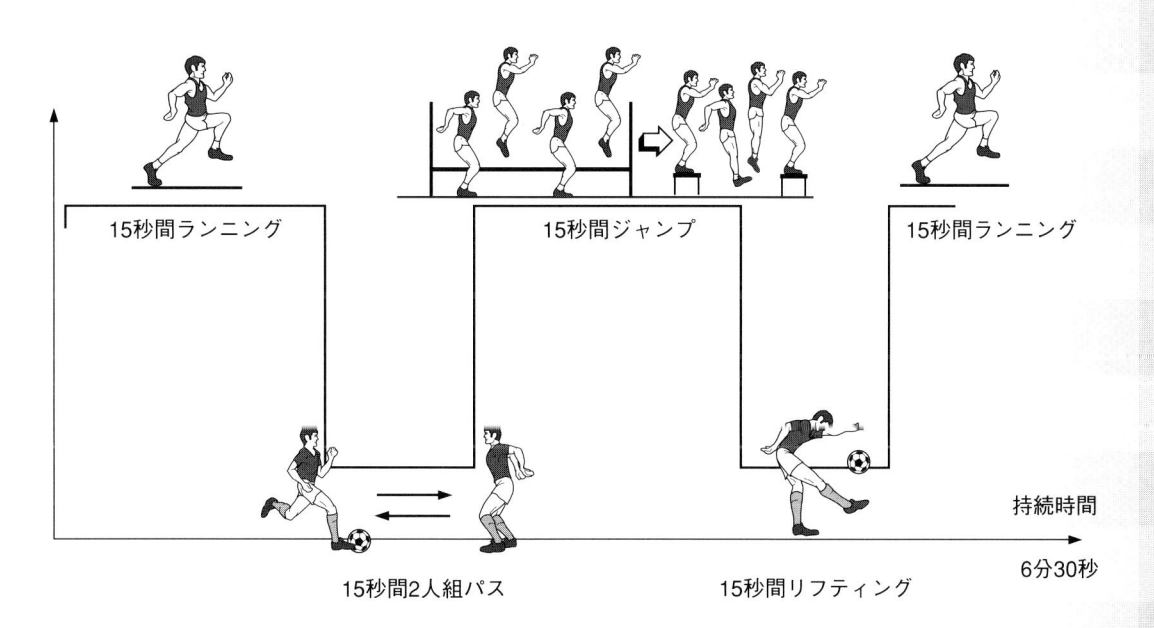

図223.「筋力」の間欠的トレーニング（ゴムおよびベンチでの足関節を使ったジャンプの場合）。

第4章／サッカーにおける筋力トレーニングのプランニング

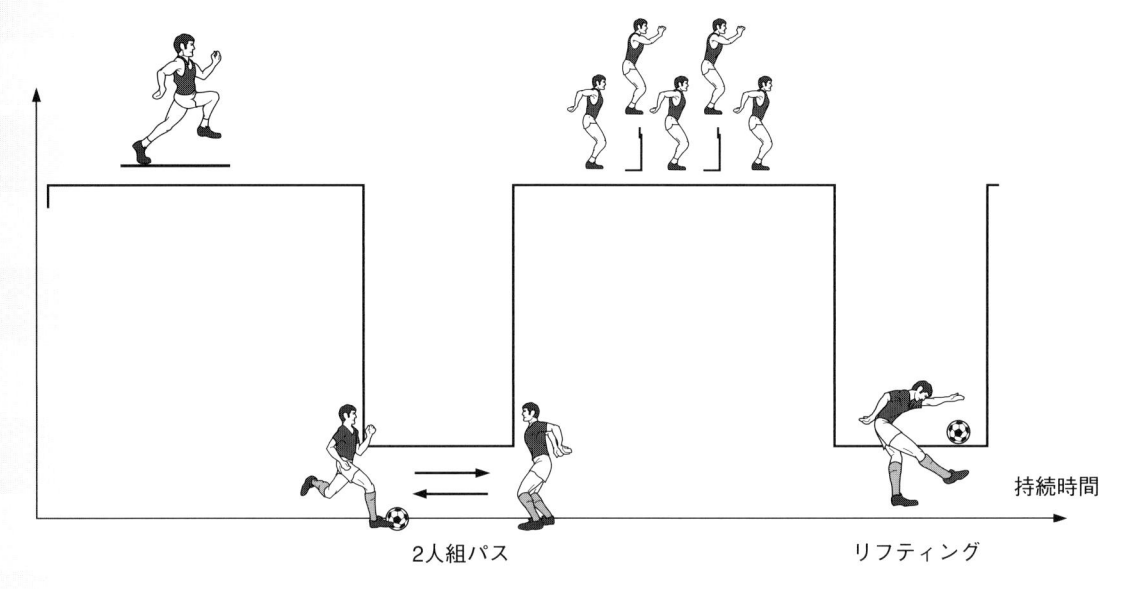

図224. 「筋力」の間欠的トレーニング（ハードルジャンプの場合）。

④ 負荷を用いた「筋力」間欠的トレーニング

トレーニングを十分に積んだプレーヤーに対しては、筋力の間欠的トレーニングの頂点として、負荷を慎重に導入する。

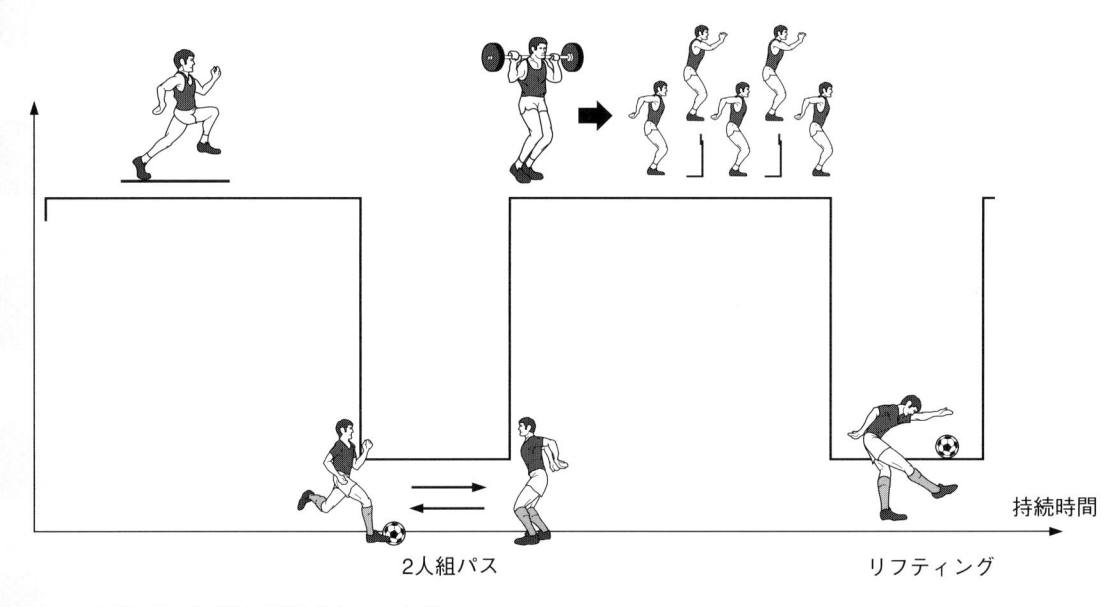

図225. 負荷を用いた「筋力の間欠的トレーニング」。

⑤「筋力」間欠的トレーニングとそのバリエーション

以上挙げてきた様々な例から，いくつかを組み合わせて実施することも可能である。

ランニングのフェーズ（全部または一部）を，ストライド・ジャンプに入れ替えるなどである（図226）。

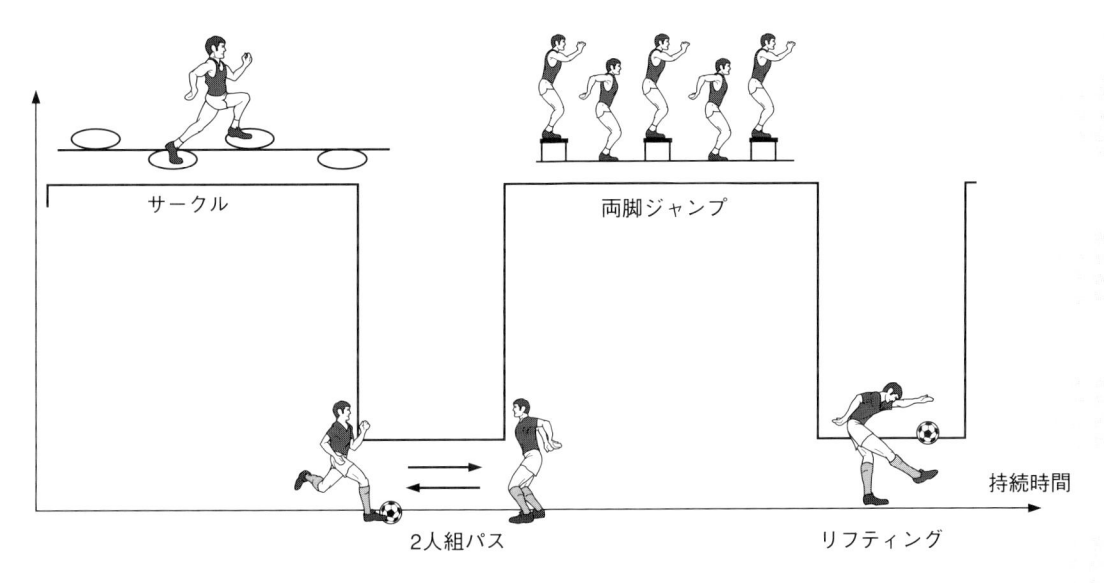

図226．ランニングの代わりにストライド・ジャンプ。

「筋力」の間欠的トレーニングで，ランニングを「2スピード」で実施してもよい。

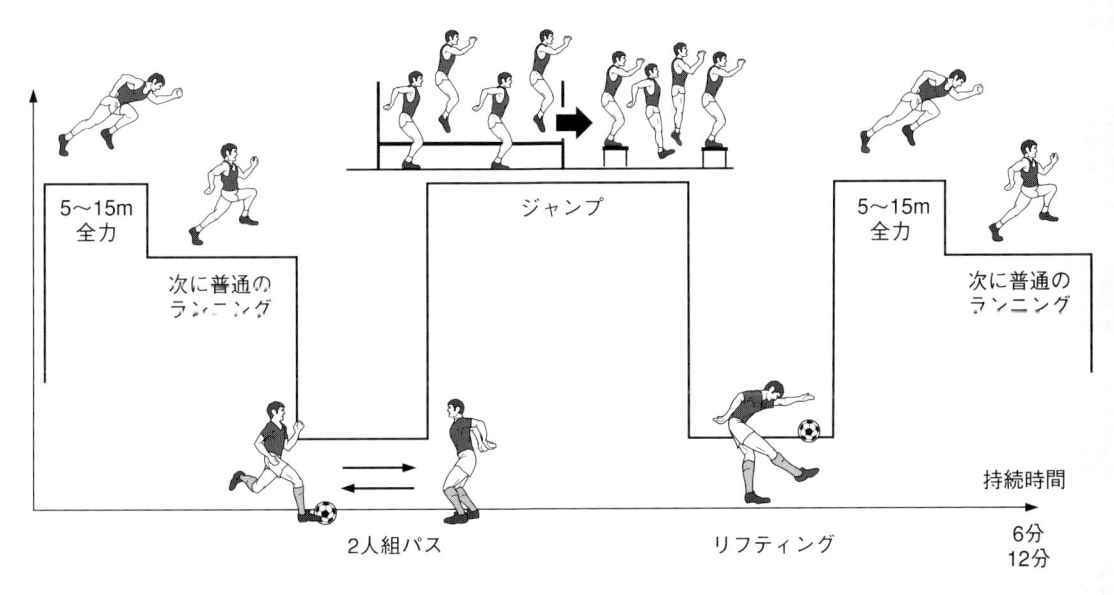

図227．ランニング「2スピード」での「筋力」の間欠的トレーニング。

第4章／サッカーにおける筋力トレーニングのプランニング

⑥ 第2レベルの「筋力」間欠的トレーニングのバリエーション

ここで挙げるのは，2サイクルの負荷を続けて行う考え方である（図228-232）。

図228．第2レベルの「筋力」間欠的トレーニングのバリエーション。

図229．第2レベルの「筋力」間欠的トレーニングのバリエーション。

図230．第2レベルの「筋力」間欠的トレーニングの負荷を用いたバリエーション。

図231. 第2レベルの「筋力」間欠的トレーニングの負荷を用いたバリエーション
（負荷，ジャンプ，ランニング）。

図232. 第2レベルの「筋力」間欠的トレーニングの負荷を用いたバリエーション
（負荷，ジャンプ，ストライドジャンプ，ランニング）。

様々なタイプのセッションでは，サッカーで要求される筋力のトレーニングとなる4つのタイプのセッションを紹介してきた。まとめに確認しておく（図233）。

第4章／サッカーにおける筋力トレーニングのプランニング

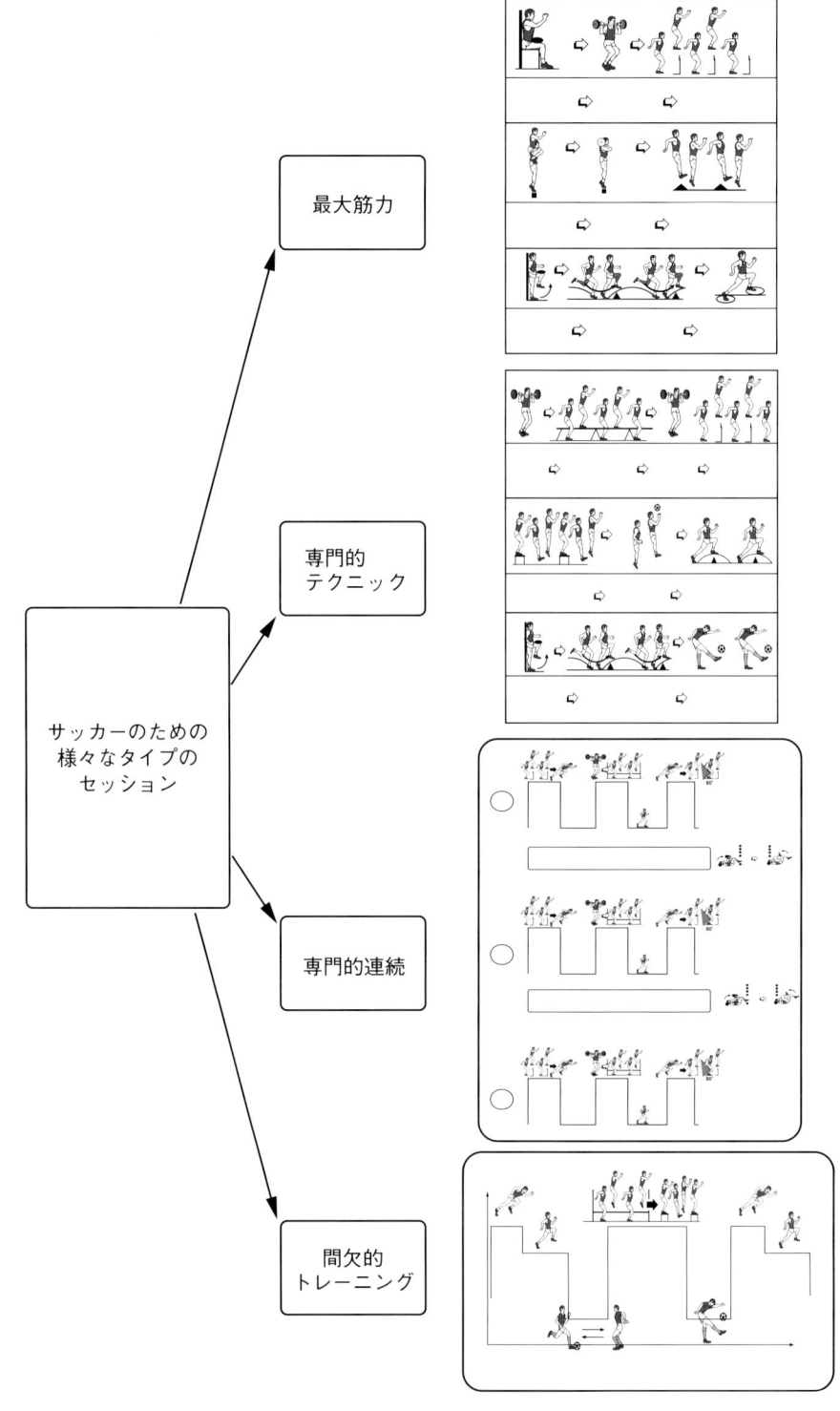

図233．サッカーで要求される筋力のトレーニング・セッション。

6. ゴールキーパーのための筋力強化のセッション

ゴールキーパーの筋力強化のセッションに関しては，脚の筋力については他のプレーヤーと同じ原則で行えばよいので例を挙げるにとどめ，ここでは主に上体のセッションについて述べる。

ここでも同様に2つのタイプがある。
- 最大筋力
- 専門的筋力

最大筋力のセッション：

ゴールキーパーの状態のトレーニングには2つの目的がある。
- 筋量を高め（ある程度まで）地面への落下（ダイビング）が楽になるようにする。
- スローイングの効率を高める。

上体のための最大筋力強化のセッションには，2通りの方法がある。
- ほとんどの時間はあまり用具を使わず，バーベルのみを用いて主要な3種目に重点を置いたセッションを行う：デッドリフト，ベンチプレス，プルオーバー（図234）。

ゴールキーパーのための最大筋力向上のセッション

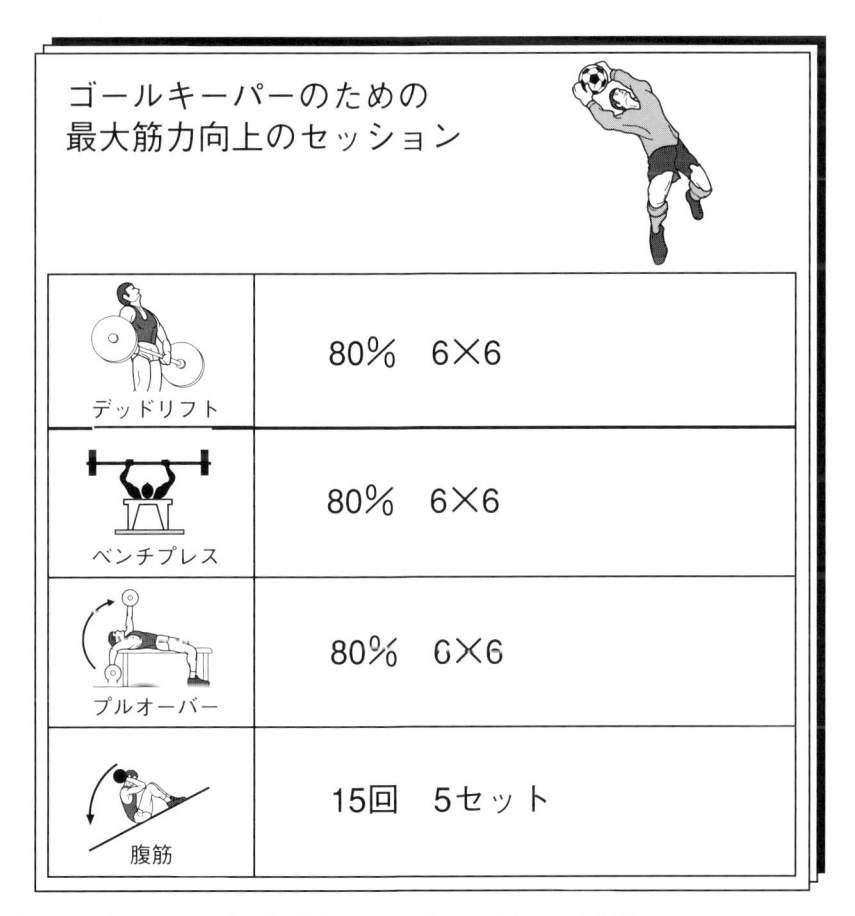

種目	強度	回数
デッドリフト	80%	6×6
ベンチプレス	80%	6×6
プルオーバー	80%	6×6
腹筋	15回	5セット

図234．ゴールキーパーのための上体の最大筋力向上のセッション（バーベルを使用）。

ここで強調しておきたいのは，バーベルを用いたセッションは，マシンを使用したセッションと比較して，より効果が高いということである。マシンを使用したセッションでは，バリエーションとしてのみ用いるようにする（図235）。

- マシンが使用できる場合は，最大筋力を高めるセッションを行う。

ゴールキーパのための最大筋力向上のセッション（マシンを使用）

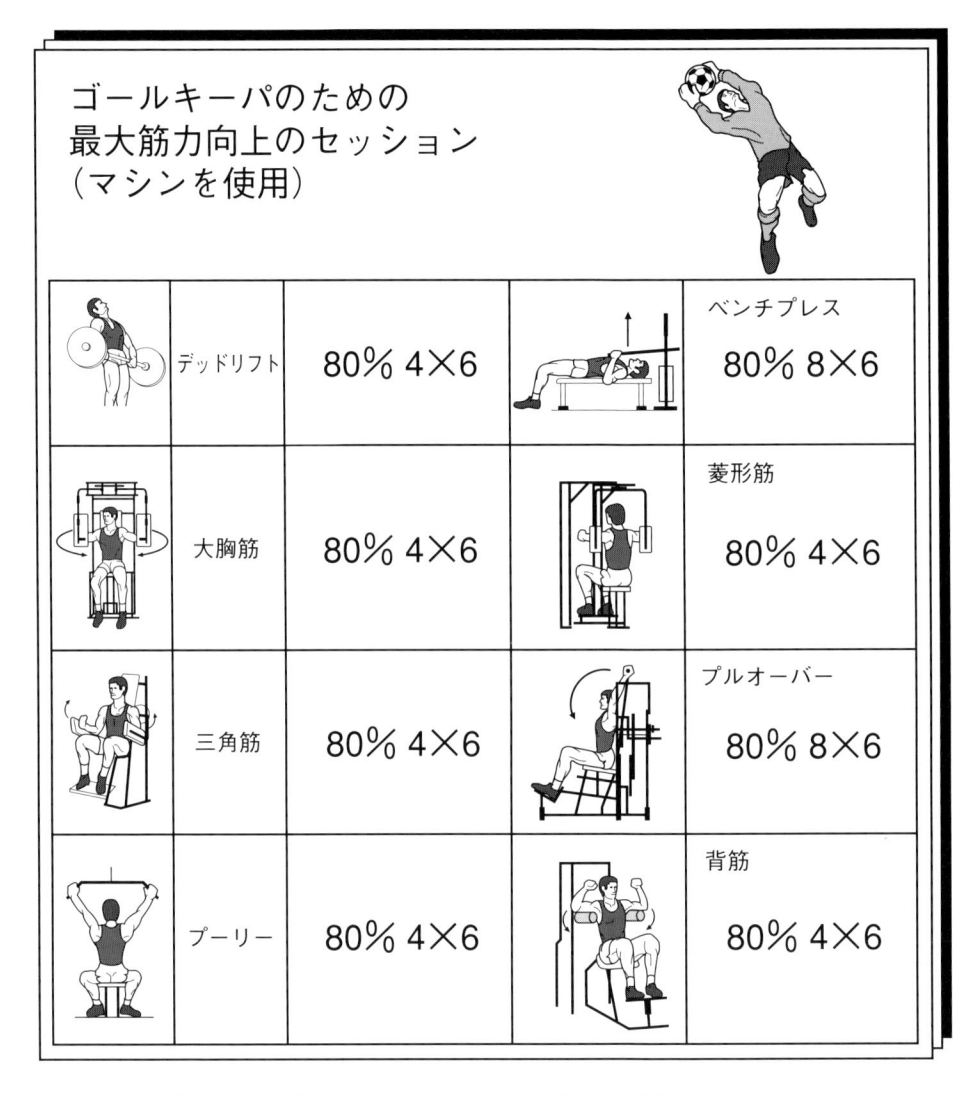

種目	強度	種目	強度
デッドリフト	80％ 4×6	ベンチプレス	80％ 8×6
大胸筋	80％ 4×6	菱形筋	80％ 4×6
三角筋	80％ 4×6	プルオーバー	80％ 8×6
プーリー	80％ 4×6	背筋	80％ 4×6

図235．ゴールキーパーのための上体の最大筋力向上のセッション（マシンを使用）。

専門的筋力のセッション：
これらのセッションは，ゴールキーパーが，テクニックの発揮の際に腕の筋力を効果的に活用できるようにすることを狙いとしたものである。特に手でのフィードなどである。

ゴールキーパーのための専門的筋力向上のセッション

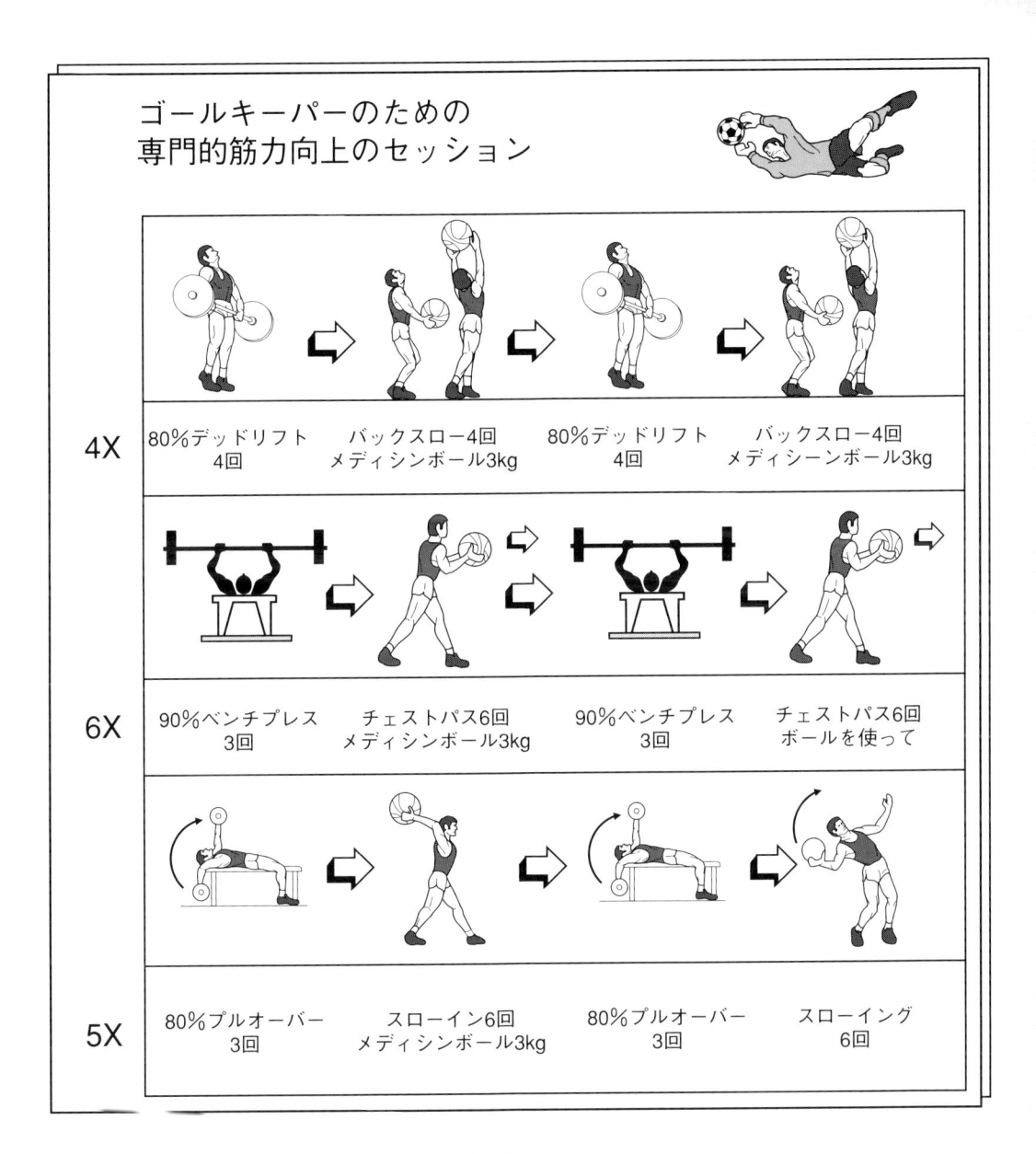

4X	80%デッドリフト 4回	バックスロー4回 メディシンボール3kg	80%デッドリフト 4回	バックスロー4回 メディシーンボール3kg
6X	90%ベンチプレス 3回	チェストパス6回 メディシンボール3kg	90%ベンチプレス 3回	チェストパス6回 ボールを使って
5X	80%プルオーバー 3回	スローイン6回 メディシンボール3kg	80%プルオーバー 3回	スローイング 6回

図236 ゴールキーパーのための専門的筋力向上のセッション。
負荷を使った動き，メディシンボール，ボールのスローイングなどと組み合わせる。

ゴールキーパーのための脚の専門的筋力のセッション：

脚のセッションに採り入れるテクニックのエクササイズを，ここでは「ゴールキーパー」のエクササイズに入れ替える（図237）。

第4章／サッカーにおける筋力トレーニングのプランニング

ゴールキーパーのための専門的筋力向上のセッション

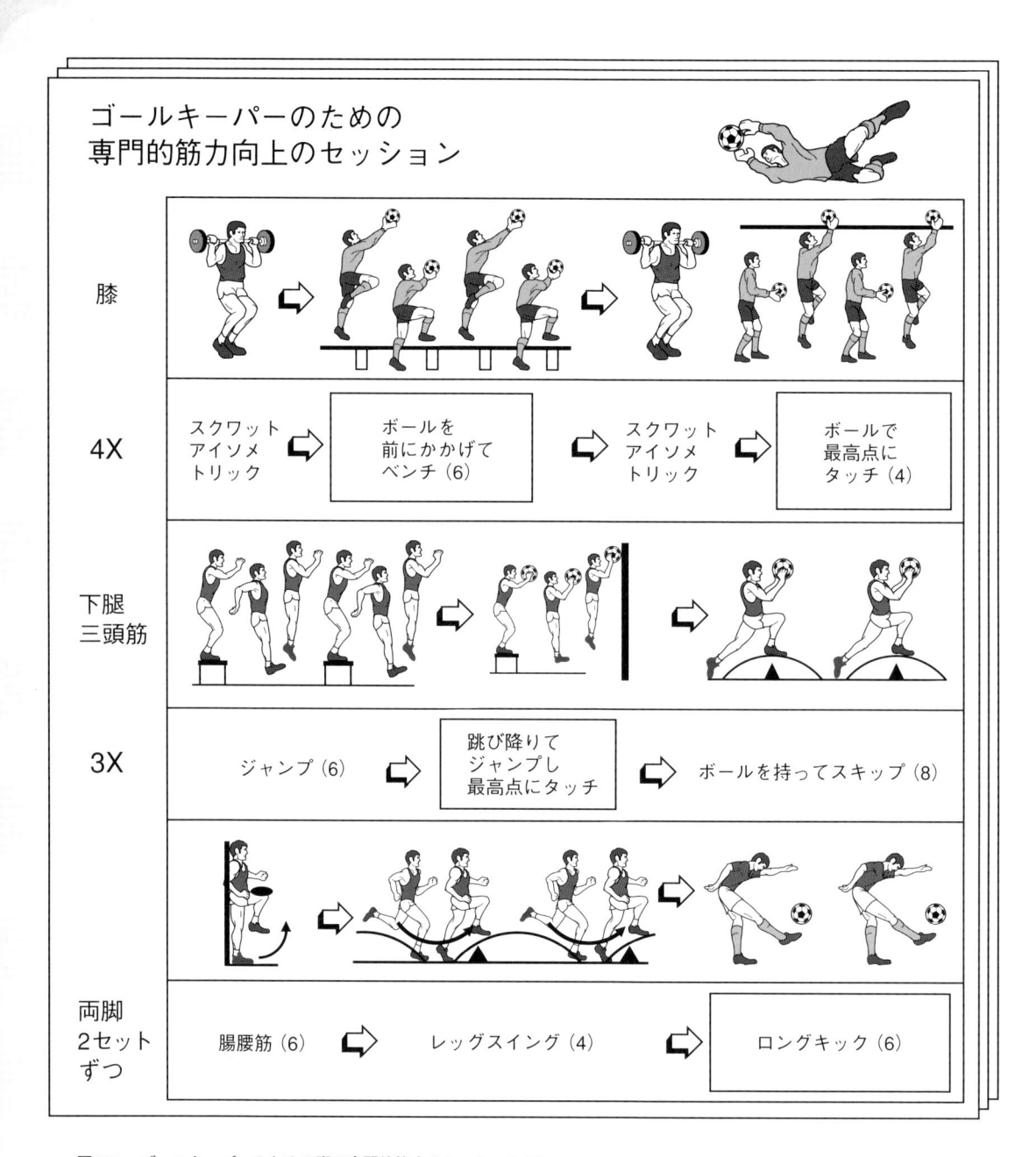

膝					
4X	スクワット アイソメトリック	⇒	ボールを前にかかげてベンチ (6)	⇒ スクワット アイソメトリック ⇒	ボールで最高点にタッチ (4)
下腿三頭筋					
3X	ジャンプ (6)	⇒	跳び降りてジャンプし最高点にタッチ	⇒	ボールを持ってスキップ (8)
両脚 2セットずつ	腸腰筋 (6)	⇒	レッグスイング (4)	⇒	ロングキック (6)

図237. ゴールキーパーのための脚の専門的筋力のセッション例。

第5章／サッカーにおける プランニング

1. 週間計画

筋力強化のトレーニングに関しては，サッカーに特有のコンテクストを考慮に入れなければ，最良の週間計画など立てられるはずがないのは明らかである。

我々は，様々な状況に関わる例を挙げようと思う。
- ユース育成の場合。
- プロクラブで，リーグ戦の最中の場合。
- プロクラブで，リーグ戦の最中であるが，日曜日に試合がない週の場合。
- クラブで週に2試合ある場合。
- プロクラブで，プレシーズンの準備期の場合（例えばシーズンの間）。

ユース育成の場合：

コーチは長期的な育成を考えるので，目前の目標（毎週日曜日に試合など）からは離れて考えることができる。

例えば，ユース育成の場合での理想的な週間計画は，3つのタイプのセッションから構成される（図238）。最大筋力のセッション，専門的テクニックのための筋力のセッション，間欠的トレーニングのセッションである。

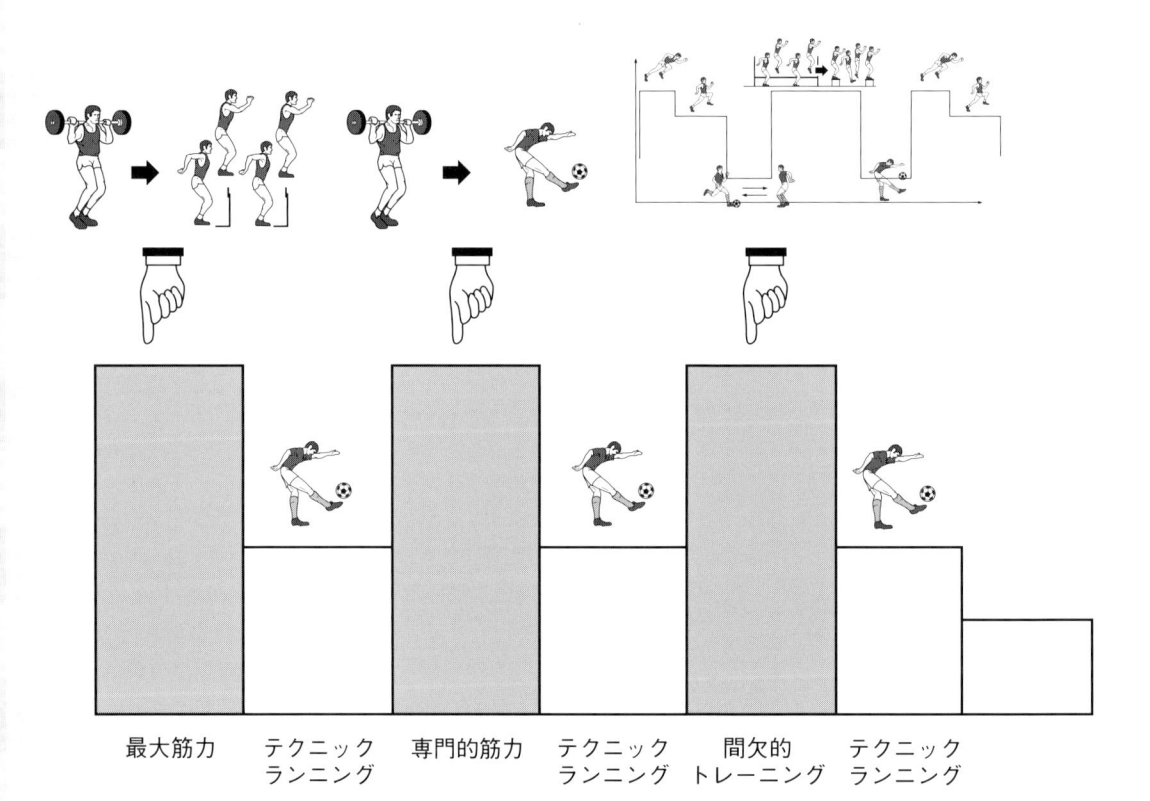

図238．ユース育成の場合の週間計画のタイプ。

週間計画の構成の原則は以下の通りである。

- 最大筋力向上のためのセッションを2日毎に入れる（週に3回まで）。
- 最大筋力向上のためのセッションの翌日は、ランニングあるいは技術・戦術のトレーニングを行う方がよい。筋力強化のトレーニングによって、関節が強く刺激されているため、翌日はこれらの機能をよりリラックスさせて使った方がよい。
- 1週間は常に最もクオリティーの高いセッションから開始すべきである：最大筋力または専門的筋力。

このような考え方は、プロの場合で、シーズン間の場合にも同様である。十分に長い期間の準備が可能な場合である。

リーグ戦の最中の週間計画：

この場合には、日曜の試合の主要な目標を考慮に入れなくてはならない。その際、いくつかの原則を適用する。

- あらかじめ準備をしていない場合、リーグ戦の最中に筋力強化のトレーニングを始めるべきではない。結果としてネガティブな影響を受けることになるであろう。
- 日曜日の試合にネガティブな影響を受けないようにするためには、筋力強化のセッションは試合のない準備期に行っていたものよりも強度を低くして導入すべきである。
- 重要な試合の準備には、常に、週のトレーニングの量を落としながらにすべきである。

図239は、日曜日に試合がある場合の例である。試合が土曜日にある場合は、当然のことながら1日ずらさなくてはならない。様々なセッションの詳細を図240から242に示した。

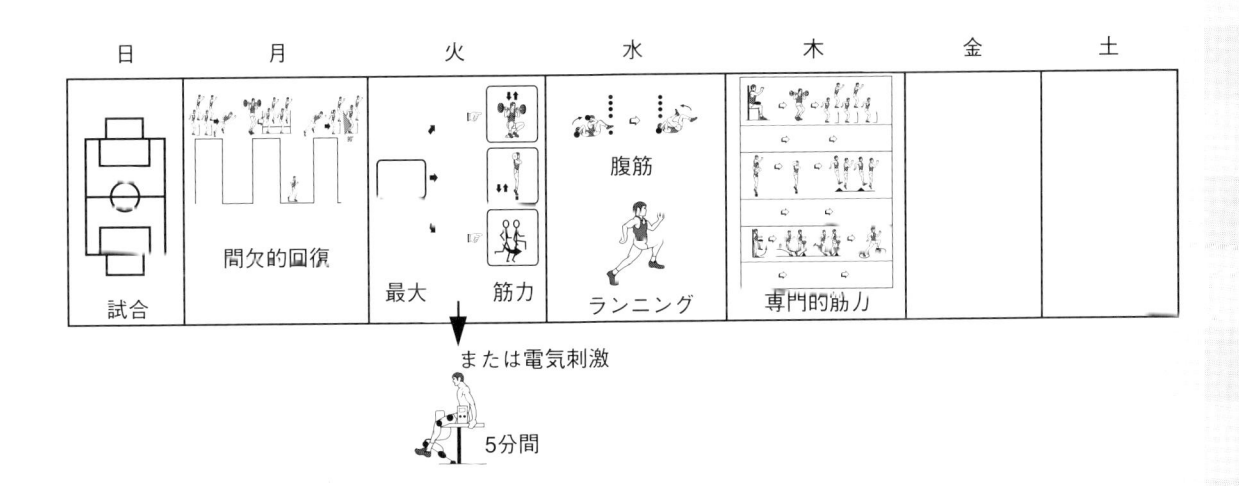

図239. リーグ戦の最中の場合の週間計画のタイプ。

第5章／サッカーにおけるプランニング

15秒　15秒　15秒　15秒

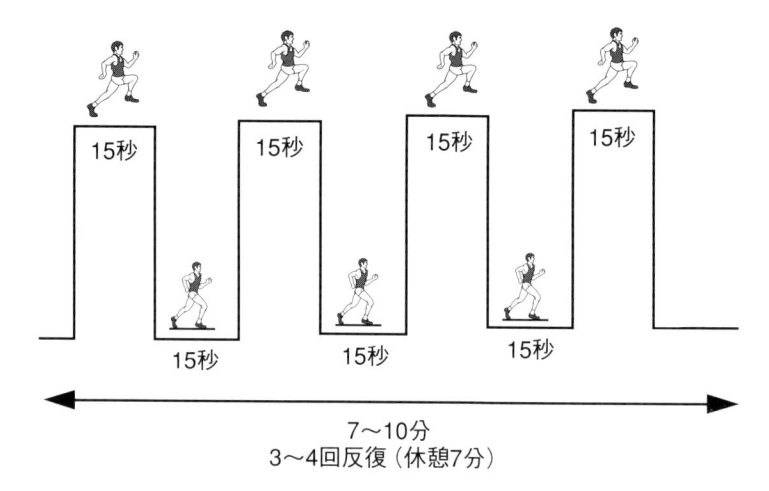

15秒　15秒　15秒

7〜10分
3〜4回反復（休憩7分）

図240．試合後の回復，プレーヤーの有酸素性能力のレベルの維持を目的とした間欠的トレーニングのセッション。

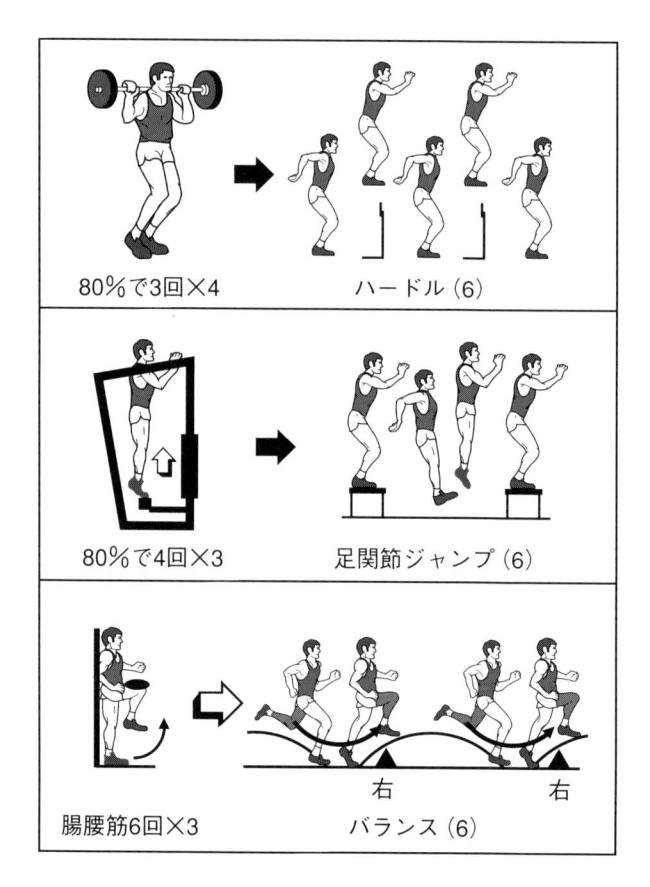

80％で3回×4　　　ハードル（6）

80％で4回×3　　　足関節ジャンプ（6）

腸腰筋6回×3　　　右　　右
　　　　　　　　　バランス（6）

図241．試合の週の最大筋力のセッション例。

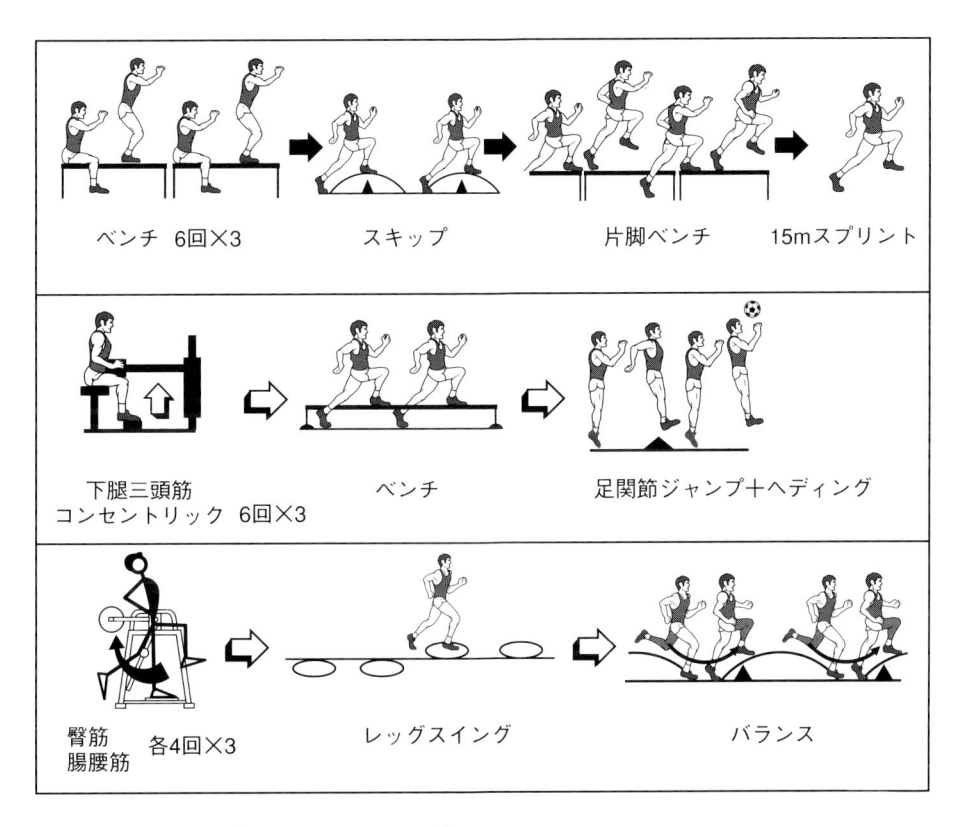

図242. リーグ戦最中の週の専門的筋力のセッション例。

月曜日を休みにしているチームもある。このような場合には，図243に示すような週間計画を提案する。

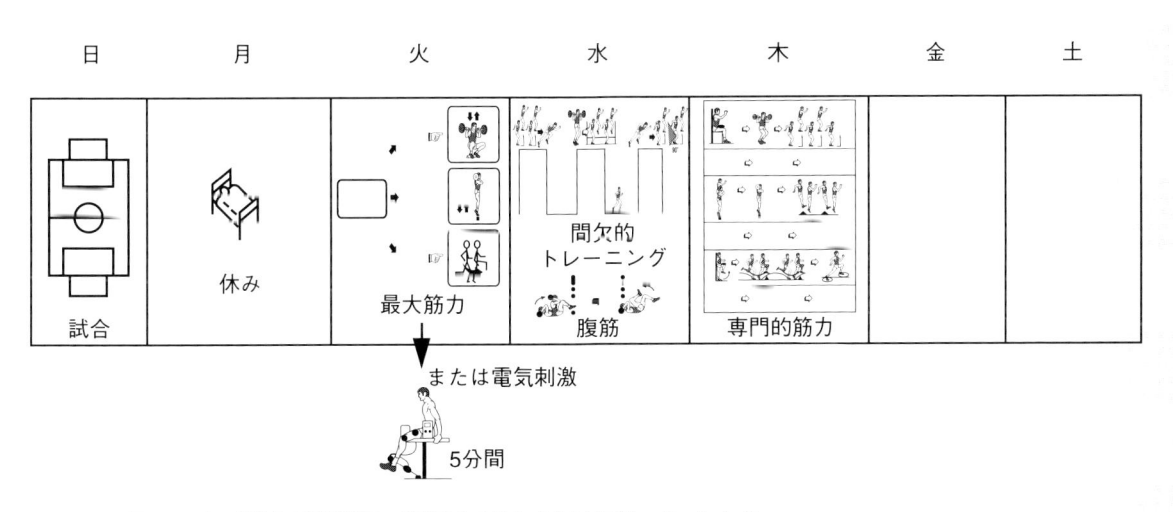

図243. リーグ戦中の週間計画。月曜休みの場合（イタリアリーグ・タイプ）。

第5章／サッカーにおけるプランニング

また，リーグ戦やヨーロッパ・カップの日程上，1週間に2試合ある場合もしばしば出てくる。このような場合は，回復が重要なファクターとなる。筋力強化のセッションは必然的に，通常の週に行っているものよりも強度を落とさなくてはならない。

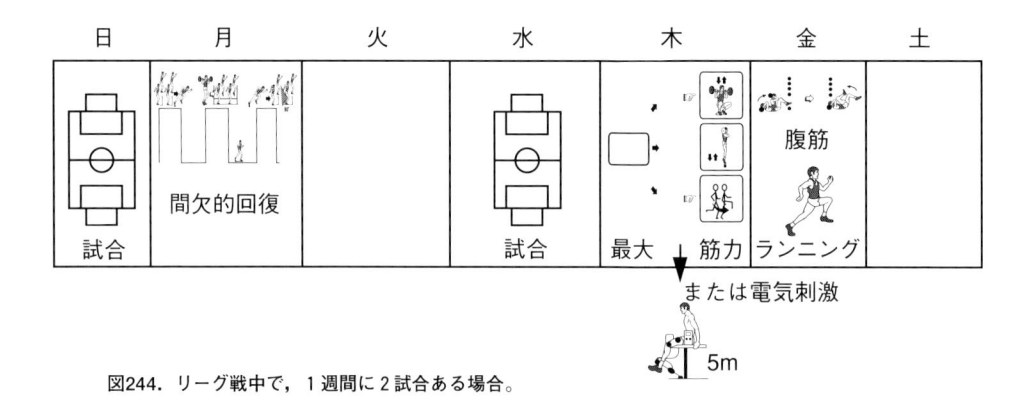

図244．リーグ戦中で，1週間に2試合ある場合。

2. サイクル

サイクルの考え方は，陸上競技のような個人種目の場合には必須の考え方であるが，チーム・スポーツでも当然採り入れるべきものである。サイクルの構成には原則がある。サイクルの理想的な期間は，爆発的筋力発揮をする種目の場合，3週間であると考えられている。図245は，3週間の特徴を示したものである。

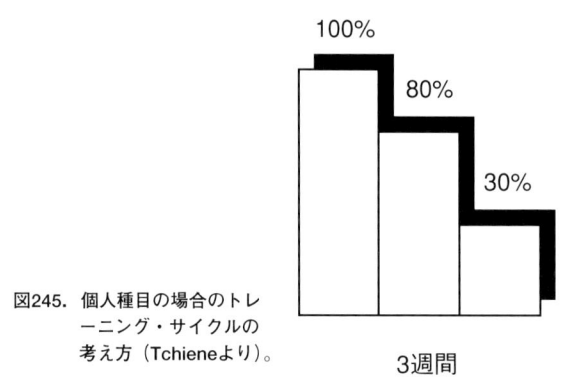

図245．個人種目の場合のトレーニング・サイクルの考え方（Tchieneより）。

第1週は，トレーニングを最大強度で行う。すなわち100％である。第2週は，トレーニング量を減らし，第1週の80％程度とする。第3週はトレーニングの30％の量で，休みを構成し，主にテストを行う。

サッカーの場合は問題が異なり，この推察はシーズン間に可能なものである。しかしながら，覚えておかなくてはならないのは，筋力強化のトレーニングはずっと行うものではなく，定期的に回復期間をとり，セッションを軽くしたり省いたりするようにすべきである。

3. ブロック

　個人種目の場合，筋力トレーニングを一貫して行うためには，少なくとも6週間は継続すべきである。6週間は2サイクルに相当する。このような一連のユニットを「ブロック」という。

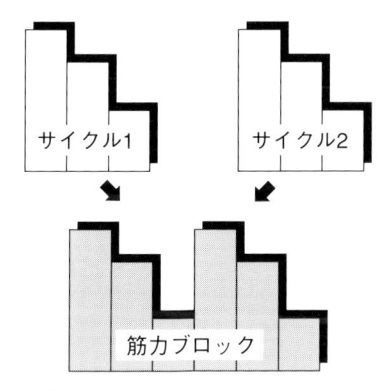

図246. 個人種目の場合の「ブロック」。

　この考え方は，ヴェルコシャンスキ（Verchoshanski）によって導入されたものであるが，比較的長めの期間（2サイクル）のフィジカル面のクオリティーにアクセントをおいている（図246）。

　比較的長めの期間で筋力トレーニングを行うアスリートは，テクニック面のクオリティーをいくらか失う傾向がある。したがって，獲得した新たなクオリティーをテクニックに移行させるためのプランニングをあらかじめ考えておく必要がある。そのことから，「筋力」のブロックと「テクニック」のブロックを組み合わせる。このような一連のユニットを「ピリオド」という（図247）。

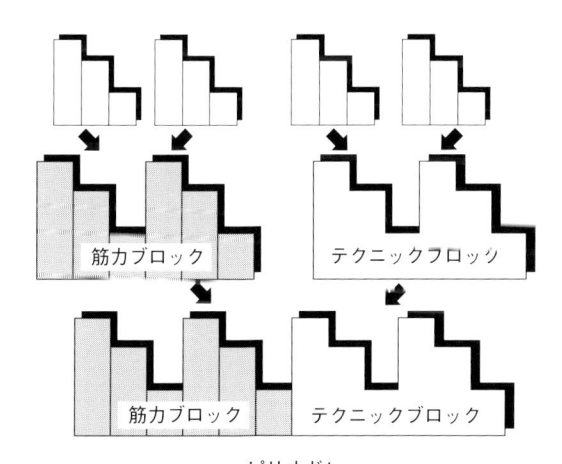

図247. ピリオド（コメッティ，"Les methodes modernes de musculation"）

第5章／サッカーにおけるプランニング

4. サイクル，ブロックとサッカー

サッカーの場合，これらの原則をそのまま当てはめられるような日程になっていない。そのため，サイクルとブロックが混同されることも多く，ブロックという言葉は，一つの分野（筋力またはテクニック）を強調したい場合に用いられることも多い。サッカーにおける筋力トレーニング・プランニングは，2つに分けられる。

- リーグ戦中
- プレシーズン

リーグ戦中の筋力トレーニングのプランニング：

この場合は，すべての日曜日が重要である。どの日曜日も空いていない場合，先に挙げたリーグ戦中の週間計画（図239）を適用する。明確な仕事量を決して超えることなく，バリエーションは筋の収縮の種類にのみ持たせるようにする。

それに対し，どれかの試合はあまり重要度が高くないと判断される場合，または試合のない日曜日がある場合は，例えば2，3，4週間の計画を立てることも可能である。

短期のプランニングの原則（2，3，4週間）

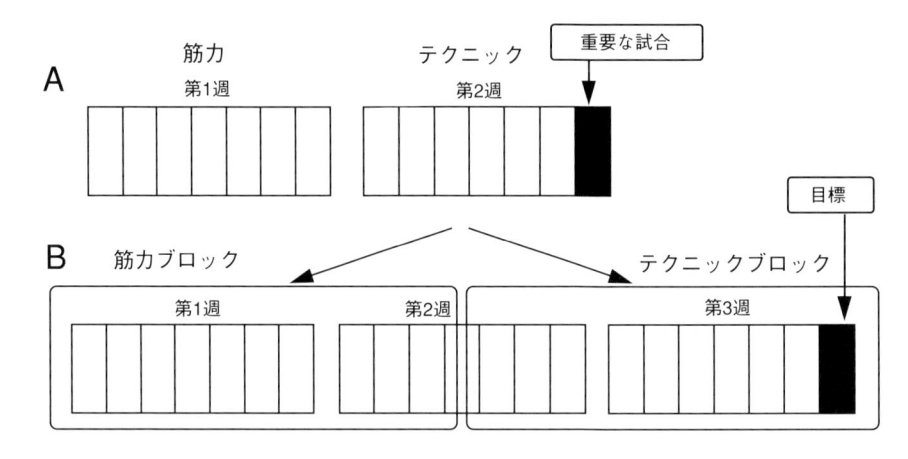

図248．2週，3週のプランニング。

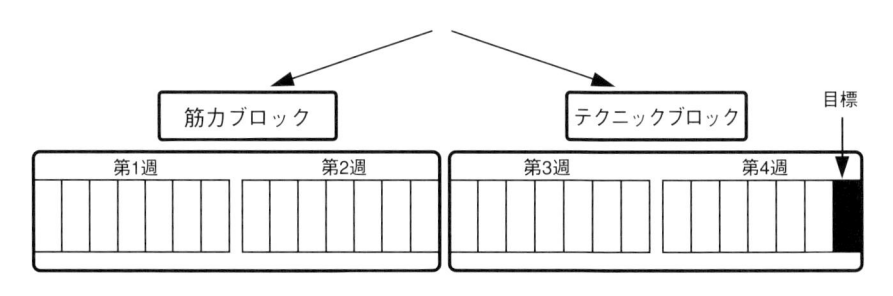

図249．4週のプランニング。

重要な試合の前の1週間：

重要な試合の前の1週間のプランニングは，3通りの場合（2，3，4週）で同様である。先述のプランニングが適用できる（図239）が，他にもいくつか緩和する方法がある。

- 専門的筋力のセッションを省く（図250 b）。
- 最大筋力のセッションを省く（図250 c）。
- 2つの筋力のセッションから，それぞれ1～2セットずつを減らす（図251a）。

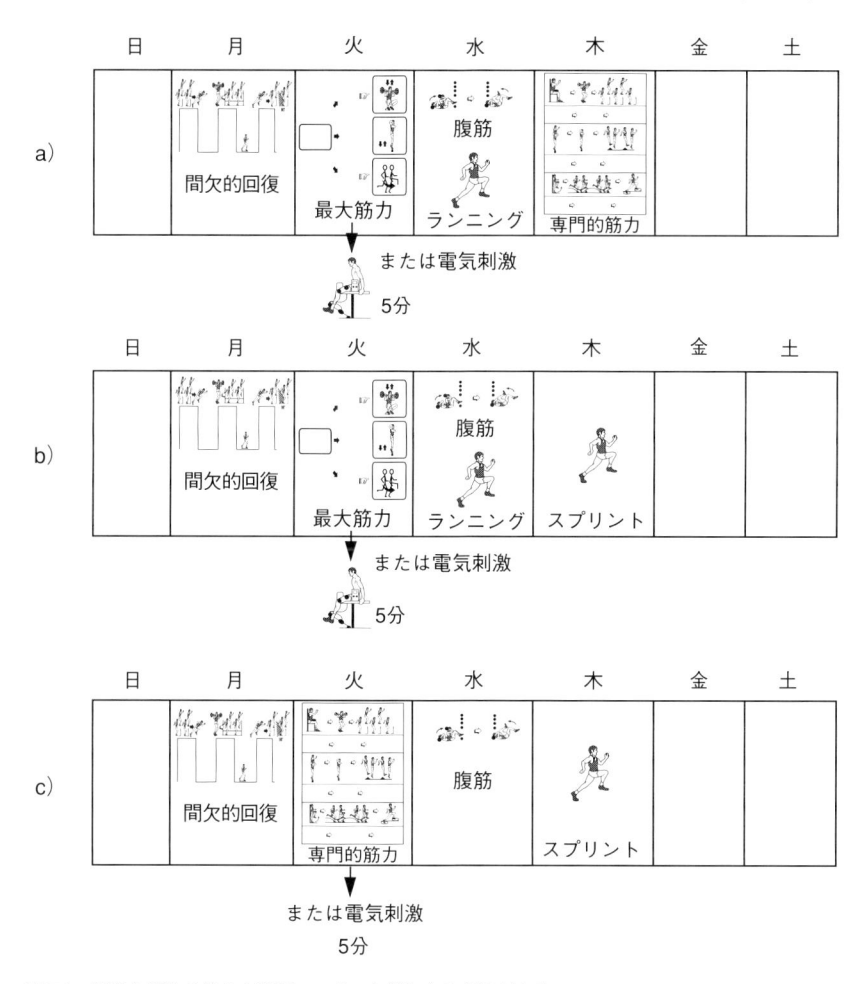

図250．重要な試合の前の1週間。いくつか緩和する方法がある。
　a）週3セッションを守って，各トレーニングのセット数を減らす。
　b）専門的筋力のセッションを減らす。
　c）最大筋力のセッションを減らし，その部分に専門的筋力のセッションを入れる。

その他の週：

図251は，試合のある週の前の1週間である。各トレーニングのセット数を上げる，またはトレーニング内のエレメント数を上げる。間欠的トレーニングに筋力トレーニングを組み込む。

図252は3週間全体の流れを示したものである。筋力トレーニングの量は第1週が最も多く，その後，試合の週まで減らしていく。

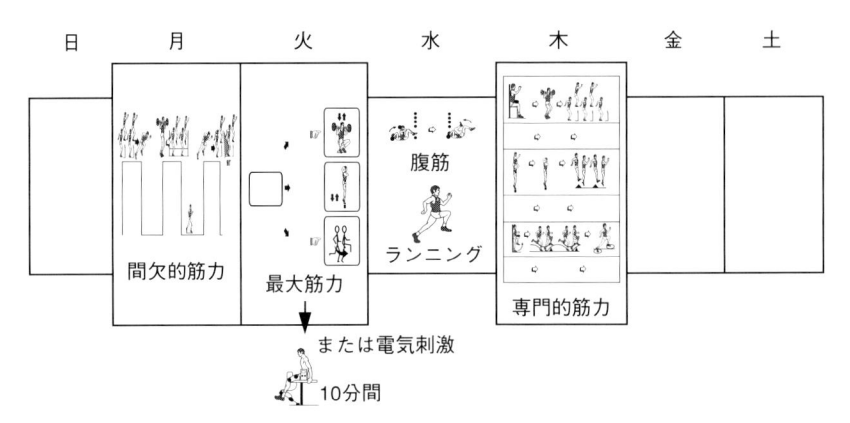

図251. 重要な試合がある週の前の1週間。各トレーニングのセット数を上げるか，トレーニング内のエレメント数を上げる。
間欠的トレーニングに筋力トレーニングを組み込む。

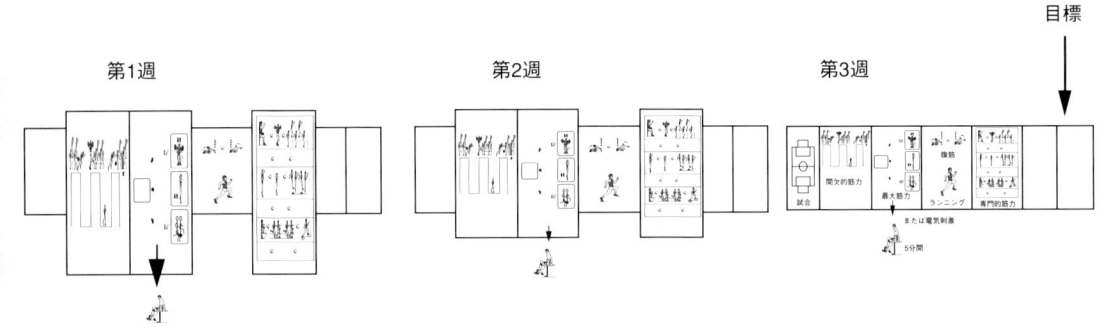

図252. 3週間のプランニングの流れ。筋力トレーニングの量は第1週が最も多く，その後試合の週まで減らしていく。

試合がない週の場合，「筋力強化」の間欠的トレーニングのセッションを日曜日に入れるのが最も効果的である（図253）。

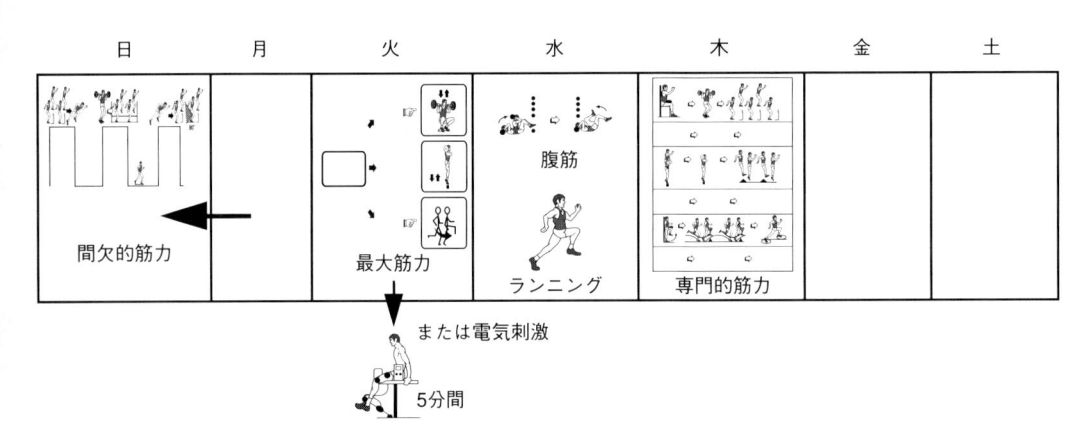

図253. 試合のない週の場合は，間欠的トレーニングのセッションを1日ずらして，筋力強化のセッションが2日続きにならないようにする。

図254は，目標の試合に向けての4週間のプランニングである。

筋力ブロック / **テクニックブロック**

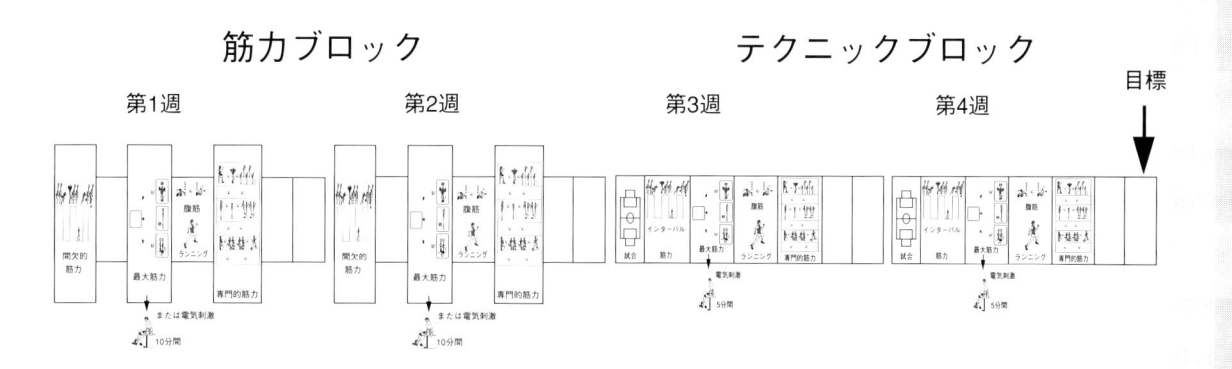

第1週　第2週　第3週　第4週　目標

図254．4週間のプランニング。2週間はインテンシブに，2週間は量を減らしていく。

プレシーズンの間のプランニング：

a）ユース育成の場合

我々は，図255のプログラミングを提案する。

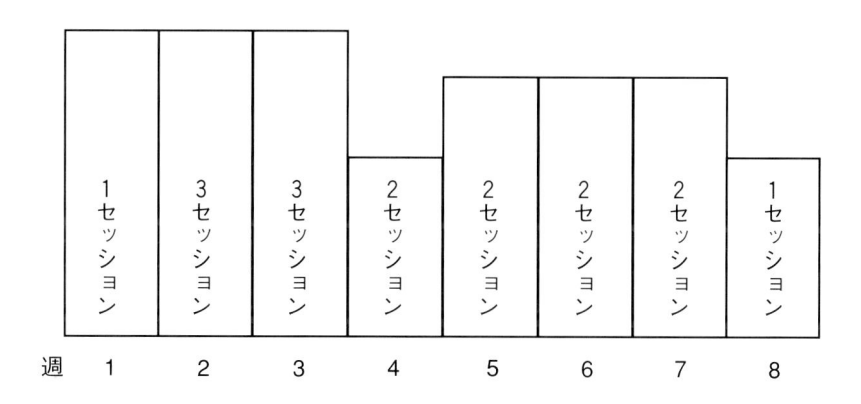

週　1　2　3　4　5　6　7　8

（1セッション，3セッション，3セッション，2セッション，2セッション，2セッション，2セッション，1セッション）

図255．ユース育成の場合のプレシーズンの8週間のプランニング。

図256に，この準備期のすべてのセッションを示した。

第5章／サッカーにおけるプランニング　165

第8週プログラム

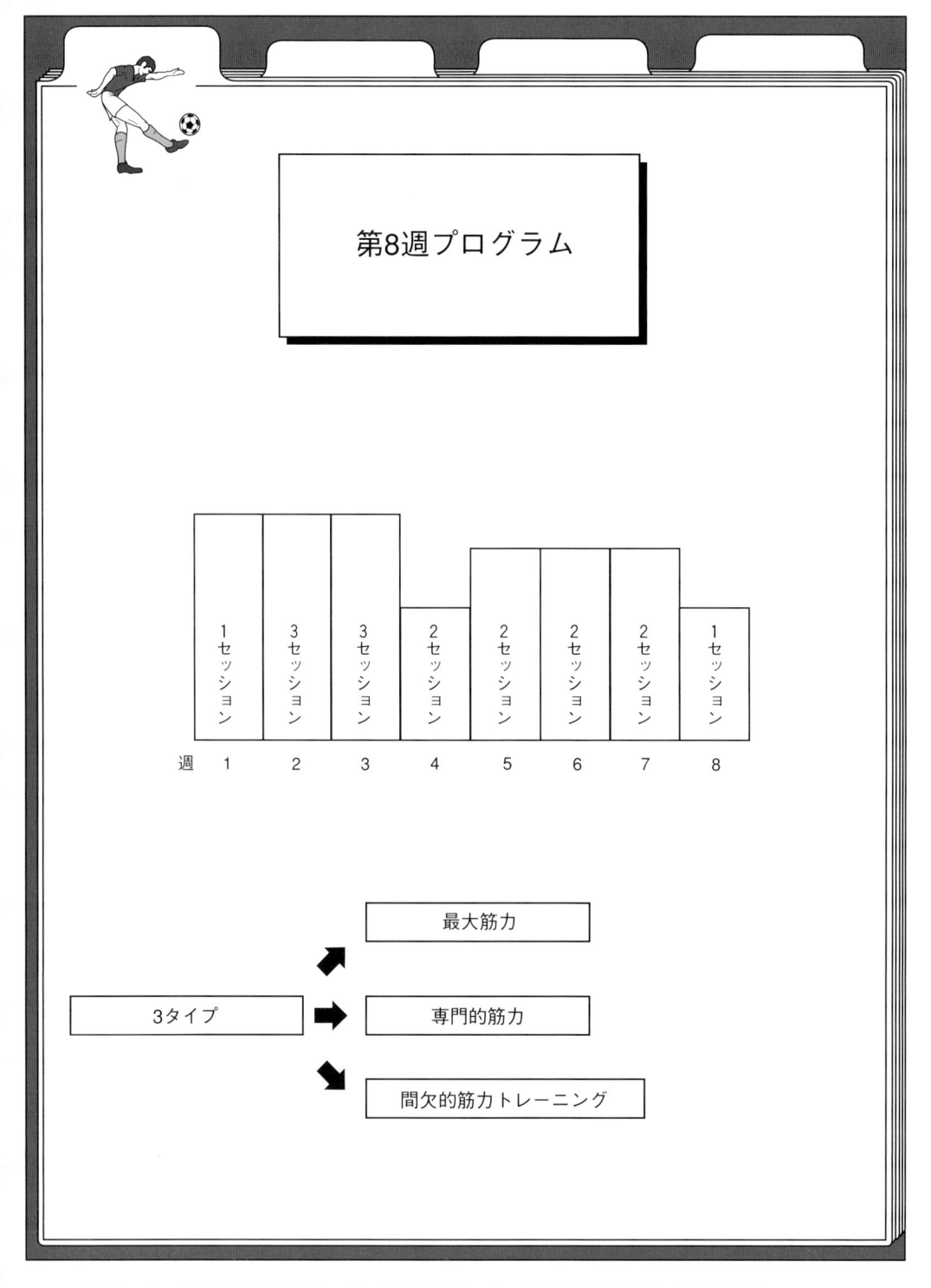

週	1	2	3	4	5	6	7	8
	1セッション	3セッション	3セッション	2セッション	2セッション	2セッション	2セッション	1セッション

3タイプ →
- 最大筋力
- 専門的筋力
- 間欠的筋力トレーニング

図256．ユース育成におけるプレシーズンの筋力強化セッションの詳細（8週間のプランニング）。

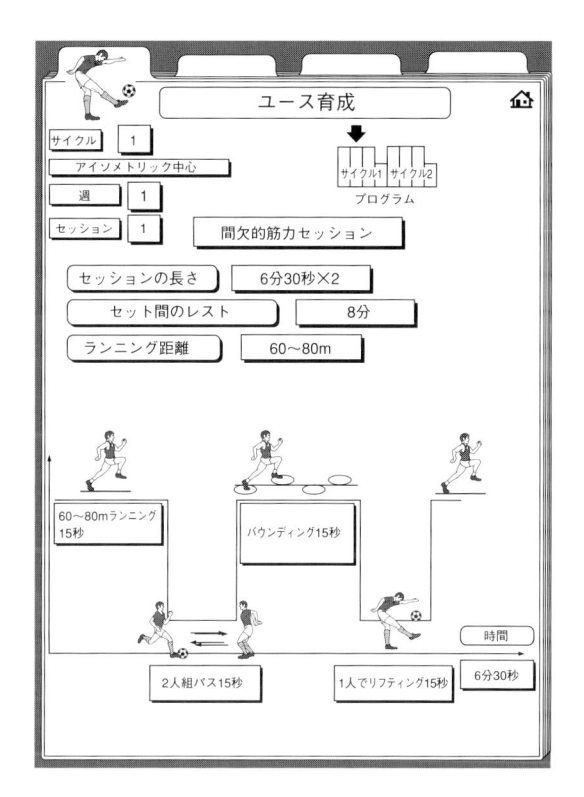

ユース育成

サイクル 1 / アイソメトリック中心 / **週** 1 / **セッション** 1 — 間欠的筋力セッション

- セッションの長さ: 6分30秒×2
- セット間のレスト: 8分
- ランニング距離: 60〜80m

60〜80mランニング 15秒 / バウンディング15秒 / 2人組パス15秒 / 1人でリフティング15秒 / 時間 6分30秒

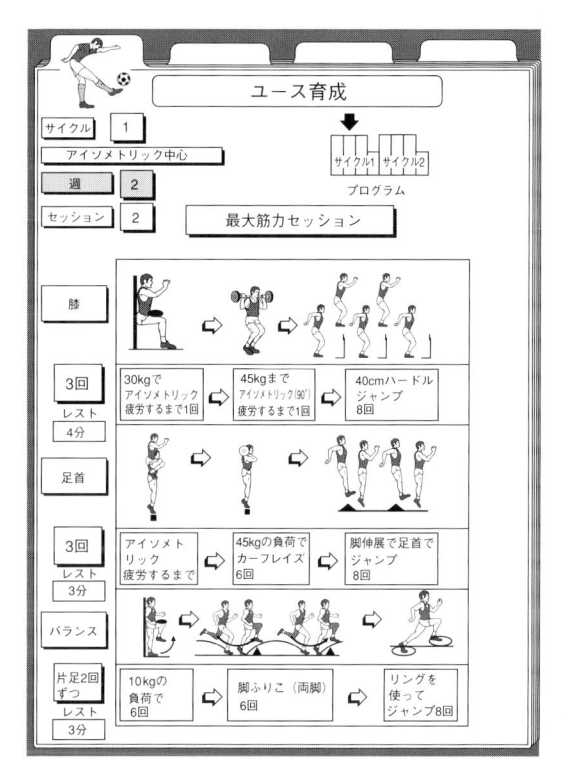

ユース育成

サイクル 1 / アイソメトリック中心 / **週** 2 / **セッション** 2 — 最大筋力セッション

膝 — 3回 レスト4分
- 30kgでアイソメトリック疲労するまで1回
- 45kgまでアイソメトリック(90°)疲労するまで1回
- 40cmハードルジャンプ 8回

足首 — 3回 レスト3分
- アイソメトリック疲労するまで
- 45kgの負荷でカーフレイズ 6回
- 脚伸展で足首でジャンプ 8回

バランス — 片足2回ずつ レスト3分
- 10kgの負荷で6回
- 脚ふりこ(両脚) 6回
- リングを使ってジャンプ8回

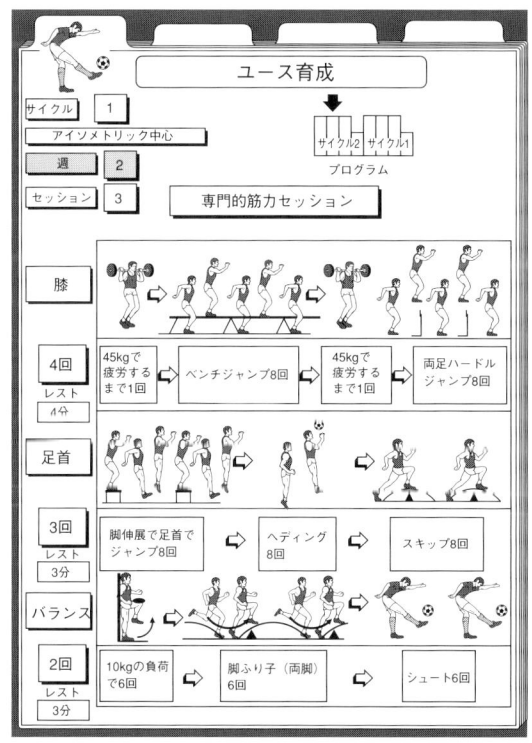

ユース育成

サイクル 1 / アイソメトリック中心 / **週** 2 / **セッション** 3 — 専門的筋力セッション

膝 — 4回 レスト4分
- 45kgで疲労するまで1回
- ベンチジャンプ8回
- 45kgで疲労するまで1回
- 両足ハードルジャンプ8回

足首 — 3回 レスト3分
- 脚伸展で足首でジャンプ8回
- ヘディング8回
- スキップ8回

バランス — 2回 レスト3分
- 10kgの負荷で6回
- 脚ふりこ(両脚)6回
- シュート6回

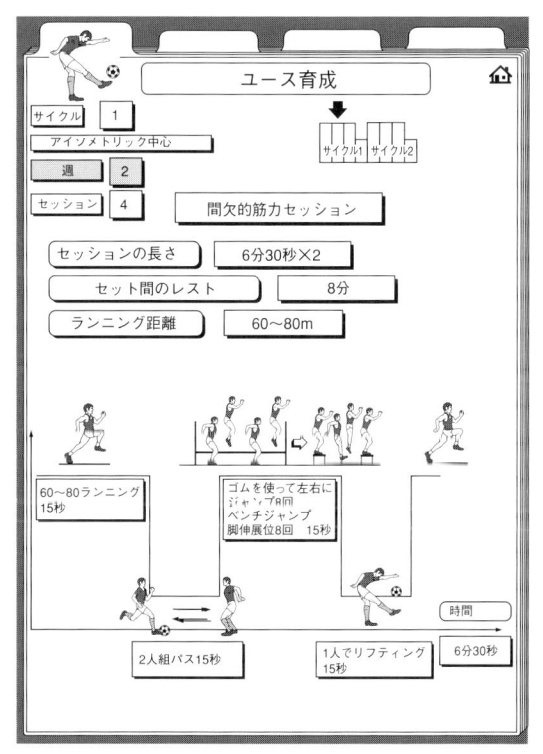

ユース育成

サイクル 1 / アイソメトリック中心 / **週** 2 / **セッション** 4 — 間欠的筋力セッション

- セッションの長さ: 6分30秒×2
- セット間のレスト: 8分
- ランニング距離: 60〜80m

60〜80ランニング15秒 / ゴムを使って左右にジャンプ8回 ベンチジャンプ 脚伸展位8回 15秒 / 2人組パス15秒 / 1人でリフティング15秒 / 時間 6分30秒

第5章／サッカーにおけるプランニング

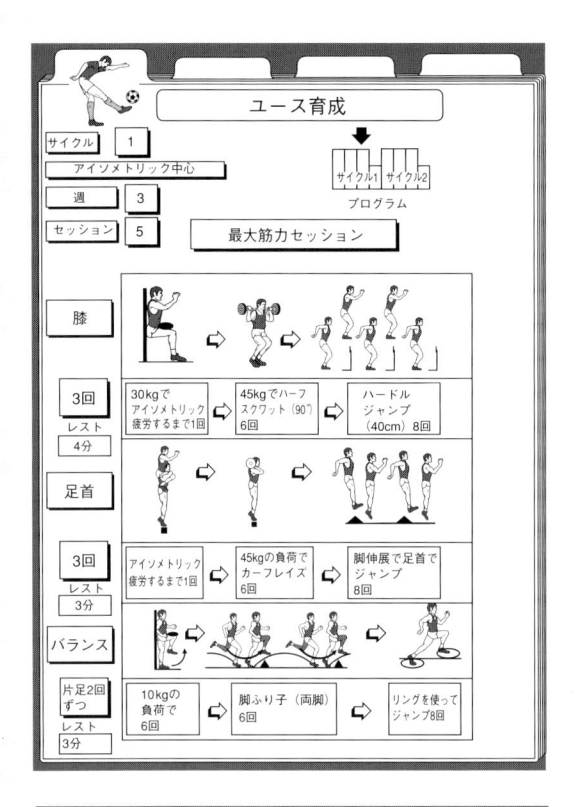

ユース育成

サイクル 1
アイソメトリック中心
週 3
セッション 5 — 最大筋力セッション

膝 — 3回 レスト 4分
- 30kgでアイソメトリック疲労するまで1回
- 45kgでハーフスクワット（90°）6回
- ハードルジャンプ（40cm）8回

足首 — 3回 レスト 3分
- アイソメトリック疲労するまで1回
- 45kgの負荷でカーフレイズ 6回
- 脚伸展で足首でジャンプ 8回

バランス — 片足2回ずつ レスト 3分
- 10kgの負荷で 6回
- 脚ふり子（両脚）6回
- リングを使ってジャンプ 8回

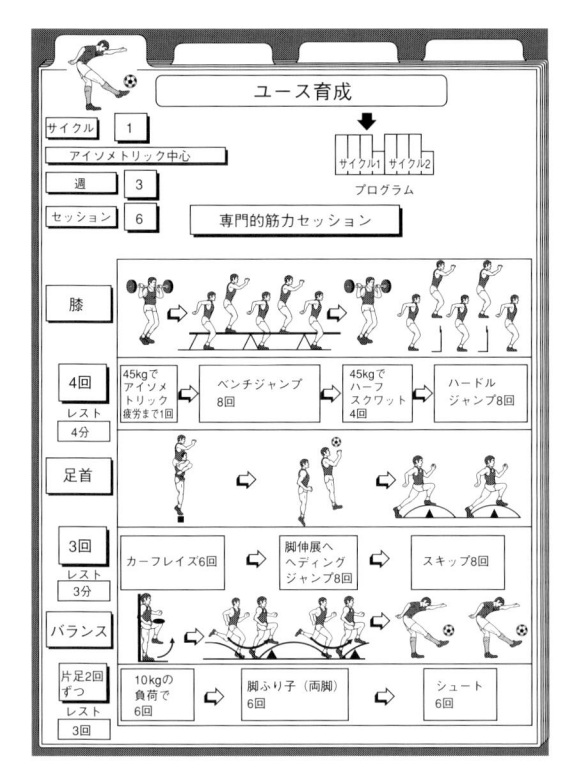

ユース育成

サイクル 1
アイソメトリック中心
週 3
セッション 6 — 専門的筋力セッション

膝 — 4回 レスト 4分
- 45kgでアイソメトリック疲労するまで1回
- ベンチジャンプ 8回
- 45kgでハーフスクワット 4回
- ハードルジャンプ 8回

足首 — 3回 レスト 3分
- カーフレイズ 6回
- 脚伸展へヘディングジャンプ 8回
- スキップ 8回

バランス — 片足2回ずつ レスト 3分
- 10kgの負荷で 6回
- 脚ふり子（両脚）6回
- シュート 6回

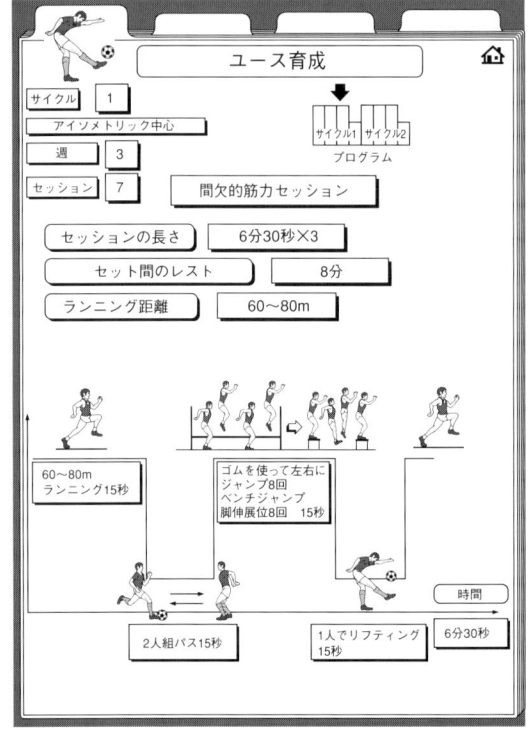

ユース育成

サイクル 1
アイソメトリック中心
週 3
セッション 7 — 間欠的筋力セッション

- セッションの長さ：6分30秒×3
- セット間のレスト：8分
- ランニング距離：60〜80m

- 60〜80mランニング 15秒
- ゴムを使って左右にジャンプ8回 ベンチジャンプ 脚伸展位8回 15秒
- 2人組パス 15秒
- 1人でリフティング 15秒
- 時間 6分30秒

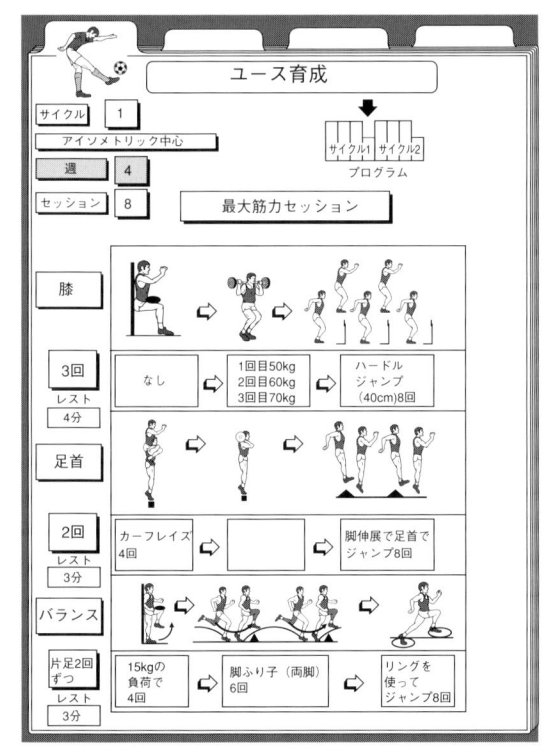

ユース育成

サイクル 1
アイソメトリック中心
週 4
セッション 8 — 最大筋力セッション

膝 — 3回 レスト 4分
- なし
- 1回目50kg / 2回目60kg / 3回目70kg
- ハードルジャンプ（40cm）8回

足首 — 2回 レスト 3分
- カーフレイズ 4回
- 脚伸展で足首でジャンプ 8回

バランス — 片足2回ずつ レスト 3分
- 15kgの負荷で 4回
- 脚ふり子（両脚）6回
- リングを使ってジャンプ 8回

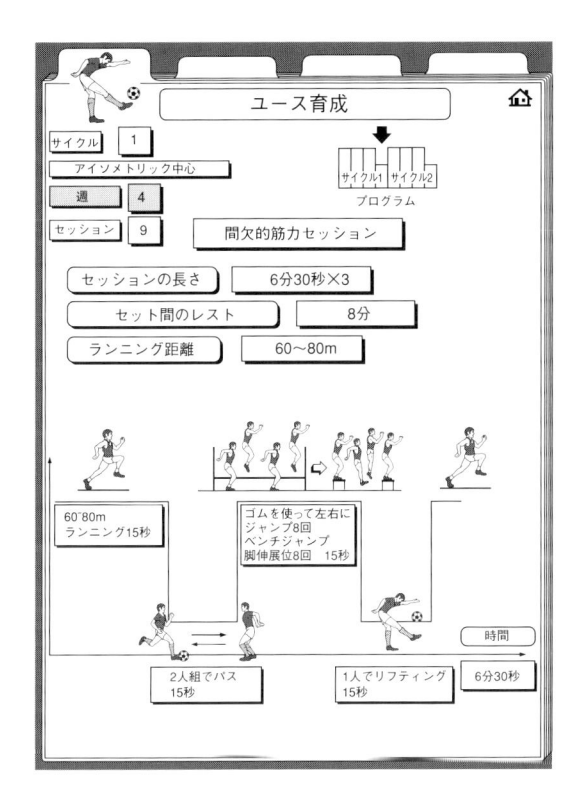

ユース育成 — サイクル 1

アイソメトリック中心
週 4
セッション 9 — 間欠的筋力セッション

- セッションの長さ: 6分30秒×3
- セット間のレスト: 8分
- ランニング距離: 60～80m

60~80m ランニング15秒
ゴムを使って左右にジャンプ8回 ベンチジャンプ 脚伸展位8回 15秒
2人組でパス 15秒
1人でリフティング 15秒
時間: 6分30秒

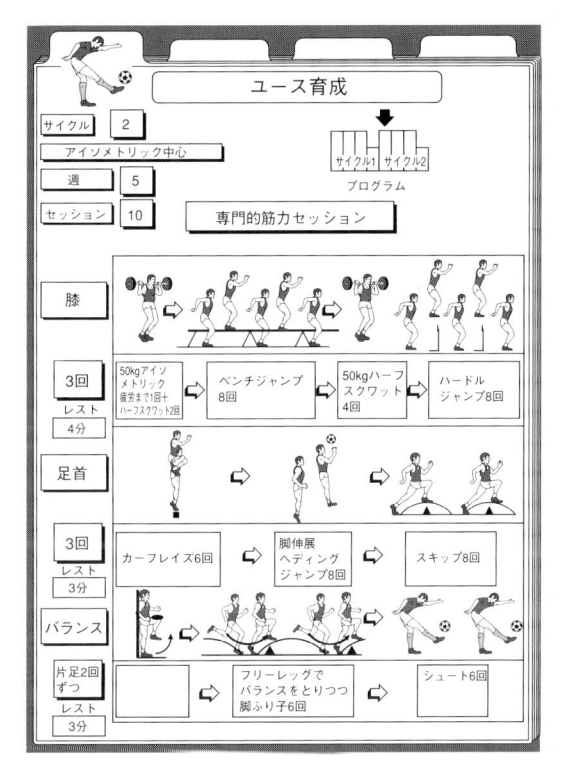

ユース育成 — サイクル 2

アイソメトリック中心
週 5
セッション 10 — 専門的筋力セッション

膝 — 3回 レスト 4分
- 50kgアイソメトリック 疲労まで1回 + ハーフスクワット2回
- ベンチジャンプ 8回
- 50kgハーフスクワット 4回
- ハードルジャンプ 8回

足首 — 3回 レスト 3分
- カーフレイズ 6回
- 脚伸展ヘディングジャンプ 8回
- スキップ 8回

バランス — 片足2回ずつ レスト 3分
- フリーレッグでバランスをとりつつ脚ふり子 6回
- シュート 6回

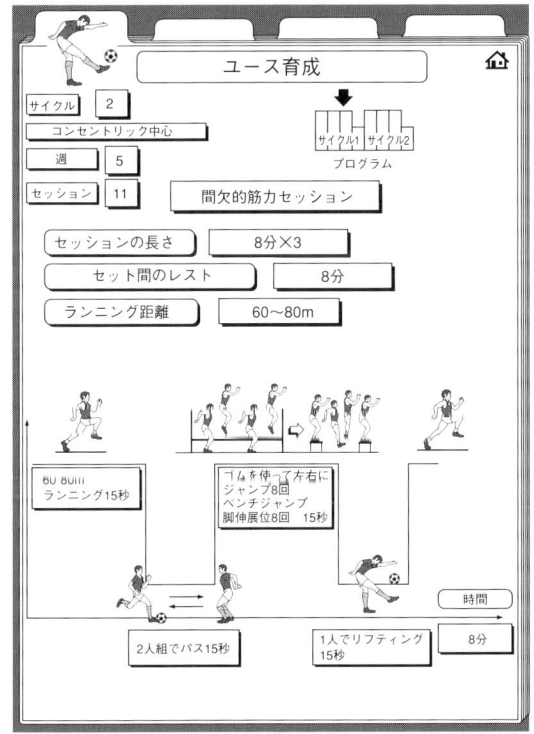

ユース育成 — サイクル 2

コンセントリック中心
週 5
セッション 11 — 間欠的筋力セッション

- セッションの長さ: 8分×3
- セット間のレスト: 8分
- ランニング距離: 60～80m

60~80m ランニング15秒
ゴムを使って左右にジャンプ8回 ベンチジャンプ 脚伸展位8回 15秒
2人組でパス15秒
1人でリフティング15秒
時間: 8分

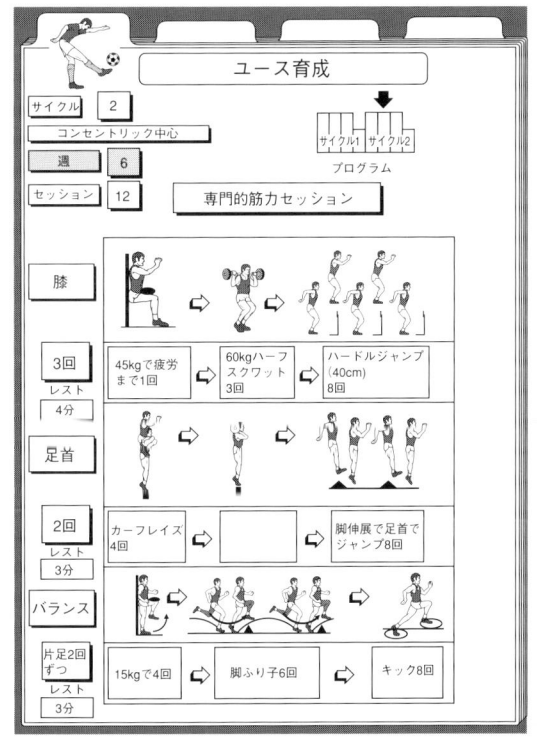

ユース育成 — サイクル 2

コンセントリック中心
週 6
セッション 12 — 専門的筋力セッション

膝 — 3回 レスト 4分
- 45kgで疲労まで1回
- 60kgハーフスクワット 3回
- ハードルジャンプ (40cm) 8回

足首 — 2回 レスト 3分
- カーフレイズ 4回
- 脚伸展で足首でジャンプ8回

バランス — 片足2回ずつ レスト 3分
- 15kgで4回
- 脚ふり子 6回
- キック 8回

第5章／サッカーにおけるプランニング

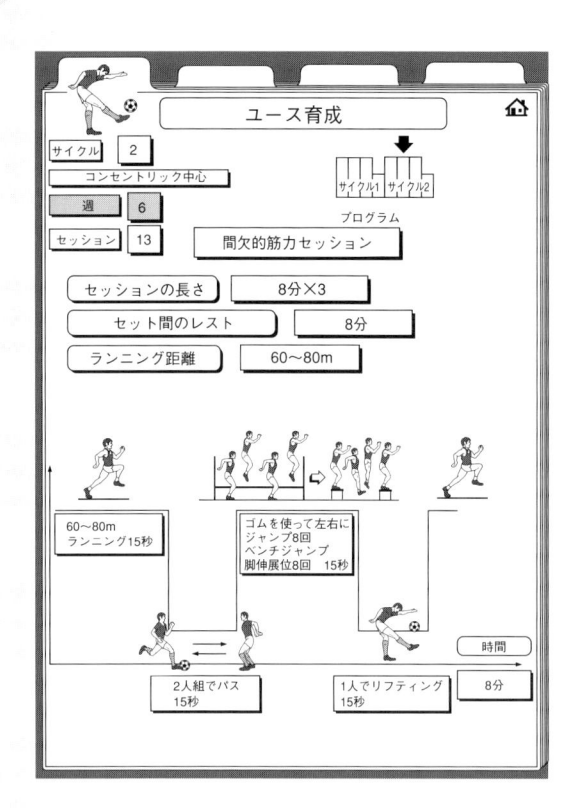

Football et musculation

ユース育成 (サイクル2、週6、セッション13)

コンセントリック中心
プログラム：サイクル1→サイクル2
間欠的筋力セッション

- セッションの長さ：8分×3
- セット間のレスト：8分
- ランニング距離：60〜80m

- 60〜80mランニング15秒
- ゴムを使って左右にジャンプ8回／ベンチジャンプ／脚伸展位8回 15秒
- 2人組でパス 15秒
- 1人でリフティング 15秒
- 時間：8分

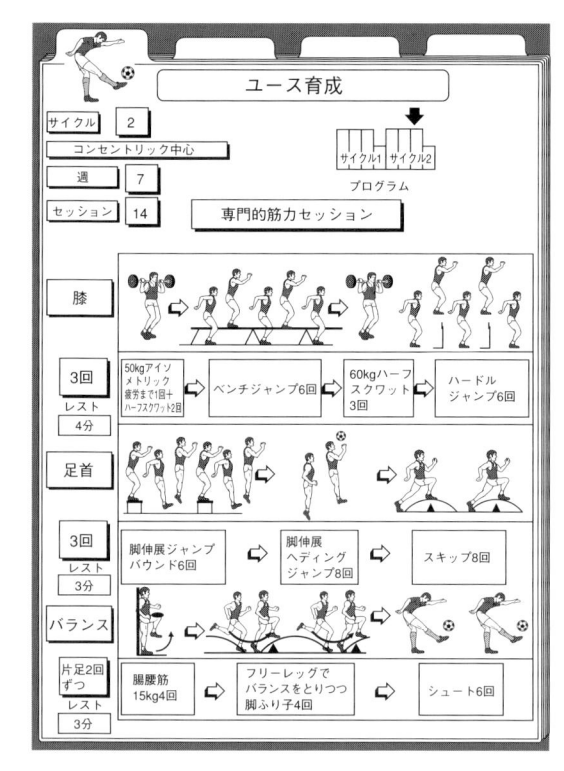

ユース育成 (サイクル2、週7、セッション14)

コンセントリック中心
プログラム：サイクル1→サイクル2
専門的筋力セッション

膝 — 3回レスト 4分
- 50kgアイソメトリック疲労まで1回＋ハーフスクワット2回
- ベンチジャンプ6回
- 60kgハーフスクワット3回
- ハードルジャンプ6回

足首 — 3回レスト 3分
- 脚伸展ジャンプバウンド6回
- 脚伸展ヘディングジャンプ8回
- スキップ8回

バランス — 片足2回ずつレスト 3分
- 腸腰筋15kg4回
- フリーレッグでバランスをとりつつ脚ふり子4回
- シュート6回

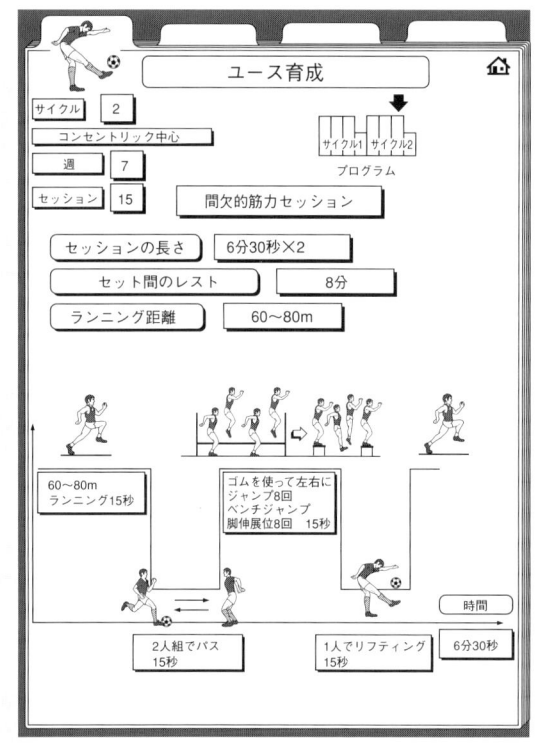

ユース育成 (サイクル2、週7、セッション15)

コンセントリック中心
プログラム：サイクル1→サイクル2
間欠的筋力セッション

- セッションの長さ：6分30秒×2
- セット間のレスト：8分
- ランニング距離：60〜80m

- 60〜80mランニング15秒
- ゴムを使って左右にジャンプ8回／ベンチジャンプ／脚伸展位8回 15秒
- 2人組でパス 15秒
- 1人でリフティング 15秒
- 時間：6分30秒

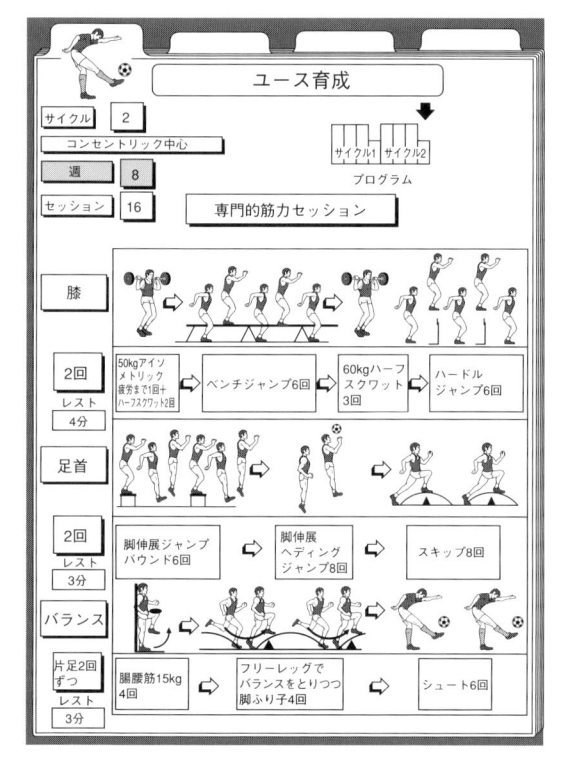

ユース育成 (サイクル2、週8、セッション16)

コンセントリック中心
プログラム：サイクル1→サイクル2
専門的筋力セッション

膝 — 2回レスト 4分
- 50kgアイソメトリック疲労まで1回＋ハーフスクワット2回
- ベンチジャンプ6回
- 60kgハーフスクワット3回
- ハードルジャンプ6回

足首 — 2回レスト 3分
- 脚伸展ジャンプバウンド6回
- 脚伸展ヘディングジャンプ8回
- スキップ8回

バランス — 片足2回ずつレスト 3分
- 腸腰筋15kg4回
- フリーレッグでバランスをとりつつ脚ふり子4回
- シュート6回

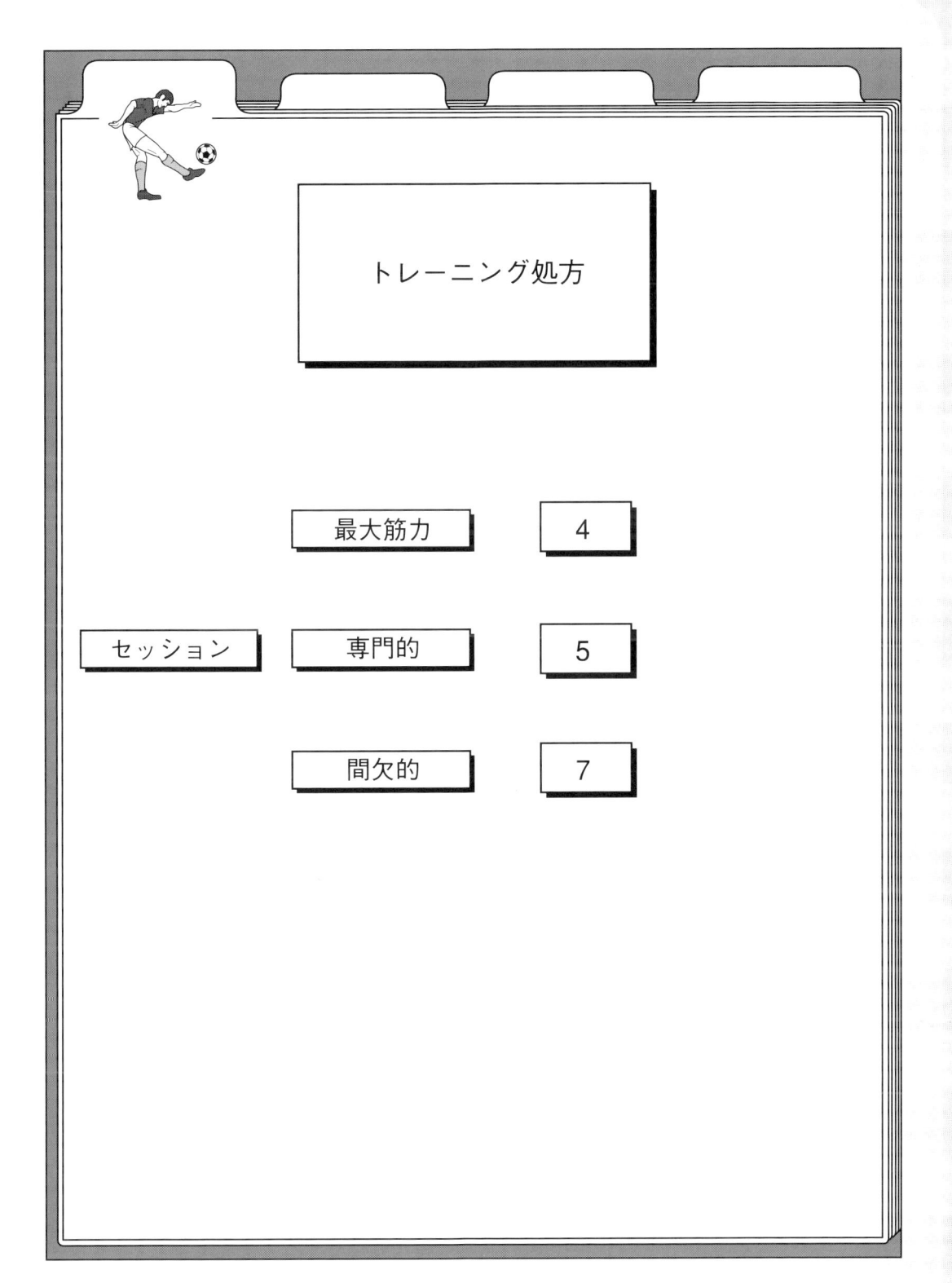

トレーニング処方

セッション	最大筋力	4
	専門的	5
	間欠的	7

b）プロクラブの場合：

プレシーズンには十分な時間があることは明らかである。

イタリアリーグをモデルとして考えてみたい。イタリアリーグは，長い中断があり，少なくとも8週間のトレーニングをプログラミングすることができる。このピリオドは，トレーニングを適切に行うのに理想的な長さである。

我々は常に同じ原則を適用する。このピリオドを4週間ずつ2ブロックに分けて考える（図257）。

筋力ブロック				テクニックブロック			
アイソメトリック	ブルガリア	エキセントリック	スタティック 2回	ブルガリア	プライオメトリック	スタティック 1回	スタティック 1回
第1週	第2週	第3週	第4週	第5週	第6週	第7週	第8週

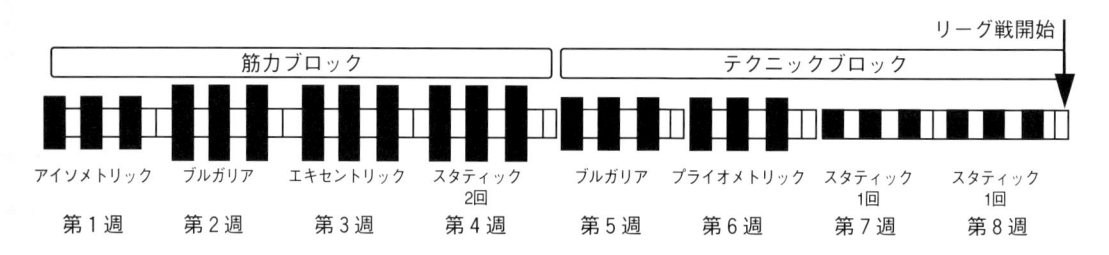

図257. 8週間にわたるプレシーズンのトレーニングのプログラミング。4週間2ブロックに分ける。筋力強化のセッションを黒で表した。セッションの強度を黒い帯の高さで示した。第2，第3，第4週に，最もきついセッションが含まれる。

このプログラミングは，第8週の後にあるリーグ戦の第1戦にコンディションを整えるために構成したものである。

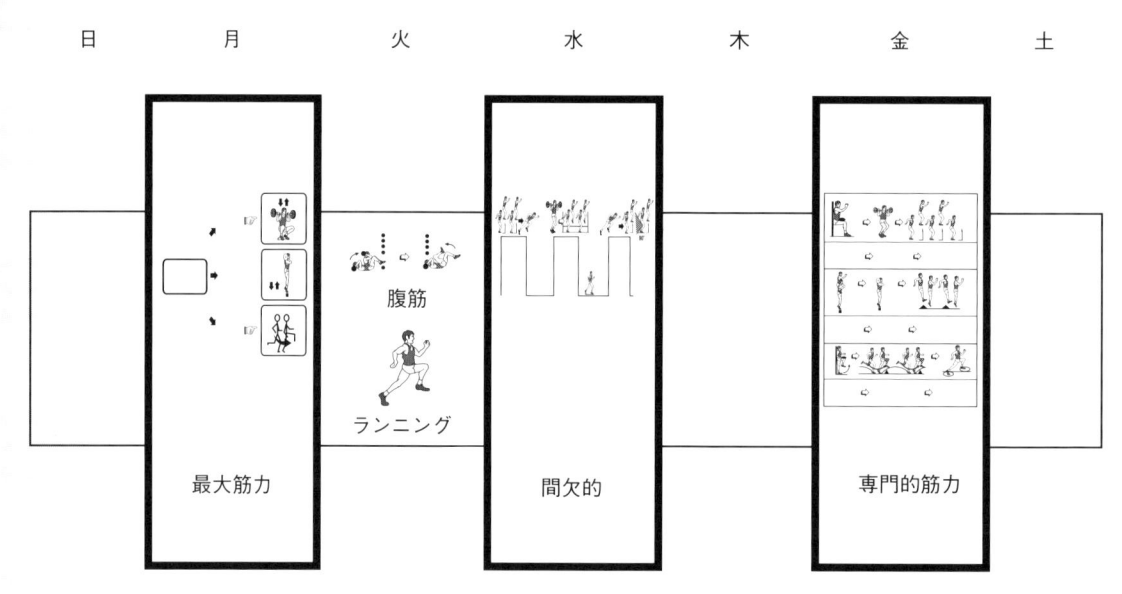

日	月	火	水	木	金	土
	最大筋力	腹筋 ランニング	間欠的		専門的筋力	

図258.「筋力ブロック」の強度の高い週。

図258は，筋力ブロックの第2週の詳細である。第4週まで，例えば図259に示すようにトレーニングをさらに厳しくしていくことができる。最も厳しいセッションを続けて導入していく。

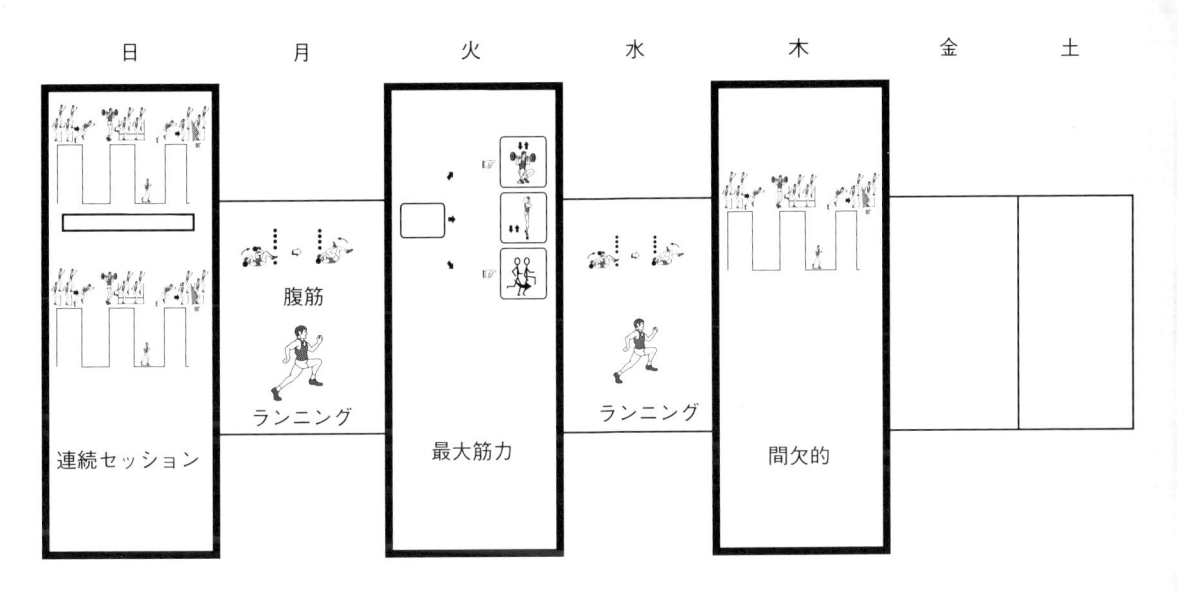

図259.「筋力ブロック」の強度の高い週（例：第4週）。連続セッションを入れる。

　図260は，様々なタイプのセッションのプランニングである（間欠的，連続，最大筋力，専門的筋力）。

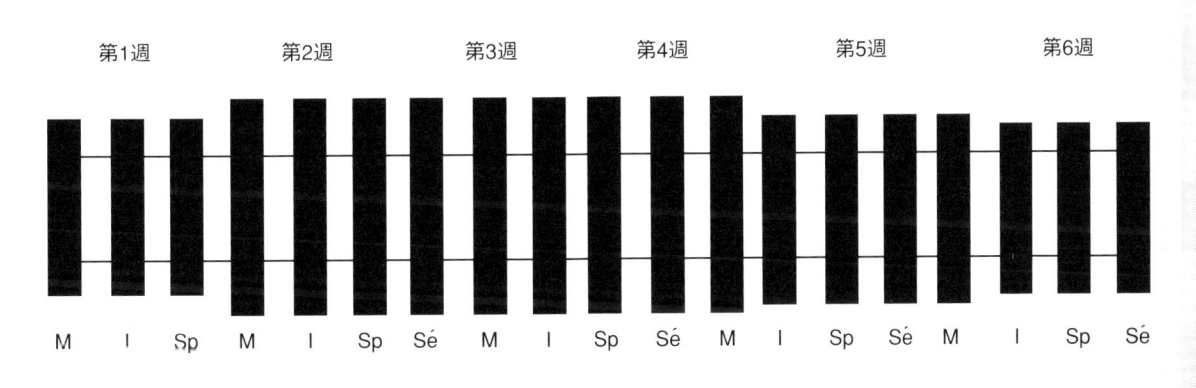

図260. 最初の6週間で，筋力強化のセッションを組み合わせる
（M：最大筋力，I：間欠的，Sp：専門的筋力，Sé：連続）。

　例えば，第4週に導入するような4タイプのセッションの例を挙げる（原則として最も強度の高い週）。

第5章／サッカーにおけるプランニング　173

セッション：
最大筋力

プレシーズン

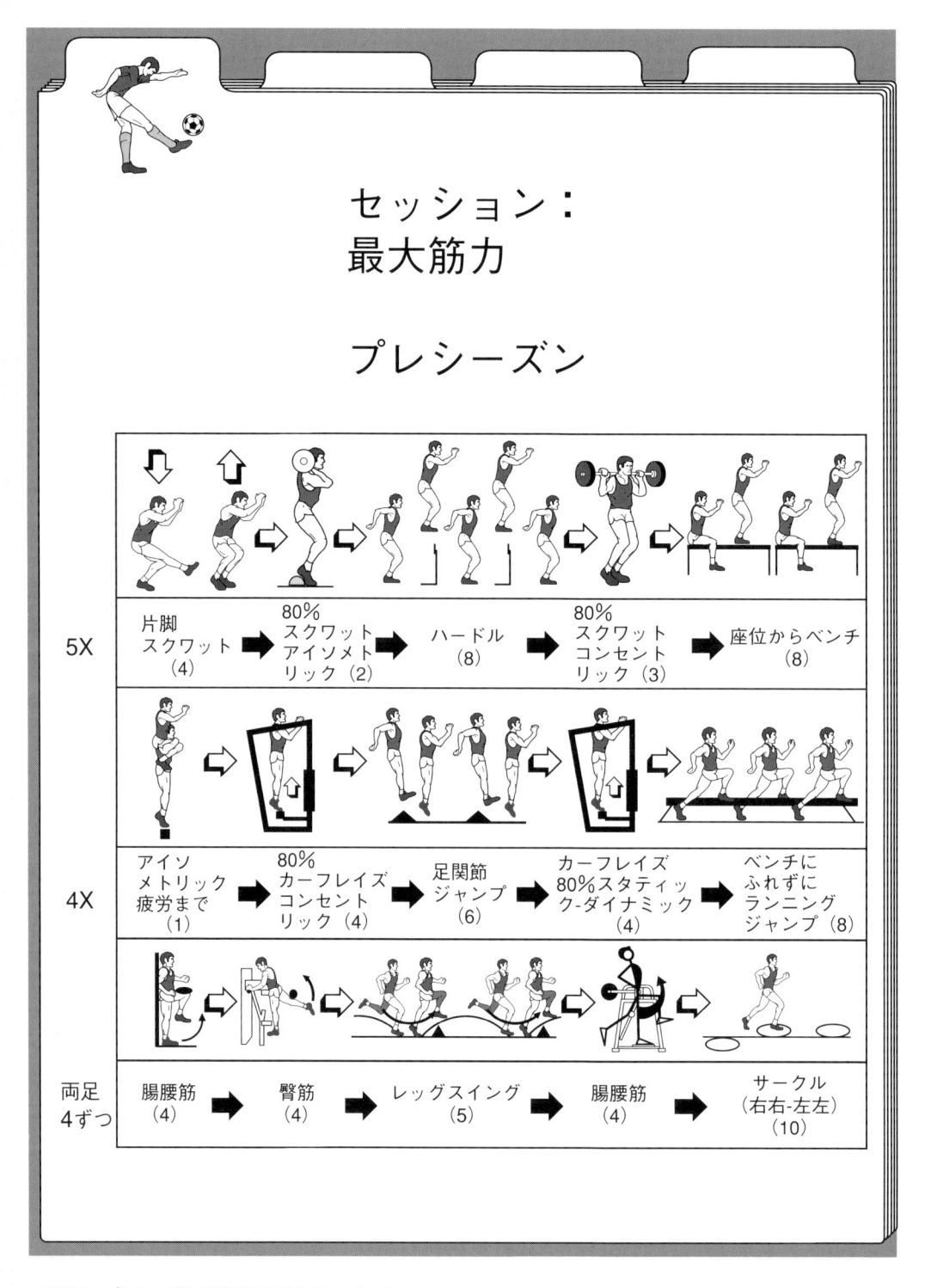

5X	片脚スクワット(4)	→ 80%スクワットアイソメトリック(2)	→ ハードル(8)	→ 80%スクワットコンセントリック(3)	→ 座位からベンチ(8)
4X	アイソメトリック疲労まで(1)	→ 80%カーフレイズコンセントリック(4)	→ 足関節ジャンプ(6)	→ カーフレイズ80%スタティック-ダイナミック(4)	→ ベンチにふれずにランニングジャンプ(8)
両足4ずつ	腸腰筋(4)	→ 臀筋(4)	→ レッグスイング(5)	→ 腸腰筋(4)	→ サークル(右右・左左)(10)

図261．プレシーズンの間の最大筋力のセッション。

セッション：
専門的筋力

プレシーズン

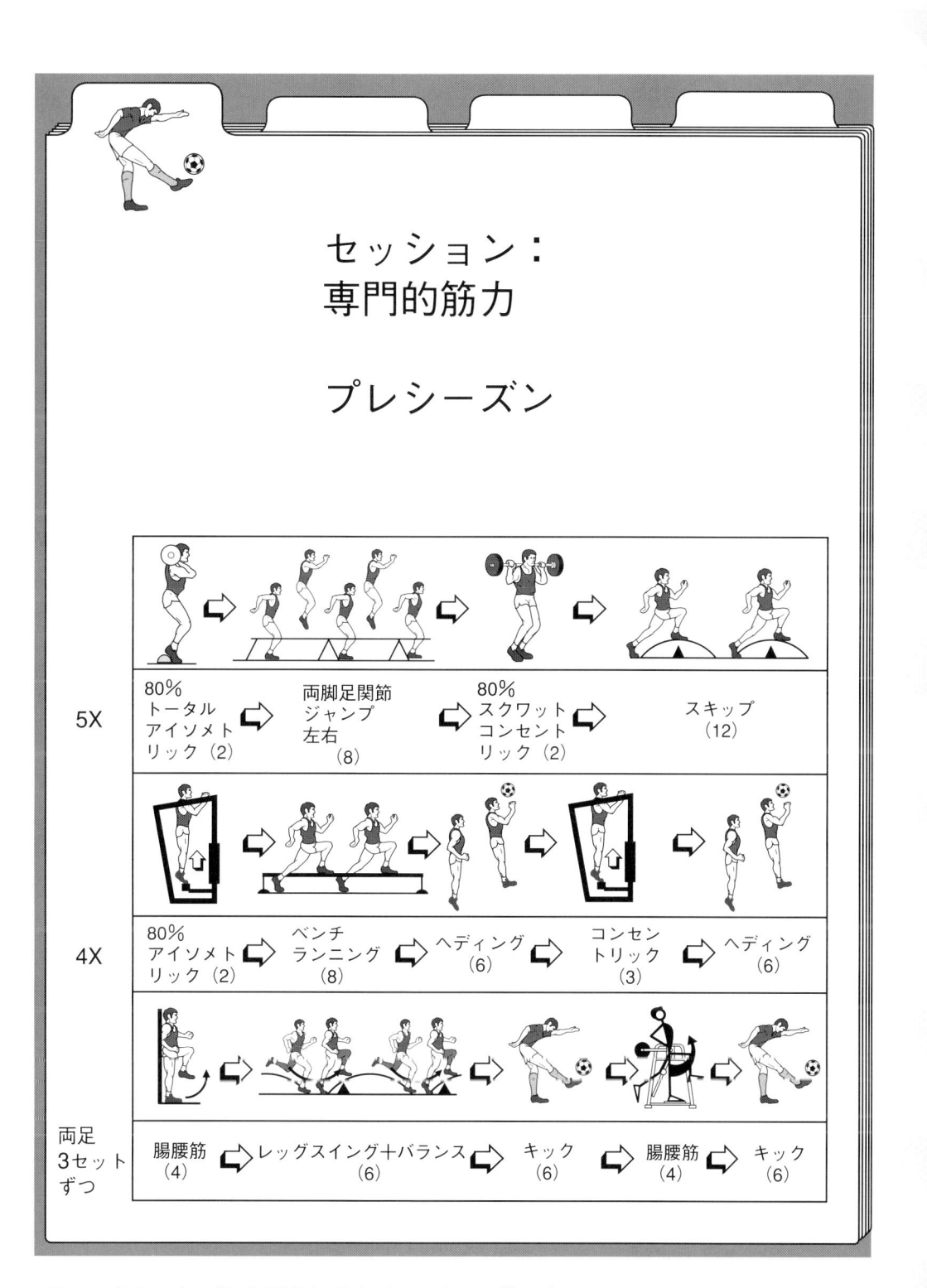

5X	80% トータル アイソメト リック (2) ⇒	両脚足関節 ジャンプ 左右 (8) ⇒	80% スクワット コンセント リック (2) ⇒	スキップ (12)
4X	80% アイソメト リック (2) ⇒	ベンチ ランニング (8) ⇒	ヘディング (6) ⇒	コンセン トリック (3) ⇒ ヘディング (6)
両足 3セット ずつ	腸腰筋 (4) ⇒	レッグスイング＋バランス (6) ⇒	キック (6) ⇒	腸腰筋 (4) ⇒ キック (6)

図262. プレシーズンの間の専門的筋力の強度の高いセッション（第4週）。

第5章／サッカーにおけるプランニング

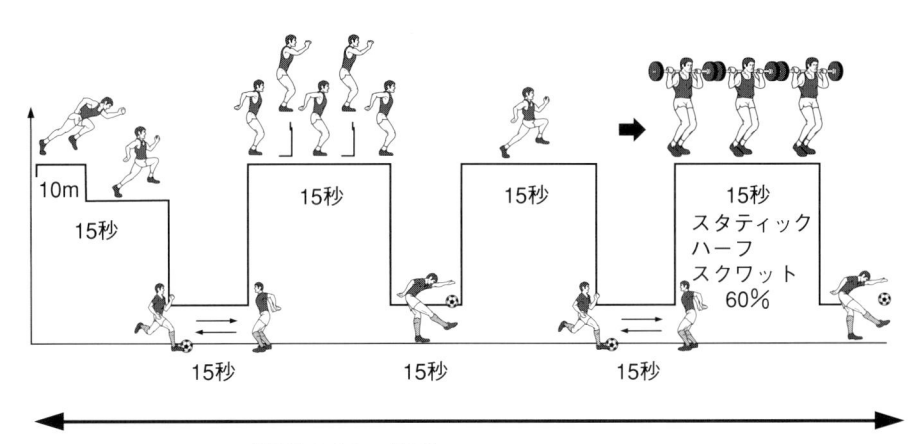

時間：10〜15分

セット数：3〜5
セット間の休憩：7〜10

図263. プレシーズンの間の間欠的筋力の非常に強度の高いセッション。

　連続筋力のセッションは，前の章で挙げたものから採る。強度の高いセッションとなるため，プレーヤー個人と，それぞれの準備状況に合わせて行うべきである。

5. 様々な筋収縮の組み合わせ

　現代的なプランニングでは，一つ一つの方法の効果を考慮に入れつつ，年間を通して方法や筋収縮の種類を入れ替えながら組み合わせて構成する。図264は，1人のアスリートの半年間のプランニングを示したものである。ピリオドとの関係で，筋収縮の種類を変えていく。

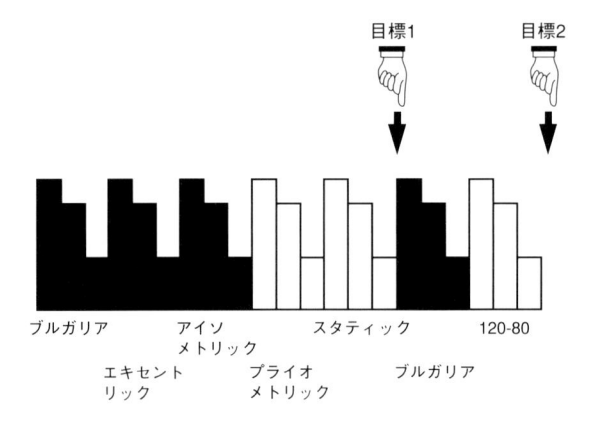

図264. 1人のアスリートの半年間のプランニング。

　サッカープレーヤーの場合，脚筋力のトレーニングとしては，エキセントリックは避けるようにする。回復までに時間がかかるためである。

サッカーの場合は，リーグ戦でかかる要求が高いので，このルールを適用することはできない。したがって，筋収縮の種類を慎重に導入するようにする。我々は，サッカーの場合のプランニングとして，主要な2つのケースを提案しようと思う。

リーグ戦の最中：

先に挙げた原則を守るべきである。重要な試合の前には，セッションの強度を下げ，試合のない週の場合，あるいはあえて危険を冒そうという場合にはトレーニング量を保ち，筋収縮の種類のみを変えて難度を上げる。図265に，筋収縮の種類の難度の段階を示した。中度のプライオメトリックとコンセントリックのトレーニングは，不適応や回復の遅れといった問題を起こさない。したがって，これらの方法をベースにしてトレーニングをすれば，リスクはない。疲労までのアイソメトリックやスタティック-ダイナミック2回を導入すると，支障が起こり，週の最後にネガティブな影響が起こり得る。それに対し，次の週にはプレーヤーはフィジカル的によい状態になる。様々な収縮方法が短期的にはネガティブな結果をもたらすものの，その状態は変化していく。

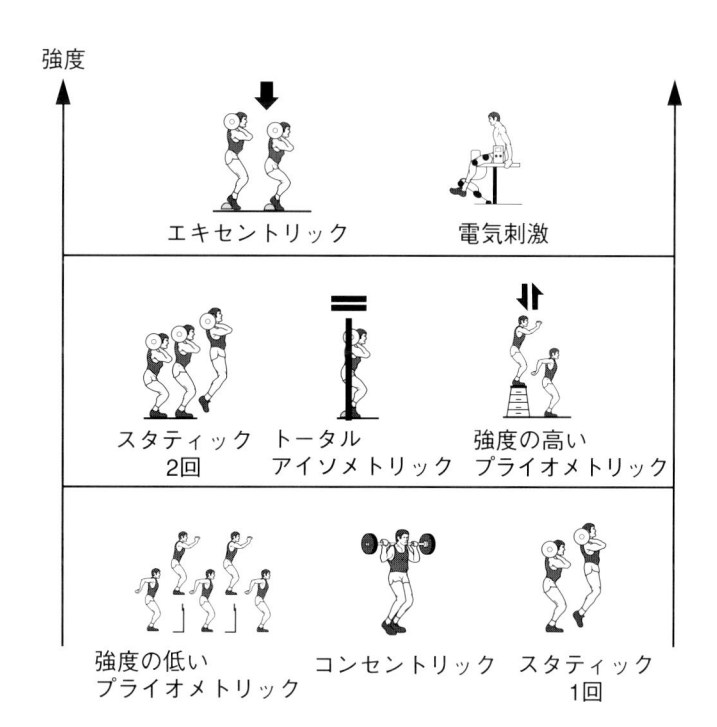

図265．筋の収縮の種類による難度の段階。3レベルに分けられる。エキセントリックと電気刺激は，短期的に見れば，プレーヤーの状態に最も支障を与える。スタティック-ダイナミック2回，トータル・アイソメトリック，強度の高いプライオメトリックは，状態を落とさせるが，その程度は少し下がる。強度の低いプライオメトリックとコンセントリック（随意運動）およびスタティック-ダイナミック1回は，プレーヤーのコンディションを整える。

プレシーズン：

プレシーズンの間の主要なプランニングの例を挙げる（図266）。本書を通して述べているルールを適応しつつ，その他のバリエーションを導入することも可能である。

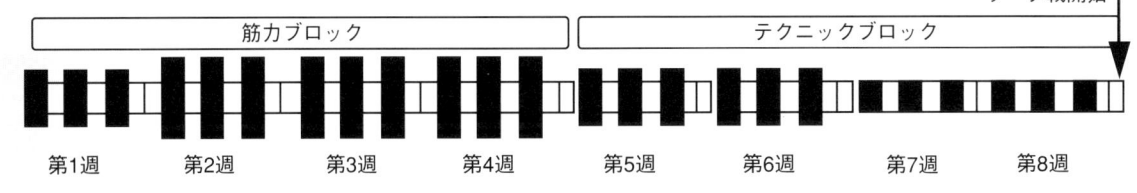

図266. プレシーズンの間の筋収縮のプランニング例。

6. 筋力トレーニングのマネージメントにおける情報

　情報処理を活用することで，筋力強化のマネージメントは非常に簡単にできる。我々がアップル・マッキントッシュで開発したプログラムの活用について，いくつかの例を紹介しよう。同じスタイルのプログラムは，ウインドウズ・バージョンでもある(Cardi sport Dijon)。
　コーチの入れ替えやトレーニングの着想に，必ずしもコンピュータが必要であるというわけではない。コンピュータはコーチの役に立つ一つの道具にすぎず，この仕事の作業を楽にするためのものである。

セッションの個別提示の補助：
　このプログラムは，セッションのモデルをグラフィックで表した修正可能なセッションのモデルを提案する。各プレーヤー毎のセッションの個別の構成がやりやすくなる（図267）。

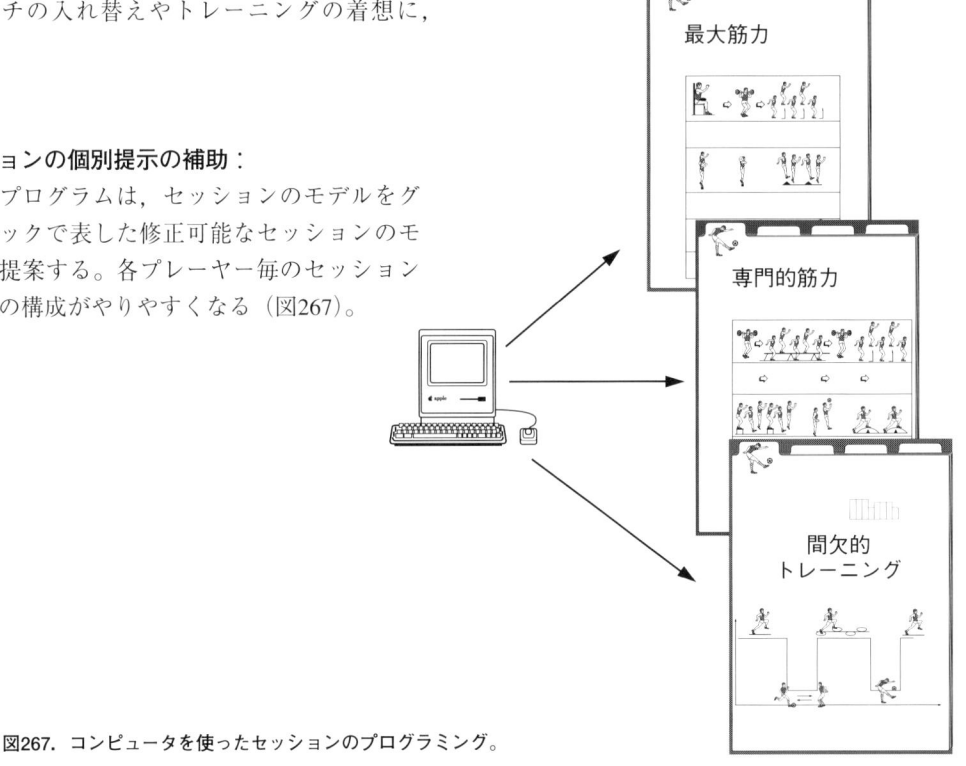

図267. コンピュータを使ったセッションのプログラミング。

各プレーヤーの構想を構成する際には，内容を入れ，コンピュータですべてのセッションを，ファイルの形でストックし分類する（図268）。

セッションのストックと分類：

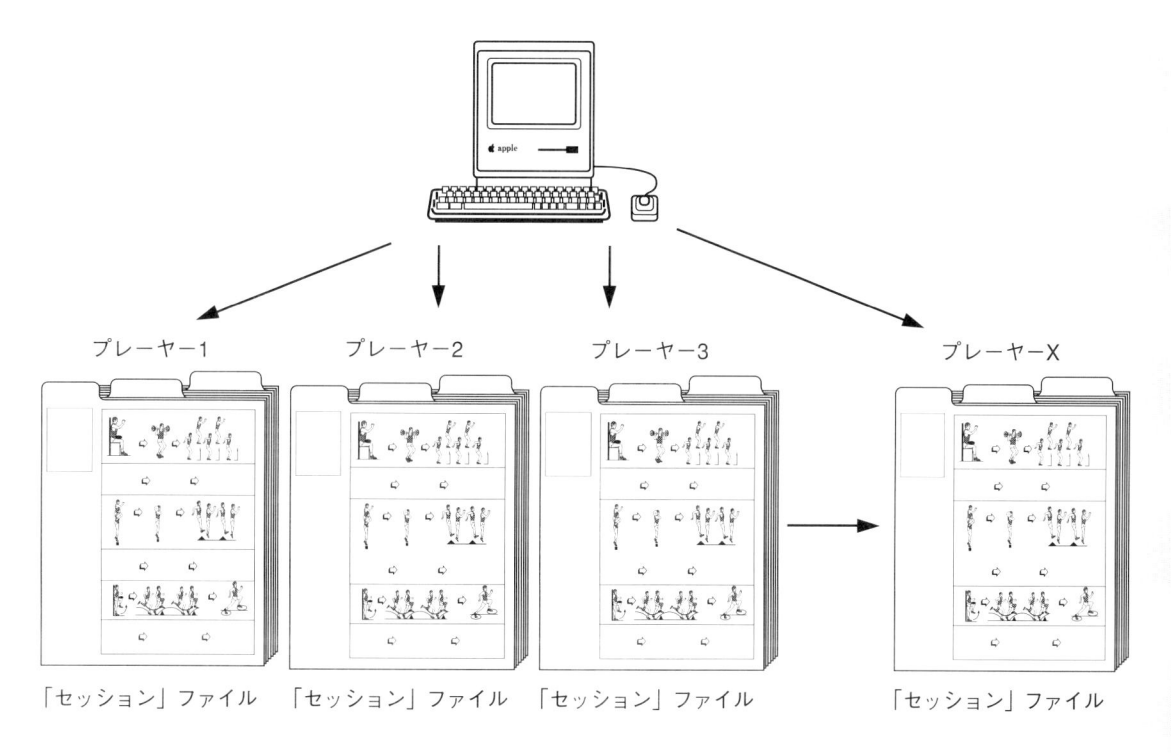

プレーヤー-1　　プレーヤー-2　　プレーヤー-3　　　　　　　プレーヤーX

「セッション」ファイル　「セッション」ファイル　「セッション」ファイル　　「セッション」ファイル

　　図268．プログラムによって，各プレーヤー毎の個別セッションの構成が可能。
　　　　　　セッションは，タイプ毎（最大筋力，専門的筋力など）およびプレーヤー毎にストックされる。

1年の最後にピリオド毎の総合評価を行い，またそれぞれのピリオド前の状況の確認をするために，1シーズンの間に行ったすべてのセッションが取り出せるようにしておくことが非常に重要である。

内容の補助：
2つの方法がある。
- 構成によって（図271-272）。
- 内容および量を自動的にエクササイズ毎に入れられるようなメニューによって（図269-270参照）。

それにはさらに2つの可能性がある。
- 総合的メニュー。すべてのセッションを同じように埋めることができる（図269）
- 特別メニュー。特定のエクササイズに関するもので，あるエクササイズに関してのみ内容を入れることができる。

第5章／サッカーにおけるプランニング

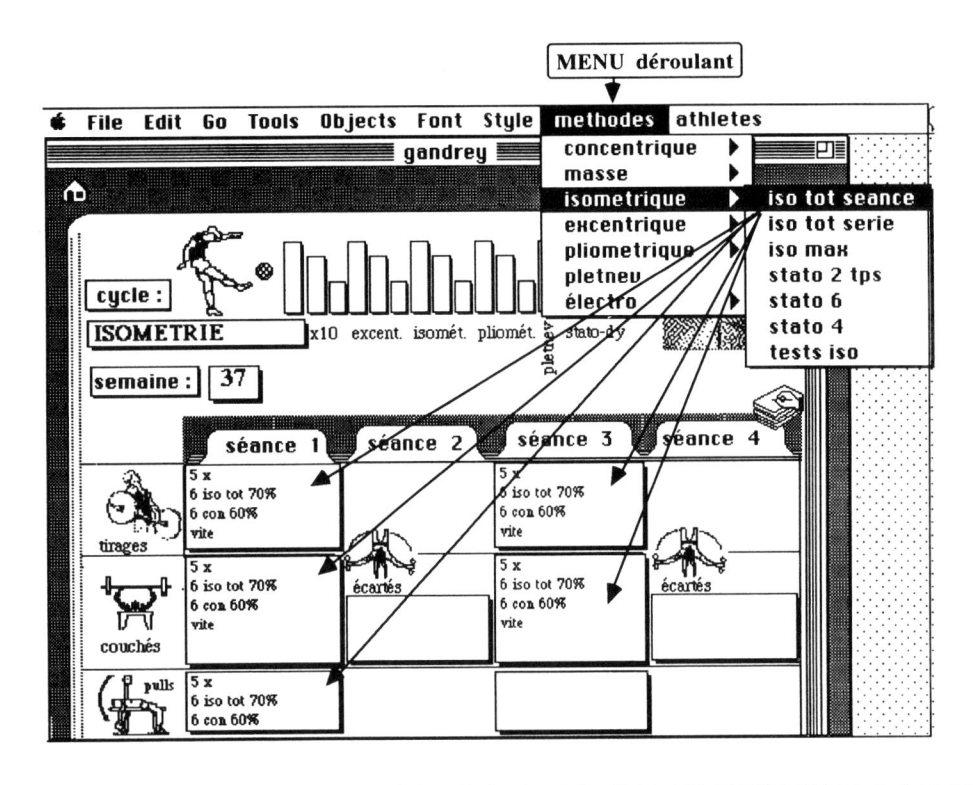

図269. 方法の選択を提案するメニュー。コーチが方法を選択すると，矢印で示された欄が自動的に埋められる（ここではセッション内のトータル・アイソメトリック）。

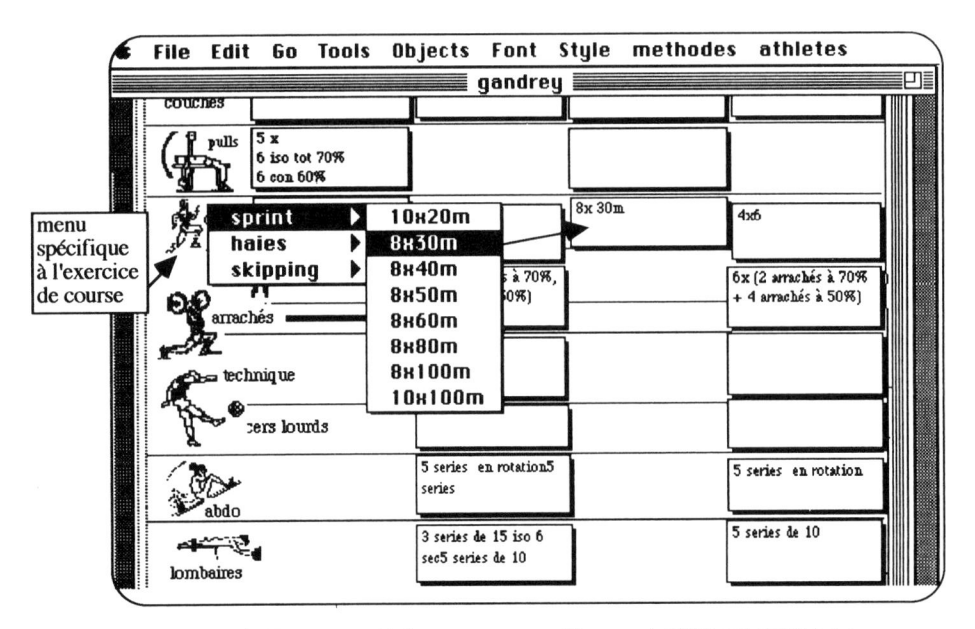

図270. 特定のエクササイズの特別メニュー例（ここではランニング）。コーチが希望の量を選択すると，関係する欄に自動的に書き込まれる。

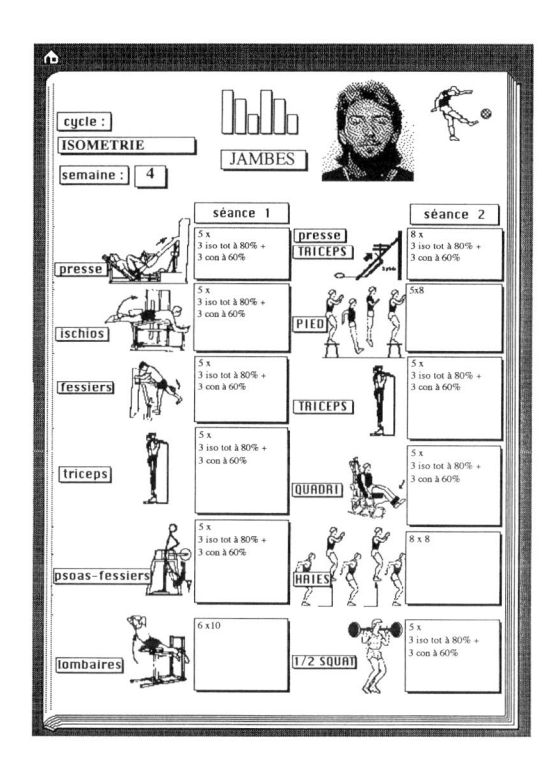

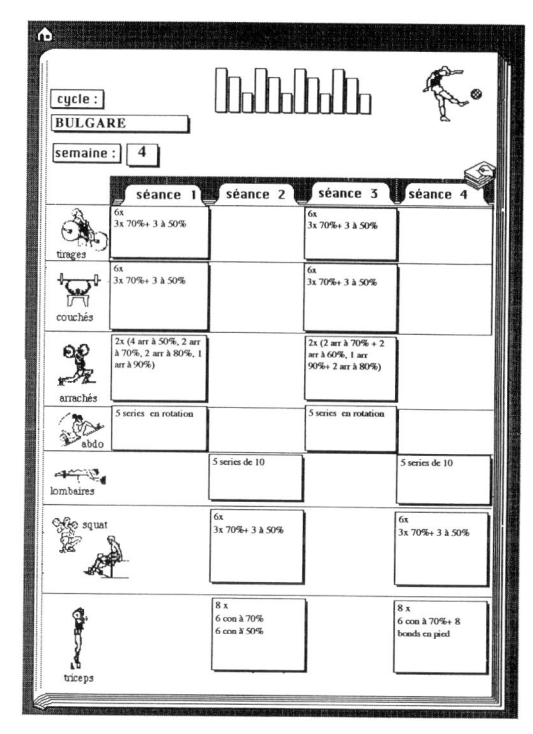

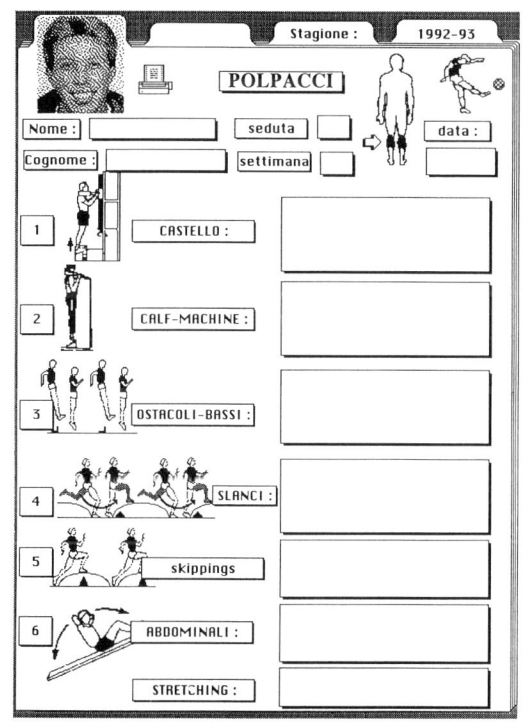

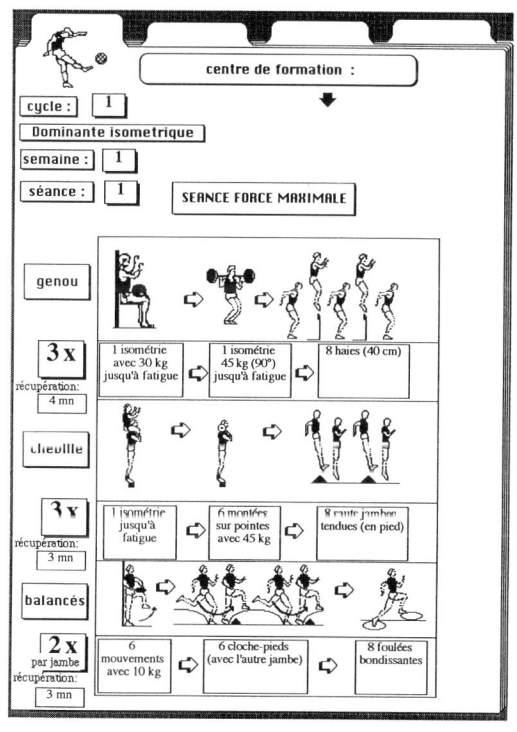

図271. 情報処理プログラムによるセッションのプレゼンテーション例。

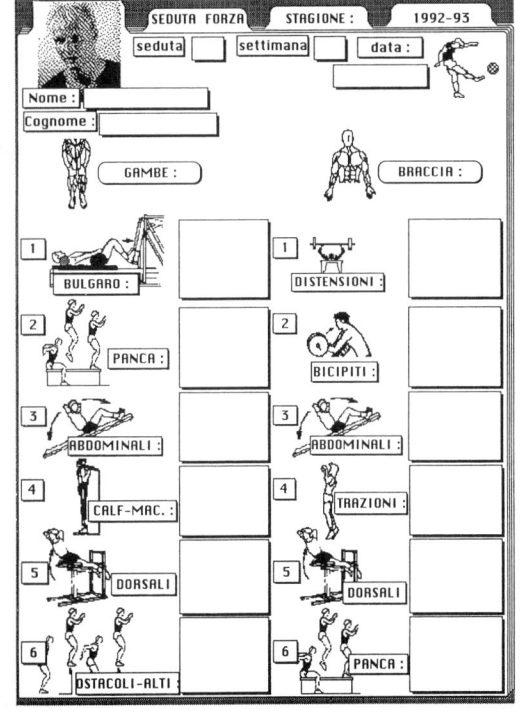

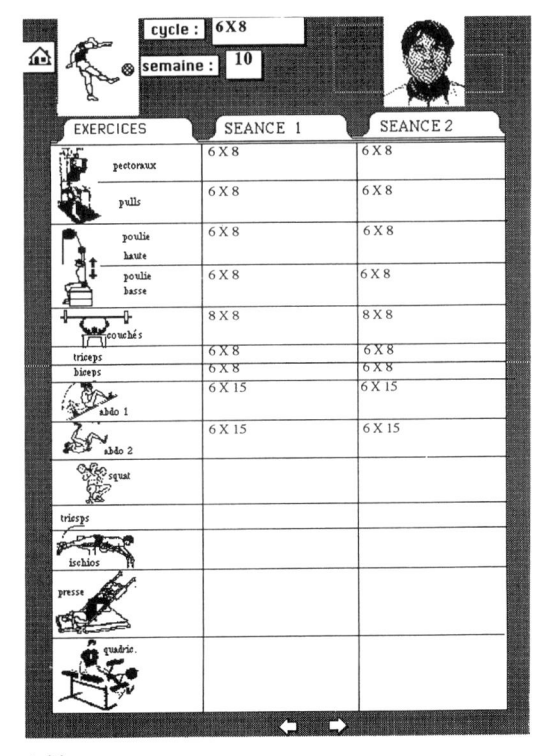

図272. 情報処理プログラムによるセッションのプレゼンテーション例。

CHAPTER 6
第6章／筋力とスピード

筋力とスピード，これら2つのクオリティーは密接に結びついている。一般的に言われている，筋力トレーニングを行うとスピードが落ちる，という考えは誤りであり，生理学のいくつかの要素からも，そのことはすでに証明されている（速筋線維と同期化）。

　しかしここで，スピードというものが何を表すのか，明確にしておこう。一般的に，スピードのクオリティーには3つのパラメータがある。
- 反応時間
- 動作スピード
- 動作の頻度（ピッチ）

1. 反応時間

　これは，合図から反応までにかかる時間である。最もシンプルな例としては，スプリンターがピストルの合図に反応してスタートすることが挙げられる。このケースでの反応時間はシンプルである。なぜならアスリートが，合図があったら何をしなくてはならないかがわかっているからである。世界最高レベルのスプリンターの場合は1000分の110〜130秒という数字が出ている。ザツィオルスキーによると，シンプルな反応の反応時間は，あまり大きくは改善されないということを示している（最高でも18%）。プレーヤーがシグナルに様々な種類の行動で反応する場合（例えば，フェイントに反応して右または左にスタートする），反応時間はより長く，これを複合的反応時間という。複合的反応時間は，トレーニングによって大きく向上する。特に専門的なトレーニング（当然サッカーをプレーすることで），そしてまた，コーチが提案するエクササイズによって向上する。特にゴールキーパーの場合がそうである。

2. 動作スピード

　これは，動きを高いスピードで実行する能力である。ここでは，最大限の筋収縮を生み出すことに関わる。したがってこれは，筋力と直接に関係する。影響するファクターは，速筋線維の割合，運動単位の動員と同期化である。

　スピードの中でも，特にこの面に我々は注目する。これは，トレーニングによって最も向上し得る部分であり，特に筋力トレーニングが重要となる。動作のスピードは，ショート・スプリントに決定的な要素である。

3. 動作の頻度

　これは，一定時間内にある動作を最大回数行う能力である。この能力を評価するためのテストは，「タッピング」テストである。アスリートは30秒間に2つのターゲットに交互にタッチしなくてはならない。このテストは手で行うこともできるし，足で行うこともできる。
　図273は，足でのタッピング・テストを示したものである。

図273. 足でのタッピング。

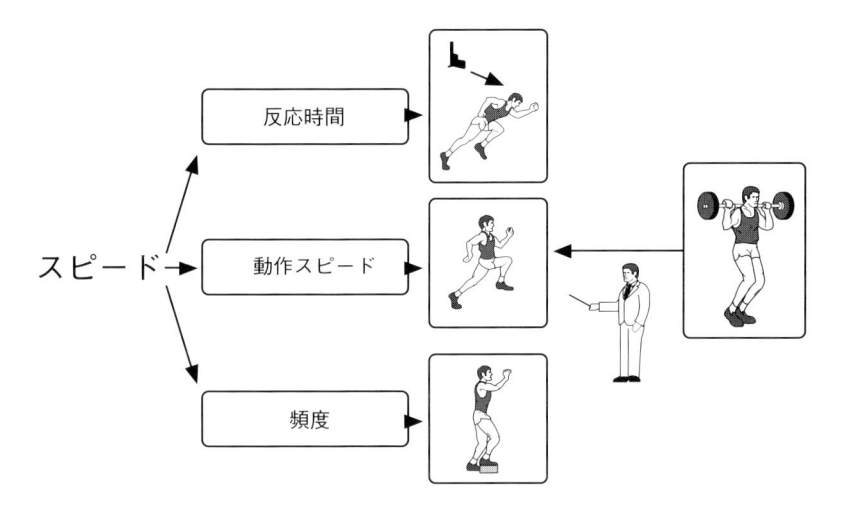

図274. スピードの3つのパラメータ。動作スピードは，筋力強化が最も影響を与え得るパラメータである。

このテストで最高結果を出すプレーヤーは，30mを最も早く走るプレーヤーとは異なる。つまりこの要素はファンダメンタルではない。さらに，トレーニングによって，大きく発達させることはできない。

4. スピードタイプのセッション：エネルギーの観点から

ザツィオルスキの成果(1966)から，スピードタイプのセッションを構成するうえでのルールが正確にわかっている。エネルギーの定義においては，スピードは，**非乳酸系無酸素性エネルギー**の活用が中心となっている。

まず最初に明確にすべきことは，**スピード負荷の持続時間**である。ハワルドのカーブから，この観点から最も理想的な持続時間は3〜8秒間，つまり20〜70mであるということがわかっている（図275）。サッカーの場合，我々は，10〜50mを選ぶ。これがサッカーの実際のプレーに最も近いからである。

2つ目の指標は，**負荷間の回復時間**である。スプリントの間にとる回復時間は，17秒間〜3分間とすべきである（図277）。
- **17秒間**の根拠は，ディ・プラムペロ（Di Prampero）によると，この時間は非乳酸系無酸素性エネルギーの貯蔵の半分を回復するのに必要な時間だからである。最も効率のよい回復である。
- **3分間**に関しては，回復時間は3分間を超えてはならない。なぜなら，毛細血管が再び収縮し，ウォーミングアップの効果が失われるからである（改めてウォーミングアップをしなくてはならない）。

3つ目の問題は，1セットの負荷の回数である。これに関してザツィオルスキは，フォルコフのカーブを参照することを勧めている（図276）。このカーブから，4回目が終わるころには乳酸濃度がかなり高まることがわかる。したがって，ここで負荷を中断し，7〜10分とより長い休憩をとり，乳酸値を下げて再び非乳酸系の状況で仕事ができるようにすべきである。さらに，神経的な回復も，次のセットでよりよい仕事をするのを助ける。

この休憩の間はアクティブ・レストとする。ゆっくり走るか，ボールを使った練習を入れる。

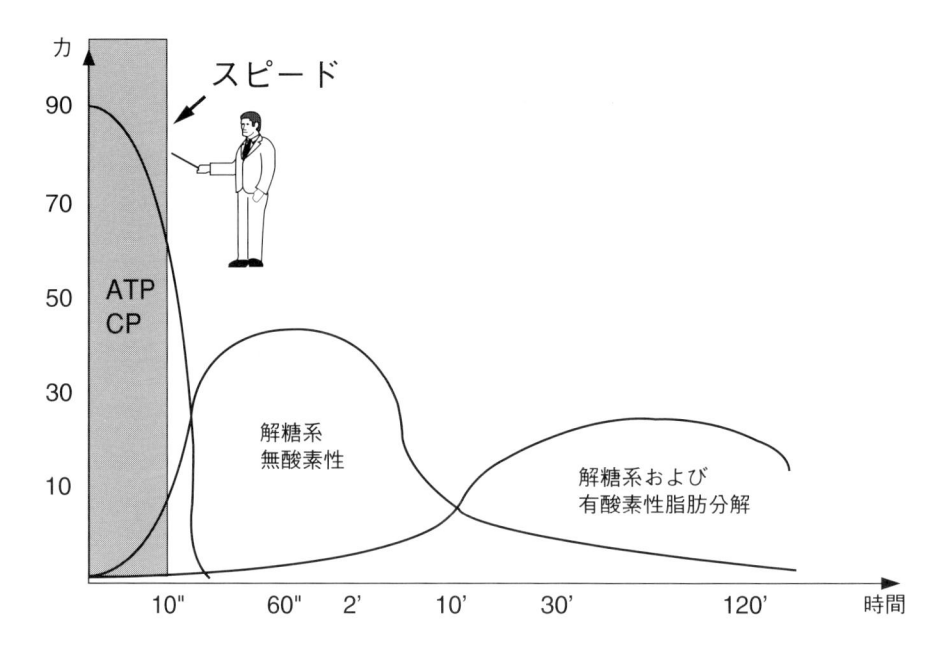

図275. ハワルドのカーブ。

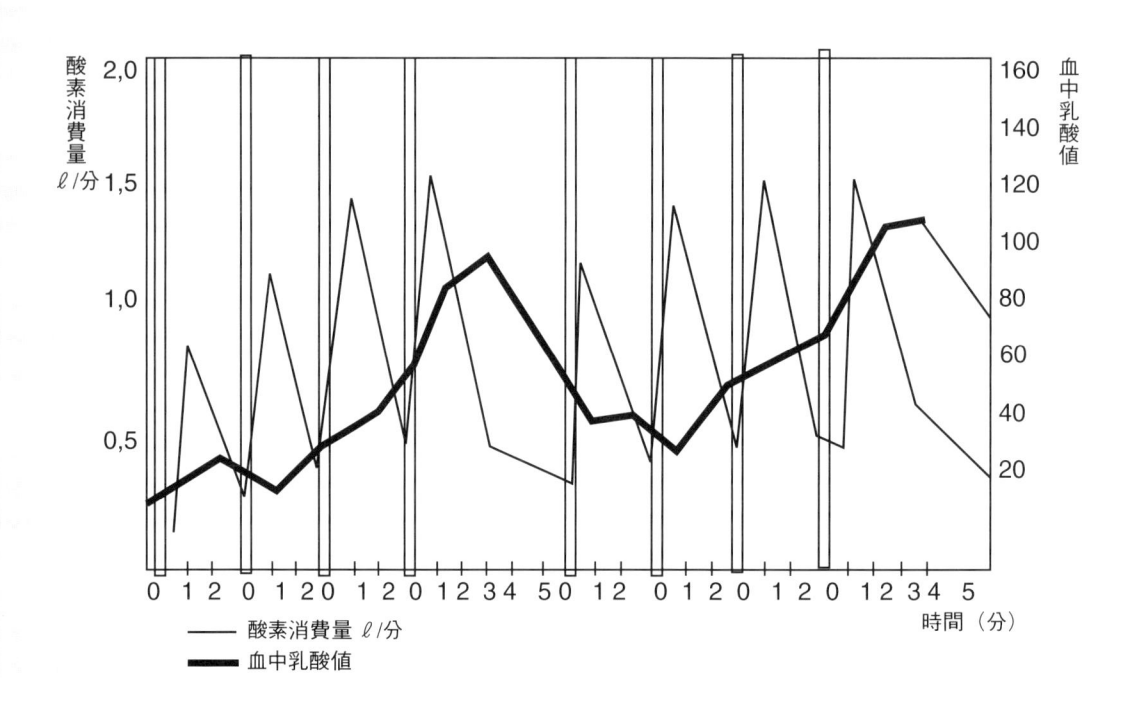

図276. フォルコフのカーブ。横軸は時間を分で表したもの。縦軸は，右が血中乳酸値で，左が酸素消費量である。運動を垂直の帯で示した。4回目の運動で乳酸値が上がることがわかる。1セット目の後に長めの回復時間をとることで，乳酸値は明らかに減少させることができる。

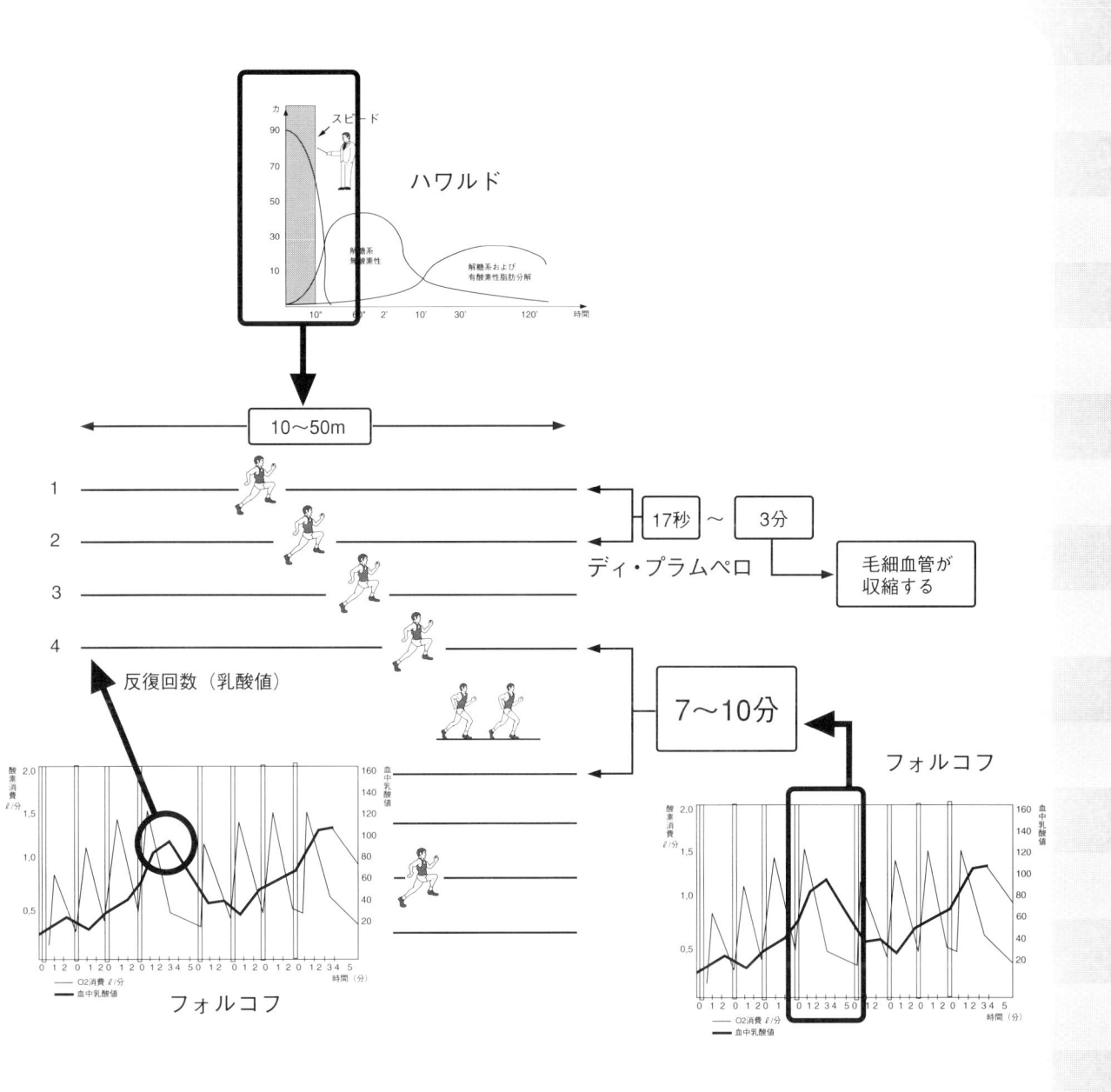

図277. スピードのセッションの構成に関わる生理学的データ。

そしてセット数は，筋内のエネルギー貯蔵の枯渇の程度によって決まる。30mの場合，4セットが最適であるように思われる。十分にトレーニングを積んだサッカーのプレーヤーの場合，より短い距離（10～20m）にすることで6～8セットまで上げることもできる。

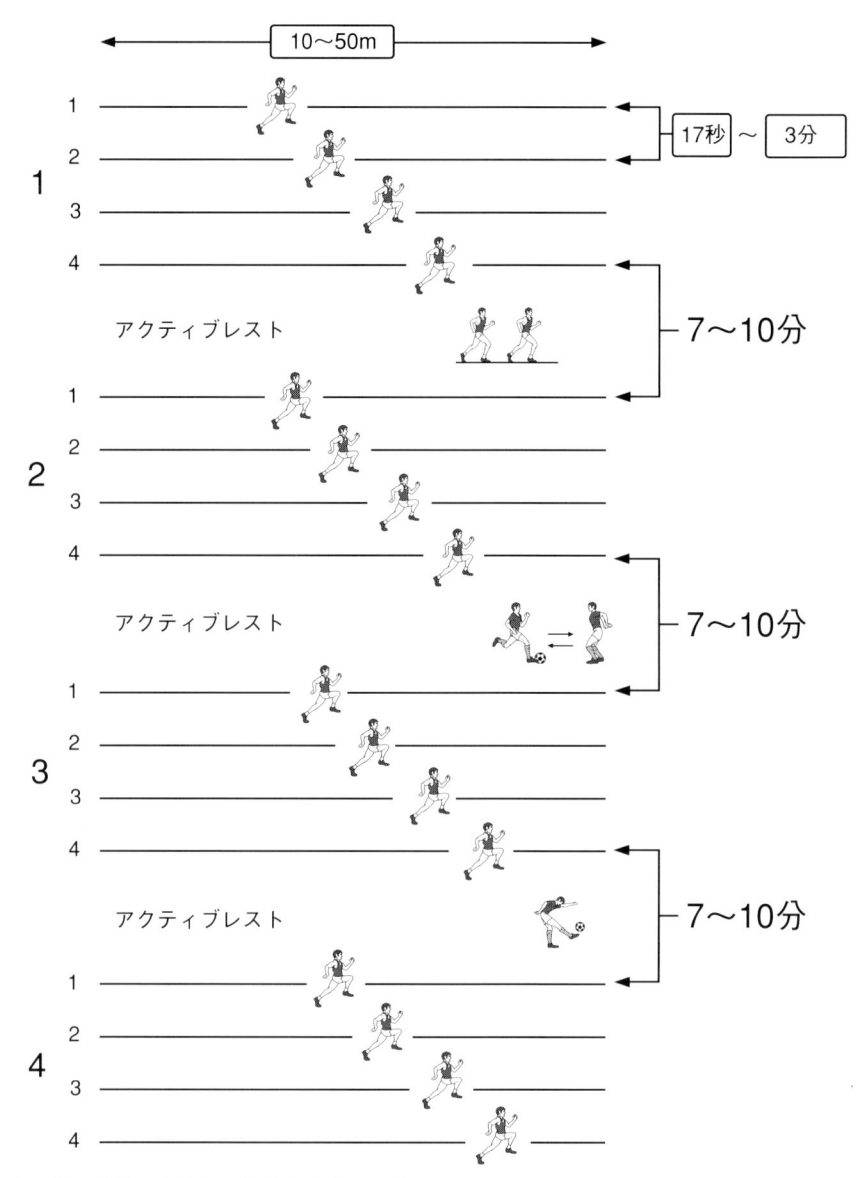

図278. エネルギーの観点から見たスピードタイプのセッション。

5. スピード・トレーニングのためのエクササイズ

　スピード・トレーニングのための典型的なエクササイズをいくつか紹介する。これは，スプリンターが実施する「テクニック」エクササイズである。図279は，最も有効であろうと思われる状況を示した。スキップの後に通常のスプリント，ベンチを置いてそれをまたぎながらランニング（膝を上げる），通常のスプリント，サークルを左右にずらして置いてステップ，通

常のスプリント，左右にずらしたステップから徐々に近づけていく。これらのエクササイズによって，

- ランニング時の骨盤の位置がよくなる。
- ステップが強化される。
- プライオメトリックのトレーニングとなる。

実行の頻度をあまりに高くしようとするよりも，正しいフォームの方を重視する（体幹をまっすぐ，骨盤の位置を高く）。

スキップから姿勢を保ちつつ通常のランニング

ベンチを置いて左右にまたいでランニングから通常のランニング

サークルを左右に離して　　次いで通常のランニング

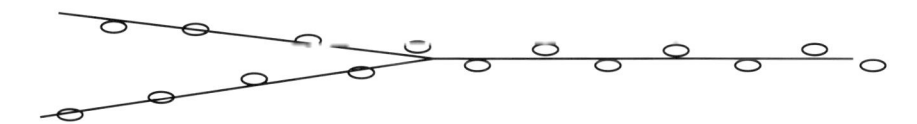

左右に離したステップから徐々に近付ける

図279．スプリンターの伝統的なエクササイズ。

Football et musculation

ラインの前でその場ジャンプ，後ろにジャンプしてスプリント

ボールを後方に足関節でジャンプ，スプリント

台から跳び降り，足関節のみ使ってスプリントへ移行

ボールを越えて後方に脚をスイングし，スプリント

台の後ろ（横）に跳び降りスプリント

足関節でハーフターンをしながらボールを越えてジャンプし，スプリント

バックランニングから前へスプリント

図280．プライオメトリックを採り入れたエクササイズ。

図281．ボールを使ったスプリントのエクササイズ（障害物として）。

第7章／筋力と持久力

1. 持久力のための筋力

筋力と持久力は，サッカープレーヤーにとって必要な2つのフィジカル面のクオリティーである。それら2つを両立させるためには，非常に注意深く，トレーニングにおいて基本的ないくつかの原則を考慮に入れなくてはならない。
- 生理学的な変化は，持久力の方が容易に起こりやすく（筋線維），筋力や爆発的筋力発揮は持久力よりもより失われやすい。

- 筋力とパワーは，最大努力のクオリティーを必要とする。
- 持久力の場合は，仕事量の方が問題となる。
- しかし今日では，持久力もクオリティーの方向へ向かっている。特に間欠的トレーニングをカバーすることによって向上する。

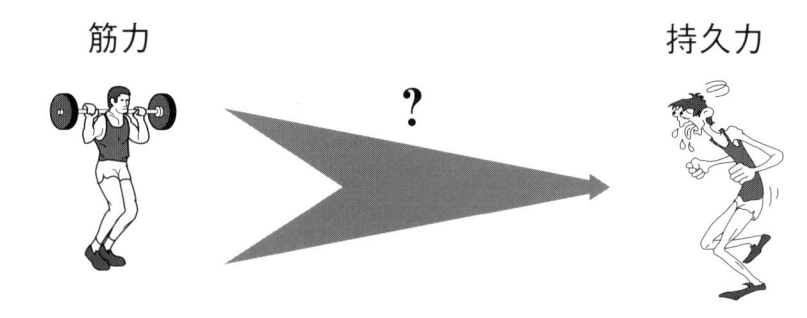

図282. 筋力と持久力の間にはどのような関係があるのだろうか？

チーム・スポーツ，特にサッカーでは，あまりに長い間，トレーニングが持久力ばかりに偏っていた。したがってランニングのトレーニングは，弱い強度で続けられていた。ランニング・スピードのトレーニングはしないできた。残念ながら，スピードは，ランニングだけで必ず向上するというわけではない。筋力強化に頼らなければ，進歩はない。持久力に関しては，量ばかりが重視され，様々な距離を場合によっては，それを最高タイムで走るといったことなど気にせずに走っていた。ランニングを実行する方法（テクニック）など考えてこなかった。

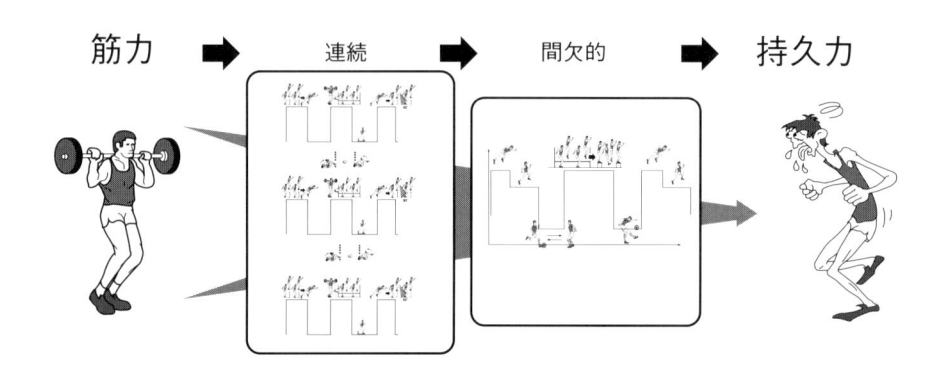

図283. 持久力に向けた筋力強化のタイプのセッション。

2. 持久力負荷のコントロール

　ここでの我々の目的は，持久力という大きなテーマ全体について話すことではない。それだけで1冊の本を書くに値するほど大きなテーマである。それよりはむしろ，G.ガコン（Gacon）が採り入れた考え方を強調することを目的とする。それはすなわち，心拍の変化である。

2.1 ── ガコンの心拍の変化

　アスリートの持久力のトレーニングレベルをコントロールするのに，最もシンプルな方法である。心拍をとり（心拍計），ガコン（Cardisuport, Dijon）のソフトウエア（Pro.Pulse 1.0, Win.）に記録する。この考え方を，サッカーの専門的トレーニングのインターバルの例で示してみよう。「心拍変化は，心拍システムの機能的な変化である。負荷の強度が一定でも心拍値は高い方向へと変動していくということで示されるものである」（ガコン）。

　図284aは間欠的トレーニングの間の心拍数の変化を示している。負荷のフェーズと回復のフェーズの両方で，心拍数は徐々に上がっていく。これは一つの極端な例である。というのは変化には同時に2つのタイプがあり，これがトレーニングのすべてのケースを示しているわけではないからである。ソフトウエアは，負荷の間（図284b）と回復の間（図284c）での上向きの変化を明らかにしている。

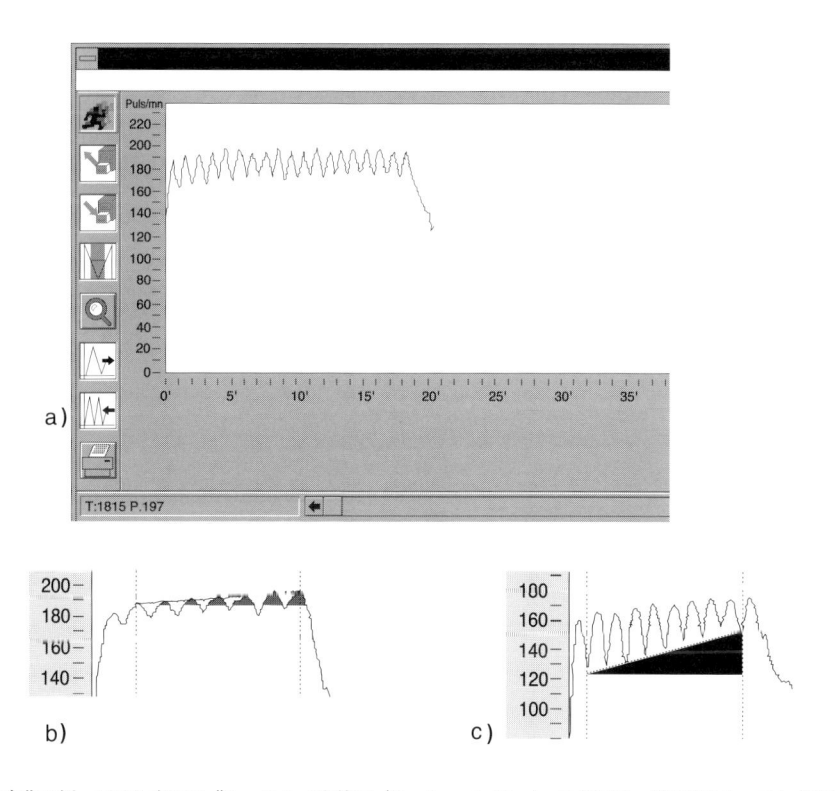

図284. ガコンの心拍変化の例。ソフトウエア"Pro-Pulse"を使用（Cardisport, Dijon）。この図は，間欠的トレーニングの間の心拍数を示している。ソフトウエアによって，負荷の間（b）と回復の間（c）の心拍の上向きの変化が表されている。

第7章／筋力と持久力

2.2 ─── トレーニングへの応用

　アスリートが十分にトレーニングを積んでいて良いコンディションにあれば，前ページに見られるような心拍の上昇は見られない。心拍の上昇が見られる場合，それは以下の兆候を示している。
- プレーヤーが十分にトレーニングを積んでいない。
- プレーヤーが，そのときの自分の能力より高い負荷を要求されている。
- プレーヤーの回復フェーズの強度が高い。

　トレーニングの場合の一般的な考え方としては，まず変化を起こさせ，次いで，高いレベルに適応させることによって，それを消していく。
　プレーヤーの持久力のトレーニングを適切に行うことで，重要な試合の時期にはこの心拍変化が解消されているようにすべきである。

第8章／筋力とパワーの評価

我々が本書全体を通して強調してきたのは，「クオリティーの高いトレーニングをしなくてはならない」ということである。このことは，トレーニングの負荷と結果のコントロールを前提とする。この章は，この視点からアプローチする。

筋力の評価には多数の方法がある。ごくシンプルなもの（ダイナモメーター）からより精密なもの（等速性測定機器；Biodex, Cybex...）まで様々である。我々はそれらを，プレーヤーが活用しトレーニングに活かすといった観点から検討していく。

1. ダイナモメーター

ダイナモメーターは正確な評価が可能であるが，アイソメトリックの状況に限られている。我々は主に"Myostatic"を使用してきた。それは2つの部分から成る。1つは応力のゲージである。これが被測定者の発揮する力によって変形する。もう1つは電子機器で，ゲージの変形を数値で表すものである（図285）。

この装置は非常に柔軟性があり，様々な活用の仕方が可能である。我々は，筋力テストの2通りの活用を紹介する。大腿四頭筋の筋力測定（図286）と，レッグプレスマシン上での活用（図287）である。2つの文字盤を使うと，筋力の向上が即時にわかる。また，トレーニング負荷のプログラミングがしやすく，最大筋力に対するパーセンテージを選択することができる。この装置は，電気刺激でのトレーニングのコントロールに特に効果的である。

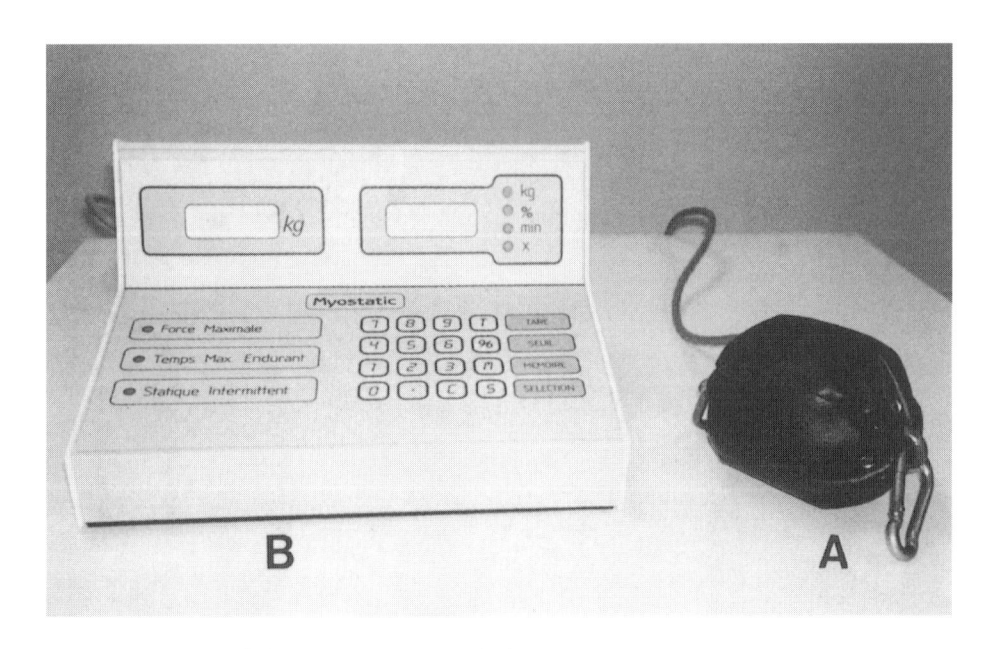

図285. "Myostatic"：ゲージ（A）および電子機器部分（B）。

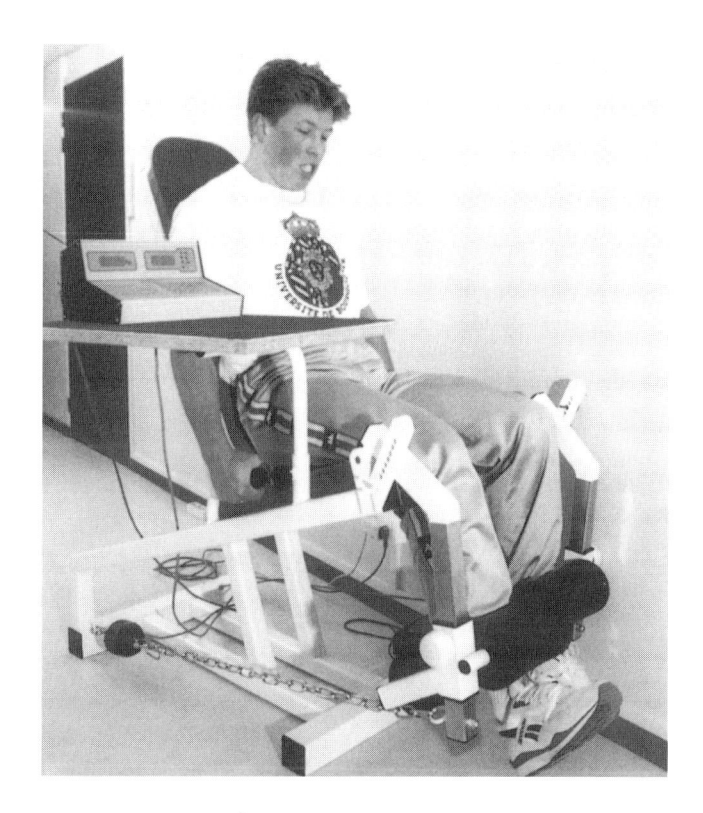

図286. レッグエクステンションマシンでの"Myostatic"の活用。

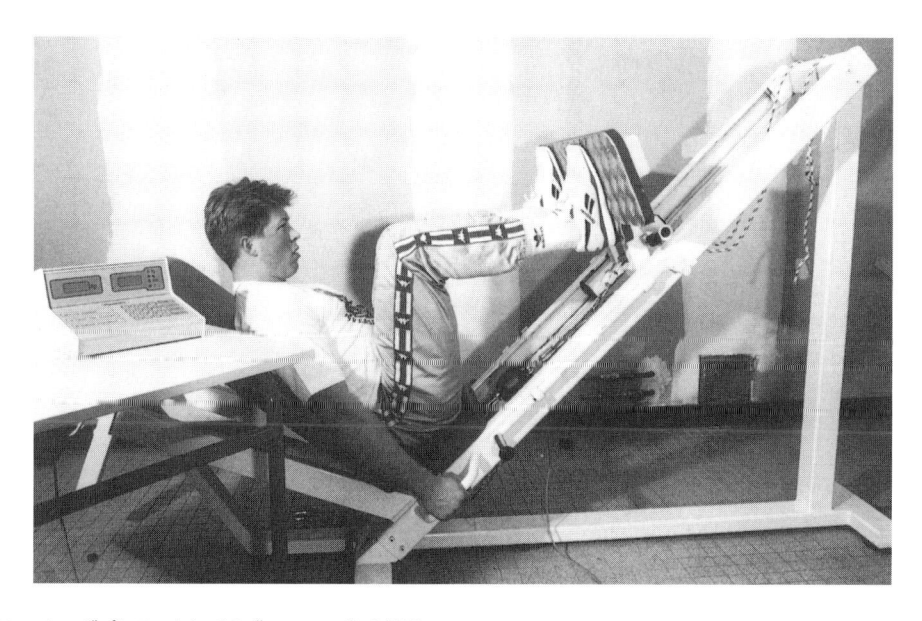

図287. レッグプレスマシンでの"Myostatic"の活用。

第8章／筋力とパワーの評価　197

2. エルゴパワー（Bosco-System）

エルゴパワー Bosco-System（Globus, Codogne, Italy）は，動的筋力，パワーの動的測定が可能である。この装置の原理は，ある物体の移動を時間との関連で見ることにあり，そこから発揮されたパワーを割り出すことができる。

2.1 ── 装置の説明

エルゴパワーは2つの部分から成る（図288）。
- 周辺ユニット：ピックアップ装置とモニター
- 中枢コンピュータ

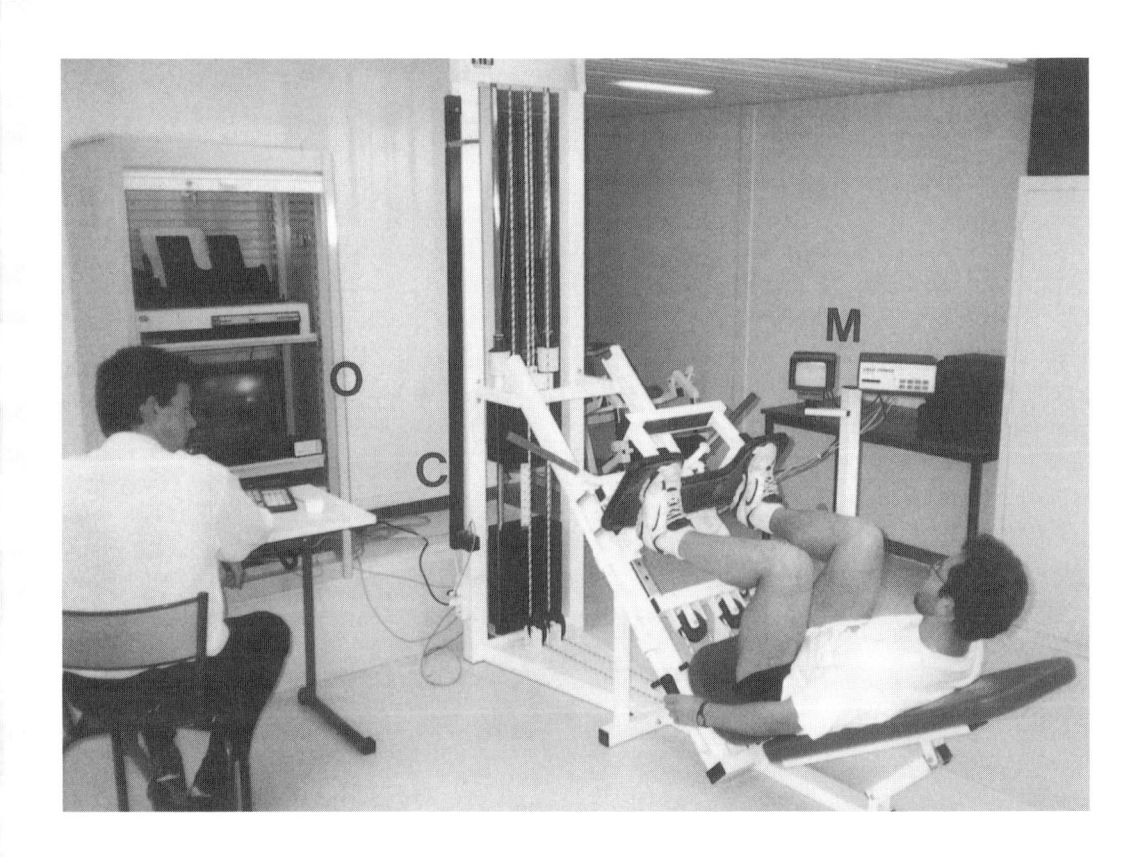

図288. エルゴパワー：ピックアップ装置（C），モニター（M），コンピュータ（O）。

ピックアップ装置は，負荷の垂直方向の移動およびその速度を記録するものである。

これらの2つの要素で，平均的なパワーは評価することができる。また，周辺部分だけを使ってこのシステムでフィードバック情報を送ることができる。パワーに対するパーセンテージおよびその許容誤差の幅を設定することができる。反復がそのプラスマイナスの誤差の範囲のパワーでなされたときには，モニターには「OK」が出る。またこのフィードバックは，結果に応じて発せられる音をレシーバーで聞くことで，聴覚的にも行うことができる。

したがって，この機器は，行われた仕事のクオリティーを正確にコントロールすることが可能である。このシステムの活用には柔軟性があり，重量負荷を用いるあらゆる装置に簡単に設置することができる。

2.2 ── 仕事のコントロールと評価

コンピュータを使用することによって，より精密な評価に様々な可能性ができる。まず第一に，コンピュータはセッション間のすべてのデータを記憶し，それをグラフィック化して示すことができる。例えば，アスリートの伝統的なテストの手順として，負荷を増大させながら最大努力を要求する。図289は，この手順のテストの結果例を表したものである。負荷毎にパワーと仕事が記録されている。図290のように，セッションの間，反復毎にパワーをコントロールすることができる。

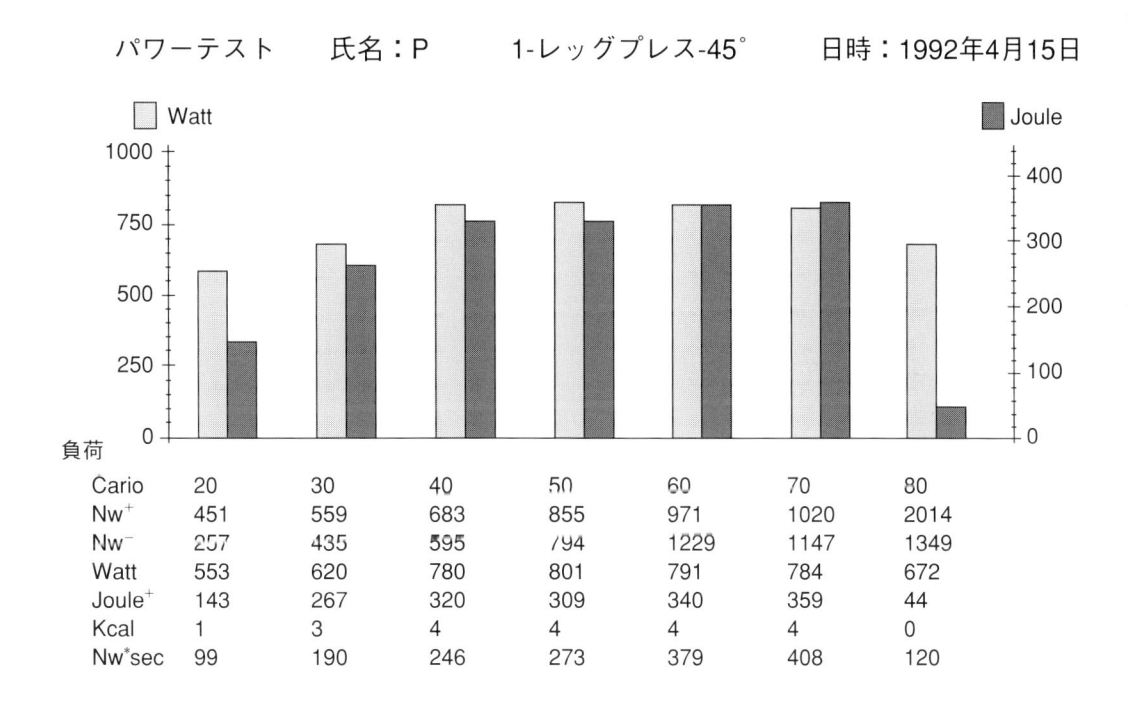

パワーテスト　　氏名：P　　　1-レッグプレス-45°　　　日時：1992年4月15日

負荷							
Cario	20	30	40	50	60	70	80
Nw^+	451	559	683	855	971	1020	2014
Nw^-	257	435	595	794	1229	1147	1349
Watt	553	620	780	801	791	784	672
$Joule^+$	143	267	320	309	340	359	44
Kcal	1	3	4	4	4	4	0
Nw*sec	99	190	246	273	379	408	120

図289．エルゴパワー（Bosco-System）で得られたテスト結果をグラフィック化して表す。

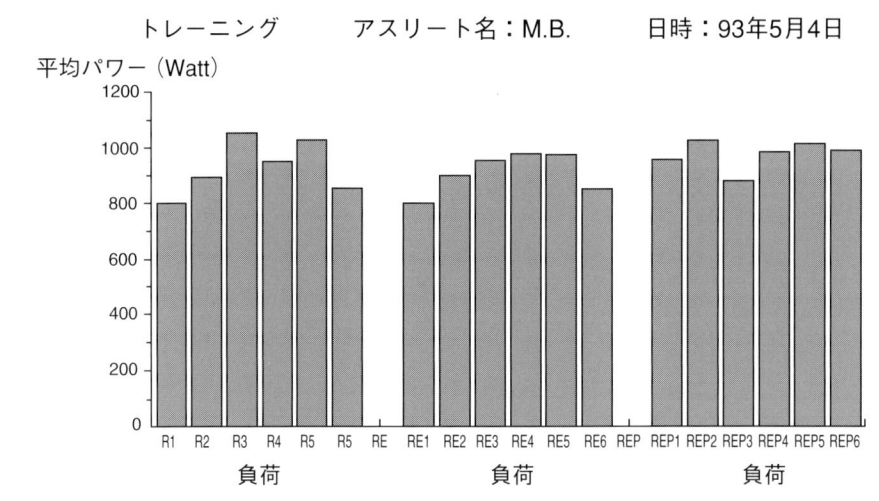

トレーニング　　　アスリート名：M.B.　　　日時：93年5月4日

図290．数セットにわたる各反復毎に発揮されたパワー。

こうすることで，1つのシーズンの間のあるプレーヤーの進歩をフォローすることができる。図291は，ハイジャンプ選手に2つのテストを2カ月の間隔を置いて実施したものである。この選手は，それぞれ2.10m（第1回），そして2.20m（第2回）の跳躍に相当することになる。2つのカーブの間には，最大パワーの明らかな差が見られる。

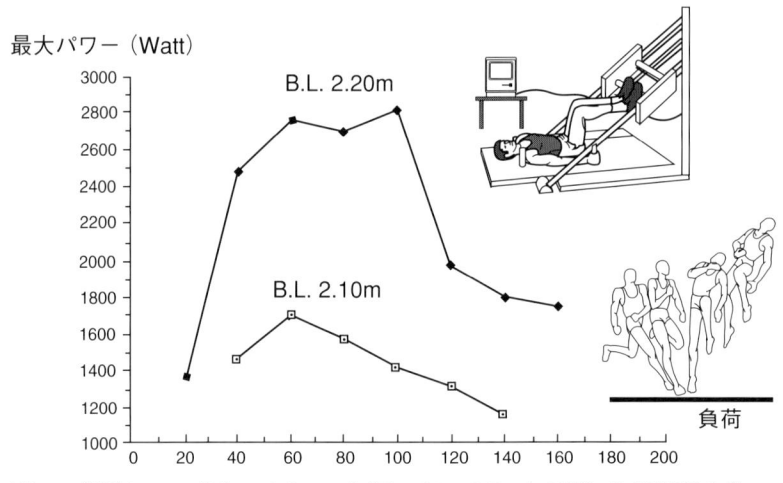

図291．ハイジャンプ選手に，レッグプレス上のエルゴパワーで2つのテストを実施。彼の記録はまず2.10m，次いで2.20mであった。この選手は20kgから開始し，負荷をできるだけ速く押すよう要求し，パワーの値を測定した。次いで，負荷を上げて再開した（40,60,80 etc.）。

しかし，この中央ユニットによってもたらされる最も重要なデータは，毎回の仕事の展開の評価である。図292と293に示したのは，レッグ・プレスの動きの間のスピードとパワーの変化である。パワーのカーブから最大パワーの値を得るためにかかった時間も知ることができる。

速度 (m/s)

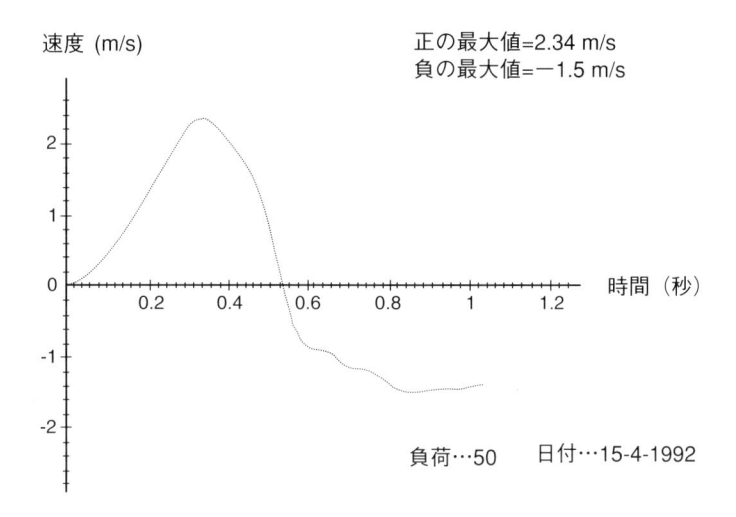

正の最大値=2.34 m/s
負の最大値=−1.5 m/s

負荷…50　　日付…15-4-1992

図292. レッグプレスの動きの間の負荷のスピードの変化。

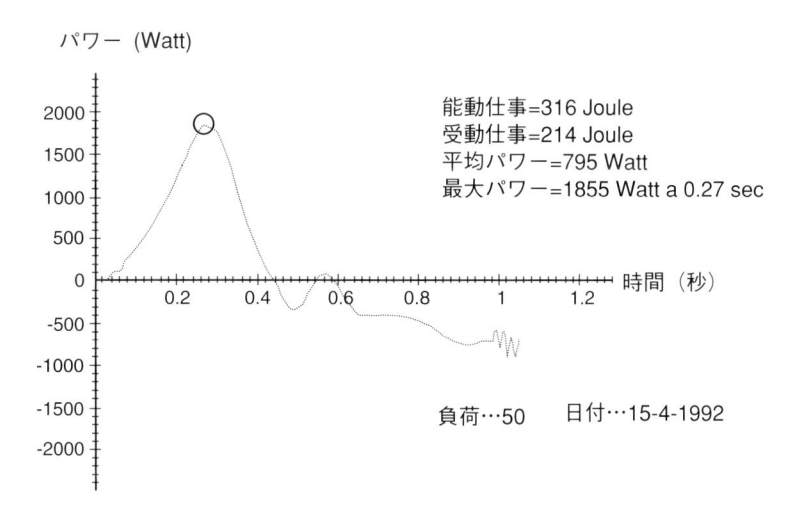

パワー (Watt)

能動仕事=316 Joule
受動仕事=214 Joule
平均パワー=795 Watt
最大パワー=1855 Watt a 0.27 sec

負荷…50　　日付…15-4-1992

図293. レッグプレスの動きの間のパワーの発揮。最大パワーが得られた時間も知ることができる。

3. トレッドミル「SPRINT 1800」でのパワーの測定

先ほども述べたように，筋力強化を考える場合に重視すべきはクオリティーである。したがって，我々は「SPRINT 1800」を採り上げる（Gymrol, Andrezieux-Bouthéon, France）（図294）。これはトレッドミルである。プレーヤーはトレッドミル上で短時間で最大速度を出そうとする（5秒，15秒，20秒）。これはサッカープレーヤーに典型的なスピード負荷であり，サッカーの

トレーニングをコントロールする主要な手がかりとなる。図295に，パワー算出のために取る3つの指標を示した。

- プレーヤーがベルト上で出すスピード。
- 骨盤の振れ幅。
- ベルトを通してプレーヤーが発揮する力。

図294．トレッドミル「スプリント1800」（Gymrol, Andrezieux-Boutheon, France）。

スタンダードな状況で得られた測定値によって，効果的なトレーニングをフォローすることができる。

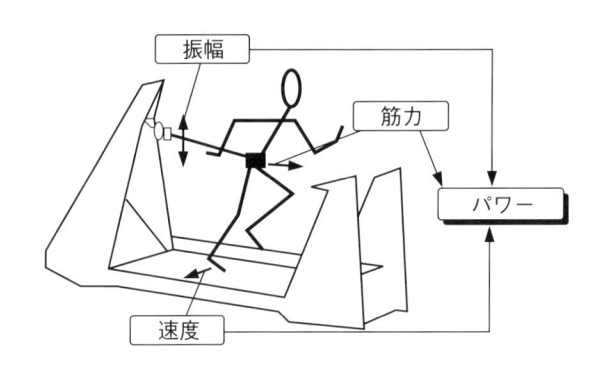

図295．パワー算出のためにトレッドミル「スプリント1800」で取る指標。

シャタールらが様々なレベルのプレーヤーを対象として行った研究（1991）は非常に興味深いものである。これらの研究では，ハイレベルのチームに所属する94名のサッカープレーヤーを対象に行ったものである。スポーツ学校（15歳），サンテチエンヌ・アマチュアチーム，サンテチエンヌ・プロチーム，カメルーン代表チーム，セネガル代表チームなどである。

図296は，様々なチームの結果を比較したものである。

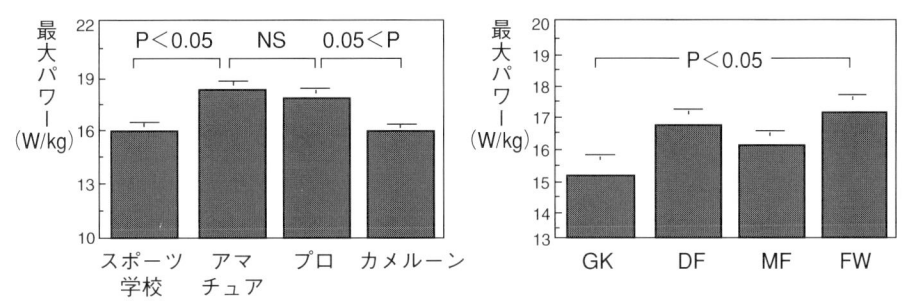

図296. チーム毎（A），ポジション毎（B）の最大パワー（シャタールら，1991）。

パワーは，体重1kg当たりで表した。サンテチエンヌのアマチュアとプロとが，パワーの面では，カメルーン代表チームを上回っている。ポジション毎の比較では，フォワードがバックよりも勝っており，続いてミッドフィールド，ゴールキーパーの順であった。すべて有意な差ではなかった。

4. ボール・スピードの測定

サッカーにおけるパワーの重要な指標にボールのキックがある。我々の意見では，この指標はサッカープレーヤーのトレーニングにおいて十分に考慮に入れられているとは言えないと考えている。我々はこれを2つの研究で示した（Taina,1989; Tyrode,1992）。クレールフォンテーヌにあるINFでは，ボールスピードの平均が96.02km/hであったのが，6週間のトレーニングサイクルの後には，平均で6.59km/h向上した（Taina,1989）。また，ソショーの育成センターでは，始めは88.73km/hであったのが，4週間で98.86km/hとなり，10.12km/hも向上したという結果が出た（Tyrode,1992）。したがって，ボールスピードを容易に速くできる状況であることは重要なことである。レーダーの「Stalker」を使用することで，キッカーの後方からボールスピードを測定することができる（図297）。

図297. レーダー「Stalker」：シュート時のボールスピードを測定。

5. 等速性エルゴメーター

価格等から考えると一般的ではないが，特別な使用として有用な装置を紹介する。

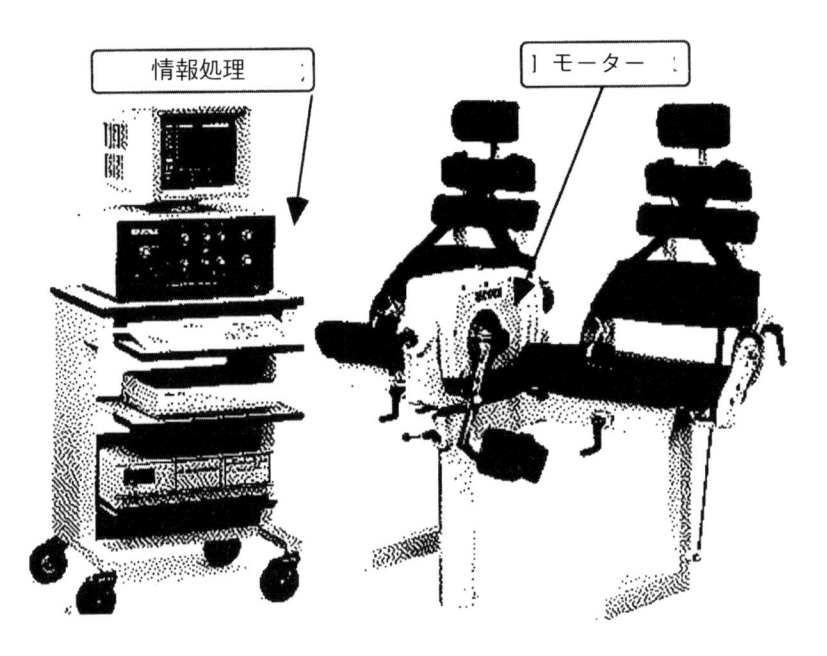

図298. Biodex

トレーニングに関しては，このタイプのマシンは使用が考えにくい。

それに対して，等速性ダイナモメーターは，測定とトレーニングのコントロールに活用できる。いくつかの具体的な例を挙げてその利点を明らかにしよう。

サッカープレーヤーの場合のBiodexを使ったテスト：

テストは座位で行われる（図299）。モーターのスピードを調整する。この速度は角速度0～360°/秒の間でプログラミングできる。テストはモーターと同じ方向に，加速させようと力を加える。

大腿四頭筋
筋力測定の
ポジション

テスト：被験者は
できるだけ速く
レッグエクステンション

図299. サッカープレーヤーのための Biodex を用いたテストの状況。

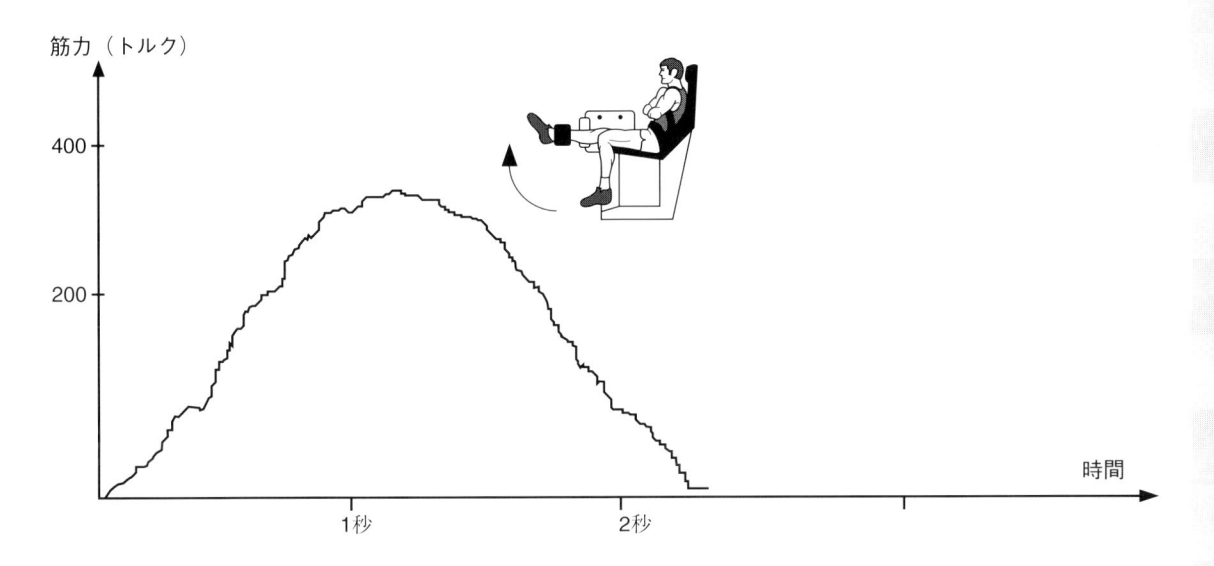

図300. サッカープレーヤーの場合のコンセントリック筋力発揮で得られたカーブ（カーブは被験者の仕事を表す）。

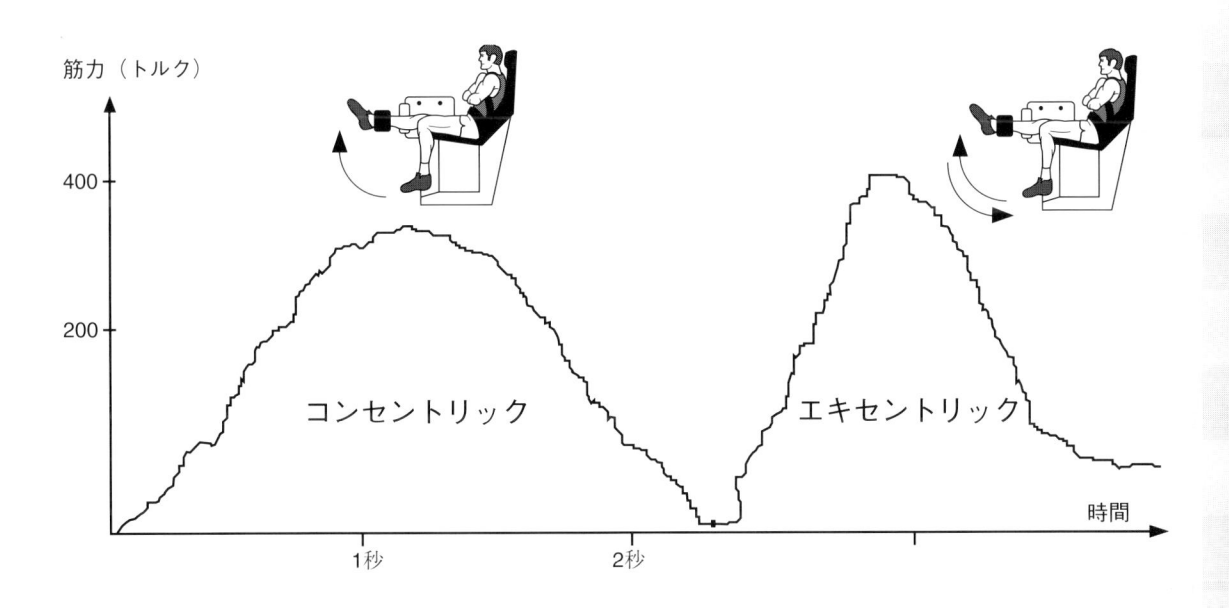

図301. サッカープレーヤーの場合のコンセントリック-エキセントリックのテスト。
エキセントリックのフェーズでは，モーターは屈曲を強制するが，プレーヤーはそれに抵抗しようとする。

　これらのテストを様々な速度で実施する。毎回最大筋力が得られる（トルク）。様々な速度での最大筋力のカーブを次のように表現することができる（図302）。

第8章／筋力とパワーの評価　205

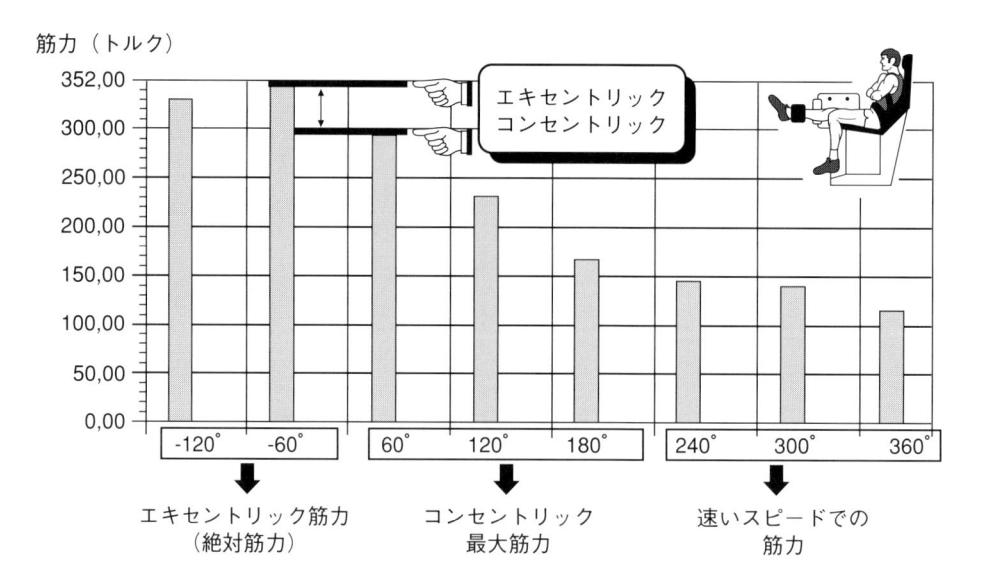

図302. Biodex測定で得られた1人のプレーヤーの様々な速度での値をグラフィック化したもの。エキセントリック筋力とコンセントリック筋力の差異は興味深い。

また同様に，時期によっての結果の比較，あるいはアスリート間の比較も可能である。

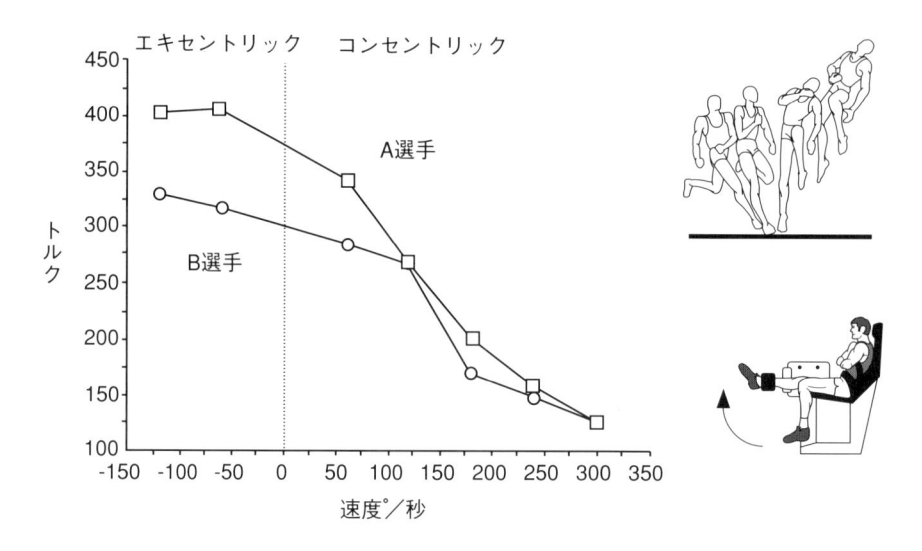

図303. 2.20mを跳ぶ2人のハイジャンパーの「筋力-速度カーブ」の比較。2人の特徴は完全に異なっている。A選手は完全に並はずれた筋力のポテンシャルを持ち合わせている（エキセントリック筋力，遅いスピードでのコンセントリック筋力）。B選手は，速い速度になっても同様の結果を出しているが，絶対的な筋力のポテンシャルはあまり高くない。この選手は自分の筋力をうまく使っていて，テクニック的に非常に高いと言える。A選手はまだ伸びる余地が大きい。

6. プレーヤーの評価シート

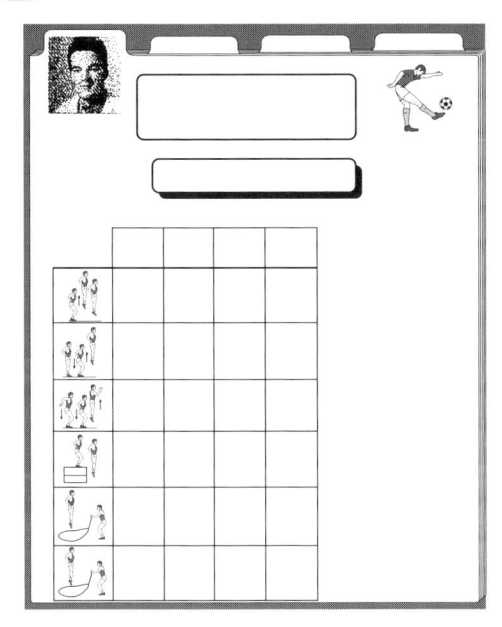

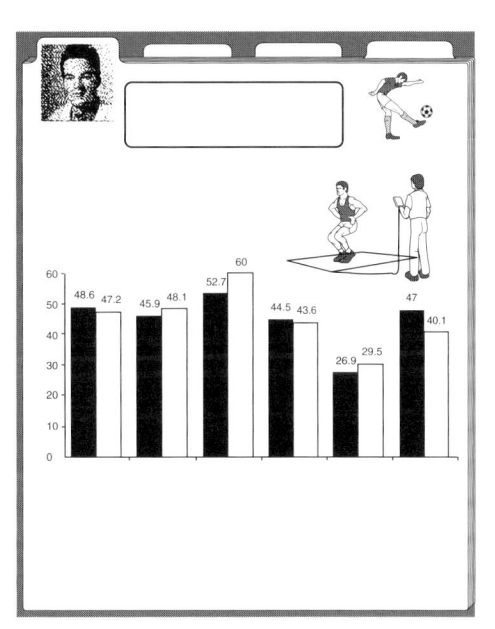

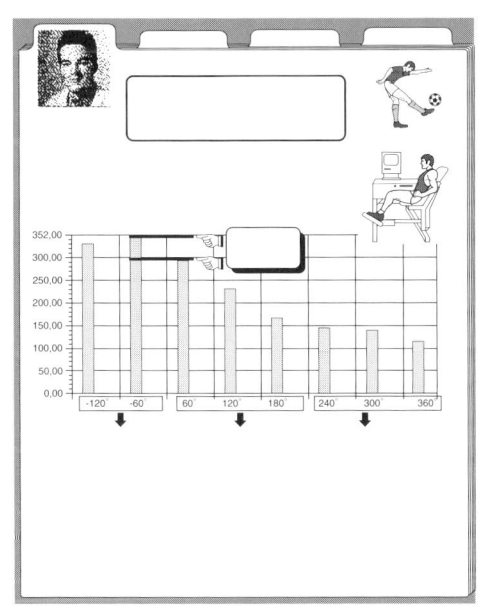

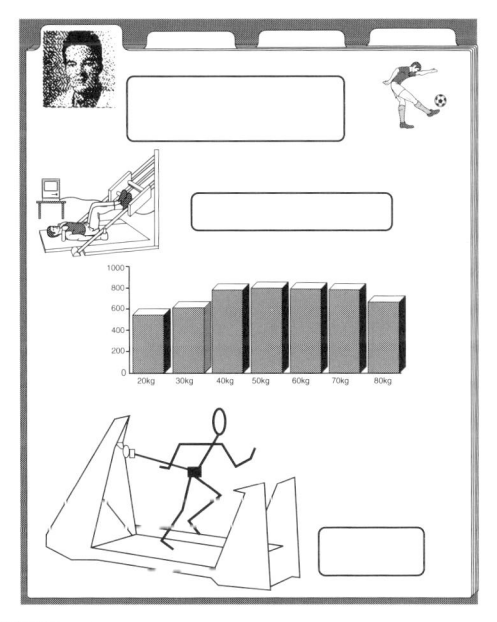

図304. Dijon UFR STAPSでのサッカープレーヤーの場合の評価シート。

　評価を効果的にマネージメントするには，プレーヤーが自分のパフォーマンスに具体的なフィードバックを得ることが重要である。我々は，DijonのUFR STAPSで作成した評価シートのいくつかのページをここに紹介する。

第8章／筋力とパワーの評価　　207

参考文献一覧

ADAM (K.) und VERCHOSHANSKI (Y.V.), 1976. – *Modernes Krafttraining in Sport*, Berlin : Bartels und Wernitz.

APOR (P.), 1988. – Successful formulae for fitness training in *Science and Football* : Relly T., Lees A., Davids K., Murphy W.J., 95-107.

BOSCO (C.), 1985 – L'effetto del pre-stiramento sul comportamento del musculo scheletrico e considerazioni fisiologiche sulla forza esplosiva. In *Atleticastudi*, jan.-fév. 7-117.

BOSCO (C.), 1985. – *Elasticita moscolare e forza esplosiva nelle attivita fisico-sportive*. Roma : Sociéta stampa sportiva.

BOSCO (C.), 1990. – *Aspetti fisiologici della preparazione fisica del calciatore*. Roma : Societa Stampa Sportiva.

CHATARD (J.C.), BELLI (A.), PADILLA (M.S.), DURANCEAU (M.), CANDAU (R.) and LACOUR (J.R.), 1991. – *La capacita fisica del calciatore*. Scuola dello sport, 23/ 72-75.

CERRETELLI (P.) and DI PRAMPERO (P.E.), 1985. – *Sport, ambiente e limite umane*. Milano : ed. Mondadori.

COMETTI (G.), 1988. – *La pliométrie*, UFR STAPS, université de Bourgogne, B.P. 138, 21004 Dijon Cedex.

COMETTI (G.), 1989. – *Les méthodes modernes de musculation*, tome 1, données théoriques, 350 p., UFR STAPS, Université de Bourgogne, Dijon.

COMETTI (G.), 1990. – *Les méthodes modernes de musculation*, tome 2, données pratiques, 300 p., UFR STAPS, Université de Bourgogne, Dijon.

COMETTI (G.), PETIT (G.), POUGHEON (M.), 1989. – Tome 3 : *Les sciences biologiques, préparation au brevet d'état*, Vigot (éd.) Paris.

COMETTI (G.), 1991. – Electrostimulation in the training of top level athletes, In *Proceedings, Second IOC World Congress on Sport Sciences*, Barcelone, octobre 1991.

COMETTI (G.), 1991. – Electrostimulation in the training of athletes : future perspectives, In *Proceedings, Second IOC World Congress on Sport Sciences*, Barcelone, Octobre 1991.

COMETTI (G.), POUSSON (M.), BERNARDIN (M.), BRULLEBAUT (J.L.), 1992. – Assessment of the Strength Qualities of an International Rugby Squad, In *Proceedings, X simposio Internazionale di biomeccanica*, Milano, 15-19 juin.

COMETTI (G.), TYRODE (T.), POUSSON (M.), 1992. – The influence of a strength training programme on the physical and kick performances of young soccer players, In *Proceedings, X simposio Internazionale di biomeccanica*, Milano, 15-19 juin.

COMETTI (G.), 1992. – Les bases scientifiques de la musculation. In : Bonnel F., Terme A., Sol G. (éd.), *Muscle et sport*, Springer-Verlag.

COSTILL (D.L.), 1981. – *La course de fond. Approche scientifique*. Paris, Vigot.

MOREAU (D.), DUBOTS (P.), BOGGIO (V.), GUILLAND (J.-C.), COMETTI (G.), 1992. – Effets d'une séance d'électrostimulation chez le sportif, In *Proceedings, International scientific congrès*, Grenoble, 2-8 february.

MARTIN (L.), COMETTI (G.), POUSSON (M.), 1992. – Effet d'un entraînement par électrostimulation sur les caractéristiques mécaniques du triceps sural, In *Proceedings, International scientific congrès*, Grenoble, 2-8 february.

DUCHATEAU (J.), 1981. – *Contribution à l'étude des mécanismes physiologiques des effets de l'entraînement sur la contraction musculaire*. Thèse de doctorat en éducation physique. Université libre de Bruxelles, 210 p.

DUCHATEAU (J.), 1984. – Isometric or dynamic training : différential effects on mechanical properties of a human muscle. *Journal of applied physiology*, 56 (2), 296-301.

FOX (E.L.) and MATTHEWS (D.K.), 1984. – *Bases physiologiques de l'entraînement*. Paris : Vigot.

FRIDEN (J.), 1984. – Muscle soreness after exercice ; implication of morphological changes. *Int. J. Sports Medecine, 5, 57-58.*

FRIDEN (J.), KJORELL (U.), THORNELL (L.E.), 1984. – *Delayed muscle soreness and Cytoskeletal altérations : an immunocytological stucky in man.* Int. J. Sports Medecine, 5, 15-18.

GAMBETTA (V.), 1987. – *Les principes de l'entraînement pliométrique.* In traduction Insep n° 579 (edited by Insep).

GERBEAUX (M.), 1984. – *Développement musculaire et croissance chez l'enfant et l'adolescent.* Thèse de 3ᵉ cycle de l'Université de Lille.

GOUBEL (F.), VAN HOECKE (J.), 1982. – Biomécanique et geste sportif, In *Cinésiologie XXI*, 41-51.

HAKKINEN (K.) and KOMI (P.V.), 1981. – Effect of différent combined concentric and eccentric muscle work regimens on maximal strenth development. In *Journal of Human Movement Studies*, 7, 33-34.

HARRE (D.), 1976. – *Trainingslehre.* Berlin : Sportverlag.

HAUPTMANN (M.) and HARRE (D.), 1985. – Training zur Ausbildung der Maximalkraftfähigkeit. In *Théorie und Praxis der Körperkultur*, n°9, 698-706.

JACOBS (I.), WESTLIN (N.), RASMUSSON (M.), HOUGHTON (B.), 1982. – Muscle glycogen and diet in elite players. *European Journal of applied Physiology*, 48, 297-302.

JOHNSON (B.L.), 1972. – Eccentric vs concentric muscle training for strength development, *Medecine and science in sport*, 4, 2, 111-115.

KOUSNEYTSOV (V.V.), 1980. – *Musculation à l'usage des sportifs de haute qualification.* Moscou : ed Fyzkoultoura y sport.

LETZELTER (H.), 1983. – *Ziele, Methode und Inhalte des Krafttraining,* Hamburg, Verlag Ingrid Czwalina.

LUNDIN (P.), 1985. – *Revue de l'entraînement pliométrique.* In traduction Insep n° 558 (edited by Insep).

PLETNEV (B.), 1975. – The effectivness of différent regimens of muscle work with equivalent loads. *Theory and practice of Physical Culture*, 10, 20-23

PLETNEV (B.), 1976. – The dynamics of muscle strength using différent combined work with equivalents loads. *Theory and practice of Physical Culture*, 9, 19-22.

SCHMIDTBLEICHER (D.), 1985. – *Classification des méthodes d'entraînement en musculation.* In traduction Insep n° 498 (edited by Insep).

SCHMIDTBLEICHER (D.), 1985. – L'entraînement de force ; 1ʳᵉ partie : classification des méthodes. *Sciences du sport*, aôut 1985.

SCHMIDTBLEICHER (D.), 1985. – L'entraînement de force ; 2ᵉ partie : l'analyse structurelle de la force motrice et de son application à l'entraînement. *Sciences du sport*, septembre 1985

F. TAÏANA (J.F.), GRÉHAIGNE and COMETTI (G.), 1990. – *The influence of maximal strength training of lower limbs of soccer players on their physical and kick performances.*

TSCHIENE (P.), 1986. – *Modifications dans la structure du cycle annuel d'entraînement.* In traduction Insep n° 547 (edited by Insep).

VIITASSALO (L.T.), BOSCO (C.), 1982. – Electromechanical behaviour of human muscles in vertical jump, In *European Journal of Applied physiology*, 48, 253.

VERCHOSHANSKI (J.V.), 1985. – *Modèle d'organisation de la charge d'entraînement au cours du cycle annuel.* In traduction Insep n° 472 (edited by Insep).

VERCHOSHANSKI (J.V.), 1987. – *La programmazione e l'organisazzione del processo di allenamento.* Sociéta stampa sportiva, Roma.

VERCHOSHANSKI (J.V.), 1982. – *Le basi d'ell'allenamento della forza speciale nello sport*, Moscou.

VOLKOV (V.M.), 1977. – *Processus de récupération en sport*, Moscou : F.I.S.

ZATSIORSKI (V.M.), 1966. – *Les qualités physiques du sportif.* In traduction Insep.

［著者紹介］

ジル・コメッティ

1949年生まれ。ブルゴーニュ大学助教授で、筋力トレーニングの専門家。サッカーをはじめ多くのスポーツ種目のトレーニング開発を手がけている。1998年フランスW杯、2000年の欧州選手権を制覇したフランス・サッカー界において、フィジカル面での理論的支柱を築いた。

［監訳者紹介］

小野　剛（おの　たけし）

1962年生まれ。筑波大学卒業後、日本サッカー協会強化委員として、若年層の育成プログラム作成、トレセン活動を中心とした強化システムづくりなどを担当。フランスワールドカップ・アジア最終予選からアシスタントコーチとして岡田ジャパンを支え、初のワールドカップ出場に貢献。本大会でもコーチを務めた。
U-20日本代表チームコーチを経て、現在はサンフレッチェ広島の監督として活躍中。

［訳者紹介］

今井純子（いまい　じゅんこ）

筑波大学大学院博士課程文芸言語研究科単位取得卒業。在学中にダブリン大学に留学。サッカーやトレーニング関係を中心としたスポーツ図書の執筆および翻訳を手がけたのち、現在は日本サッカー協会技術部に勤務。

サッカーの筋力（きんりょく）トレーニング
©Takeshi Ono & Jyunko Imai　　　NDC783　210p　24cm

初版第1刷──2002年10月20日
　第2刷──2003年 9月 1日

著　者──────ジル・コメッティ
監訳者──────小野　剛（おの　たけし）
訳　者──────今井純子（いまい　じゅんこ）
発行者──────鈴木一行
発行所──────株式会社 大修館書店
　　　　　　〒101-8466　東京都千代田区神田錦町3-24
　　　　　　電話03-3295-6231（販売部）　03-3294-2358（編集部）
　　　　　　振替00190-7-40504
　　　　　　［出版情報］http://www.taishukan.co.jp

装丁・本文デザイン・DTP──齊藤和義
カバー・扉写真──────スタジオ・アウパ
印刷所──────三松堂印刷
製本所──────関山製本

ISBN 4-469-26503-9　Printed in Japan
Ⓡ本書の全部または一部を無断で複写複製（コピー）することは、著作権法上での例外を除き禁じられています。